本书为 2019 年度贵州财经大学引进人才科研启动
项目（项目编号：2019YJ022）成果

中国
社会科学
博士论文
文库

税收核定的证明责任研究

On Burden of Proof in Tax Assessment

敖玉芳　著

导师　廖益新

中国社会科学出版社

图书在版编目（CIP）数据

税收核定的证明责任研究／敖玉芳著．—北京：中国社会科学
出版社，2019.11

（中国社会科学博士论文文库）

ISBN 978-7-5203-5435-6

Ⅰ.①税…　Ⅱ.①敖…　Ⅲ.①税法—研究—中国
Ⅳ.①D922.220.4

中国版本图书馆 CIP 数据核字（2019）第 245528 号

出 版 人	赵剑英
责任编辑	梁剑琴
责任校对	赵雪姣
责任印制	李寡寡

出　　版	中国社会科学出版社
社　　址	北京鼓楼西大街甲 158 号
邮　　编	100720
网　　址	http://www.csspw.cn
发 行 部	010 - 84083685
门 市 部	010 - 84029450
经　　销	新华书店及其他书店

印　　刷	北京明恒达印务有限公司
装　　订	廊坊市广阳区广增装订厂
版　　次	2019 年 11 月第 1 版
印　　次	2019 年 11 月第 1 次印刷

开　　本	710×1000　1/16
印　　张	15.75
插　　页	2
字　　数	266 千字
定　　价	78.00 元

总　序

在胡绳同志倡导和主持下，中国社会科学院组成编委会，从全国每年毕业并通过答辩的社会科学博士论文中遴选优秀者纳入《中国社会科学博士论文文库》，由中国社会科学出版社正式出版，这项工作已持续了12年。这12年所出版的论文，代表了这一时期中国社会科学各学科博士学位论文水平，较好地实现了本文库编辑出版的初衷。

编辑出版博士文库，既是培养社会科学各学科学术带头人的有效举措，又是一种重要的文化积累，很有意义。在到中国社会科学院之前，我就曾饶有兴趣地看过文库中的部分论文，到社科院以后，也一直关注和支持文库的出版。新旧世纪之交，原编委会主任胡绳同志仙逝，社科院希望我主持文库编委会的工作，我同意了。社会科学博士都是青年社会科学研究人员，青年是国家的未来，青年社科学者是我们社会科学的未来，我们有责任支持他们更快地成长。

每一个时代总有属于它们自己的问题，"问题就是时代的声音"（马克思语）。坚持理论联系实际，注意研究带全局性的战略问题，是我们党的优良传统。我希望包括博士在内的青年社会科学工作者继承和发扬这一优良传统，密切关注、深入研究21世纪初中国面临的重大时代问题。离开了时代性，脱离了社会潮流，社会科学研究的价值就要受到影响。我是鼓励青年人成名成家的，这是党的需要，国家的需要，人民的需要。但问题在于，什么是名呢？名，就是他的价值得到了社会的承认。如果没有得到社会、人民的承认，他的价值又表现在哪里呢？所以说，价值就在于对社会重大问题的回答和解决。一旦回答了时代性的重大问题，就必然会对社会产生巨大而深刻的影响，你也因此而实现了你的价值。在这方面年轻的博士有很大的优势：精力旺盛，思维敏捷，勤于学习，勇于创新。但青年学者要多向老一辈学者学习，博士尤其要很好地向导师学习，在导师的指导下，发挥自己的优势，研究重大问题，就有可能出好的成果，实现自己的价值。过去12年入选文库的论文，也说明了这一点。

　　什么是当前时代的重大问题呢？纵观当今世界，无外乎两种社会制度，一种是资本主义制度，一种是社会主义制度。所有的世界观问题、政治问题、理论问题都离不开对这两大制度的基本看法。对于社会主义，马克思主义者和资本主义世界的学者都有很多的研究和论述；对于资本主义，马克思主义者和资本主义世界的学者也有过很多研究和论述。面对这些众说纷纭的思潮和学说，我们应该如何认识？从基本倾向看，资本主义国家的学者、政治家论证的是资本主义的合理性和长期存在的"必然性"；中国的马克思主义者，中国的社会科学工作者，当然要向世界、向社会讲清楚，中国坚持走自己的路一定能实现现代化，中华民族一定能通过社会主义来实现全面的振兴。中国的问题只能由中国人用自己的理论来解决，让外国人来解决中国的问题，是行不通的。也许有的同志会说，马克思主义也是外来的。但是，要知道，马克思主义只是在中国化了以后才解决中国的问题的。如果没有马克思主义的普遍原理与中国革命和建设的实际相结合而形成的毛泽东思想、邓小平理论，马克思主义同样不能解决中国的问题。教条主义是不行的，东教条不行，西教条也不行，什么教条都不行。把学问、理论当教条，本身就是反科学的。

　　在21世纪，人类所面对的最重大的问题仍然是两大制度问题：这两大制度的前途、命运如何？资本主义会如何变化？社会主义怎么发展？中国特色的社会主义怎么发展？中国学者无论是研究资本主义，还是研究社会主义，最终总是要落脚到解决中国的现实与未来问题上。我看中国的未来就是如何保持长期的稳定和发展。只要能长期稳定，就能长期发展；只要能长期发展，中国的社会主义现代化就能实现。

　　什么是21世纪的重大理论问题？我看还是马克思主义的发展问

题。我们的理论是为中国的发展服务的，绝不是相反。解决中国问题的关键，取决于我们能否更好地坚持和发展马克思主义，特别是发展马克思主义。不能发展马克思主义也就不能坚持马克思主义。一切不发展的、僵化的东西都是坚持不住的，也不可能坚持住。坚持马克思主义，就是要随着实践，随着社会、经济各方面的发展，不断地发展马克思主义。马克思主义没有穷尽真理，也没有包揽一切答案。它所提供给我们的，更多的是认识世界、改造世界的世界观、方法论、价值观，是立场，是方法。我们必须学会运用科学的世界观来认识社会的发展，在实践中不断地丰富和发展马克思主义，只有发展马克思主义才能真正坚持马克思主义。我们年轻的社会科学博士们要以坚持和发展马克思主义为己任，在这方面多出精品力作。我们将优先出版这种成果。

2001 年 8 月 8 日于北戴河

序

　　在厦门大学从事财税法教学科研工作的同时，我也经常会与一些来自各地税务机关和涉税中介服务机构的专业实务人士探讨分析他们在实务工作遇到的各种疑难法律问题。这些令人困惑棘手的问题，多数是由于我国现行税收法律法规的不完善所导致，而在税务行政执法和司法实践中又必须直面应对做出处理决定。本书阐析探究的税收核定的证明责任问题，正是在税务行政执法实践中困扰税务机关和纳税人多年的主要问题之一。

　　本书的作者敖玉芳同志原是贵州师范大学法学院的青年教师，根据教育部对口支援计划安排，于2013年经统一考试录取，进入厦门大学经济法专业攻读财税法研究方向的博士研究生。尽管入学前她并没有多少税法学的专业理论知识功底，但她非常勤奋好学，按照我开列的阅读书目清单认真地将它们一本本地"啃"下来，并经常利用课间和课后的时间就其中的问题向老师和同学讨教，努力尽快奠定自己从事财税法方向研究的专业理论和知识基础。从她不断的学习讨教过程中，我发觉她是一个勤于思考、观察细致、逻辑严谨的人才。鉴于她曾经有过在人民法院从事司法审判实践工作的经历，我建议她选择税务行政执法中的证明责任作为自己博士学位论文研究的课题，本书就是在她博士学位论文的基础上，经过进一步完善充实后推出的一项专著成果。

　　众所周知，税收核定是对征税对象及应纳税额的量化确定，是税务机关在日常税收征管工作中针对纳税人经常实施的一种具体行政行为，直接关涉纳税人的财产权益和国家的财政收入。在倡行税收法治的今天，依法课税原则要求税务机关应在依法查明课税事实的基础上确定纳税人的应纳税额。然而，由于社会和经济生活的多样化和复杂性，课税事实的查明，尤其是其中作为计税基础的征税对象的准确量化确定，往往并非易事。当税务机关已尽到职权调查义务，课税事实仍处于真伪不明时，税收核定的证明责任归属，便成为课税事实认定的辅助机制，并对课税事实能否成立以及能否据此作出税收核定行政决定产生至关重要的影响。因此，在那些税收法治相对发达的国家，税法上相应地也有关于税收核定的证明责任归属的具体制度规定，这对于税务机关在依法课税原则下履行税收征管职责，保护纳税人的合法权益以及定纷止争，均有重要的作用意义。然而，由于税收核定的证明责任归属，关系到核定程序中相关主体之间的权益平衡，科学合理的税收核定的证明责任制度设置，是一项具有高度专业技术性的立法任务，需要从税收核定的目的和税法的基本原则出发，结合税收核定案件的特点，对税收核定证明责任做出公平合理的配置，合理兼顾各方利益。

诚如作者在本书中所指出的那样，我国税收法制建设发展的历史不长，税收立法经验有限，加上税收法律草案往往出自政府财税主管部门的设计缘故，现行有关税收实体法和程序法中仅规定了税务机关有权适用核定征税的情形和核定征收采用的方法，未明确界定税收核定的概念、适用范围和证明责任等事项，未明确税收核定行政程序中的证明责任分配和证明标准，且未严格区分纳税人的协助义务与证明责任。这些立法上的空白和模糊性，不仅导致理论和实践中对税收核定概念的理解存在较大分歧和对税收核定适用范围认识的宽严不一，同时也为税务机关的行政执法自由裁量权预留了较大空间，实践中一些税务机关甚至将纳税人的协力义务等同于其证明责任，以致经常因此而引发税务争议，这不利于税务行政权力的控制和纳税人权利的保障。上述这些立法上的缺陷问题，有待我们在科学的理论指引下，参考借鉴国外制度规定及其实践的经验，在实体税种法和征管程序法中改进完善。

摆在读者目前的这本题为"税收核定的证明责任研究"的著作，可以认为是目前国内少见的一部从税收核定视角系统深入阐释分析课税事实的证明责任问题的专著成果。作者主要运用比较研究和实证分析方法，在界定税收核定概念的基础上，分别就其证明责任制度涉及的证明对象范围、证明责任在征纳双方之间的分配，以及证明标准的设定三个主要环节内容，进行了深入细致的分析研究。作者运用税法、行政法和诉讼法基本原理，综合考察评价中外相关理论学说、制度规定和实践案例，在分析批判的同时，总结其中值得我们借鉴吸收的科学成分和合理经验，并提出完善我国税收核定的证明责任制度的立法构想。本书的内容和作者的观点建议，不仅对我国立法机关的税收立法工作，尤其是目前正在进行的《税收征收管理法》的修订，具有较好的参考价值，而且在当今倡行依法治税的环境下，对广大税务机关和纳税人依法履行征纳义务，也有积极有益的借鉴作用。

得知敖玉芳同志在其博士学位论文基础上完成的这本专著入选中国社会科学博士论文文库出版计划，作为导师的我，在欣喜应邀为这部富有理论和实践参考价值的学术研究成果的付梓问世作序的同时，也借此机会向作者表示祝贺，希望她在未来从事财税法学研究的道路上不懈努力，不断推出新的有价值的研究成果，为我国的财税法理论发展和税收法治建设更多地贡献自己的智慧和力量。

廖益新

2019 年 9 月 25 日

于厦门大学海滨东区

摘　　要

　　税收核定是税务机关依据核定权确定纳税人应纳税额的行政确认行为，目的在于准确界定纳税人的纳税义务，作为国家税款征收的前提和基础，并贯彻税收法定原则和税收公平原则。当税收核定依据的课税事实真伪不明时，其证明责任作为待证事实认定的辅助机制，直接关系到待证事实能否成立以及能否作出核定决定，对纳税人的权利义务将产生重大影响。同时，税收核定的证明责任如何在征纳双方之间分配，体现了国家税收利益与纳税人权利之间的博弈，是各国在税收行政程序中不可回避的重要课题。税收核定证明责任主要由作为待证事实的证明对象、证明责任在征纳双方之间的分配、证明标准设置三个方面组成。各国基于不同的历史传统、法律制度、价值取向等原因，对于相同的证明对象，在征纳双方之间所作的证明责任分配以及证明标准的设置存在较大的差异性。我国在法律层面缺乏对税收核定的证明责任分配和证明标准的明确规定，导致实践中执法不一，引发征纳双方争议，是目前亟待解决的问题。因此，通过国外先进立法经验的分析比较和借鉴，结合我国国情，在立法上建构一套完整的税收核定证明责任规则体系，具有十分重要的意义。

　　除导论和结束语外，本书的正文分为五章：

　　第一章是关于税收核定的证明责任概述。首先对税收核定进行界定，这是本书研究的逻辑起点，只有准确把握税收核定的内涵，对税收核定的证明责任研究才不会偏离正确的方向。在此基础上，进一步界定税收核定的证明责任，对税收核定程序是否存在证明责任进行澄清，指出税收核定证明责任与一般行政程序、税务诉讼程序证明责任的联系与区别，为税收核定证明责任规则的借鉴并区分相关证明责任的内容奠定基础。此外，对于指导和贯穿于税收核定证明责任中的法定原则、公平原则、效率原则、比例原则和正当法律程序原则等基本原则进行分析，指出各原则的确定原因和具体内容，为本书第三章税收核定证明责任的分配和第四章税收核定证明标准的设置提供指导性准则。

第二章主要阐述税收核定的证明对象，它是研究税收核定证明责任体系的初始环节，也是探讨税收核定程序中证明责任分配和证明标准的前提。作为税收核定证明对象应当具备相应的基本条件，必须是对纳税人应纳税额的认定具有法律意义、在征纳双方之间存在争议、真伪不明并且需要运用相关证据加以证明的事实。税收核定的证明对象在范围上主要包括纳税主体、纳税客体及其归属、税基、税率、税收特别措施等税收构成要件，税收核定的适用条件，以及税收核定方法选用的合理性等内容。

第三章主要探讨税收核定的证明责任分配，作为税收核定证明责任体系中最核心的内容和分歧最大之处，是本书研究的重点和难点之一。首先分析普遍适用的职权调查原则下的征纳协同主义，并对理论与实践中容易混淆的协助义务与税收核定证明责任进行区分。在此基础上，对税收核定证明责任分配的一般规则进行深入讨论，对大陆法系和英美法系的主要代表国家与地区的相关分配规则进行实证分析和比较，得出税收核定证明责任一般分配规则的最优选择。在此前提下，结合特别证据距离、证明妨碍等因素，并从贯彻落实税法基本原则和国家政策考虑，提炼出推定课税、法律推定、法律拟制等税收核定证明责任的特殊分配规则。

第四章主要探讨税收核定的证明标准，也是本书研究的重点和难点之一。在税收核定证明责任体系中，证明标准发挥着十分重要的作用。它是税务机关认定课税事实和衡量证明责任是否完成的尺度，并决定实质证明责任的适用机会。本章对美国、德国、我国台湾地区等代表性国家和地区的税收核定证明标准进行实证分析，它们对证明标准的要求虽然高低程度不同，但均表现出多元化的特征。在税收核定证明标准的选择上，结合行政成本与课税要件事实的准确性等因素，应当以"高度盖然性"标准为基础，在特殊情况下降低证明标准，体现公平和效率原则。

第五章主要是对我国税收核定证明责任的反思与完善构想，是本书研究的落脚点和归宿。本章在对我国税收核定及其证明责任的立法现状进行分析的基础上，反思并梳理出我国税收核定证明责任中存在的诸多立法和实践问题。在此基础上，以税收核定证明责任的基本原则为指导，借鉴发达国家和地区对税收核定证明责任分配与证明标准设置的先进经验，并结合我国的国情，提出我国税收核定证明责任的立法完善构想。具体为：提升税收核定证明责任的立法位阶，赋予纳税人诚实推定权，明确规定税务机关的职权调查原则、纳税人的协助义务及其对证明责任的影响、证明责任的分配规则和证明标准，增加推定课税的适用条件及核定方法选用的合理性。

关键词：税收核定；证明责任分配；证明标准

Abstract

Tax assessment is one of administrative affirmation acts that tax authorities determine the tax amount payable of the taxpayer based on the power to assessment, the purpose is to accurately define the taxpayer's tax liability, be the premise and foundation of the country's tax collection, and to implement the principle of statutory taxation and the principle of equity. When the object of proof, such as the taxation facts the tax assessment based on, is in non liquet state, as the auxiliary mechanism to identify the factum probandum, its burden of proof is directly related to the factum probandum whether can establish or not, and related to tax authorities whether can make an assessment decision or not, it also has a significant impact on the taxpayers' rights and obligations. Meanwhile, the method that distributes the burden of proof in tax assessment between tax authorities and taxpayers embodies the game between national tax interests and the taxpayer's rights, which is an inevitable important subject in tax administrative procedure of different countries. The burden of proof in tax assessment is composed of the object of proof of factum probandum, the distribution the burden of proof between tax authorities and taxpayers, and the setting the standard of proof. For the same object of proof, due to different historical traditions, legal systems, value orientations, etc. in different countries, there are differences in distributing the burden of proof between tax authorities and taxpayers and in setting the standard of proof among countries. In our country, there is no law to explicitly stipulate the distributing burden of proof in tax assessment and the standard of proof, which leads to different law enforcements in practice, triggers controversy between tax authorities and taxpayers, becomes the subject to be solved urgently at present. Therefore, it is of great importance to build a complete system of rules on the burden of proof in tax assessment through the analysis and comparison of foreign advanced legislative experience, drawing lessens from it, and combining with our national conditions.

Besides the part of introduction and conclusion, the book has five chapters:

The first chapter is about summary of the burden of proof in tax assessment. Firstly, it defines the tax assessment, which is the logical starting point of the research, only accurately grasp the connotation of tax assessment, the research of the burden of proof of tax assessment will not deviate from the right direction. On this basis, this chapter further defines the burden of proof in tax assessment, clarifies whether the burden of proof in the procedure of tax assessment exists or not, indicates the relation and difference between the burden of proof in tax assessment and the burden of proof in general administrative procedure and in tax litigation procedure, which help lay the foundation for the rule of the burden of proof in tax assessment to draw lessons and distinguish from the content of other related burden of proof. In addition, through analyzing the principle of statutory, the principle of equity, the principle of efficiency, the principle of proportionality, the principle of due process of law that guide and penetrate the burden of proof in tax assessment, indicating the reason for certainty and specific content of those principles, it helps provide guidelines for the third chapter about the distribution of the burden of proof in tax assessment and for the fourth chapter about setting the standard of proof in tax assessment.

The second chapter mainly elaborates the object of proof in tax assessment, which is the initial link of research on the system of the burden of proof in tax assessment, which is also the prerequisite for the discussion of the distribution of the burden of proof and the standard of proof in tax assessment procedure. As the object of proof in tax assessment, it should possess the corresponding basic conditions, that is to say, it must have legal significant to assess the tax amount payable of the taxpayer, exist controversy between tax authorities and taxpayers, is in non liquet state, and the facts need to be proved by related evidence. The object of proof in tax assessment includes tax revenue constituent elements composed by the subject of taxation, the object of taxation and its ownership, tax base, tax rate and tax special measures, being applicable condition for tax assessment, and the rationality of the choice of the method of tax assessment, etc.

The third chapter mainly discusses the distribution of the burden of proof in tax assessment, as the core content and existing the most disputes in the system of the burden of proof in tax assessment, this chapter is one of the key and difficult points in this book. Firstly, it analyzes the doctrine of cooperative collection under the universally applicable authority investigation principle, distinguishes the assistance obligation from the burden of proof in tax assessment that easily confuse in theory and practice. On this basis, through in – depth discussing the general rule for distribution of the burden proof in tax assessment, the empirical analysis and comparison of the related distribution rules among main typical countries and regions in civil law system and in common law system, it gets the best choice for the general rules for the distribution of the burden of proof in tax assessment. Under the premise, combined with the special distance of evidence, the spoliation of evidence and other factors, and from carrying out the basic principles of tax law and national police consideration, it can refine special rules for the distribution of the burden of proof in tax assessment, such as the presumptive taxation, the legal presumption and the legal fiction.

The fourth chapter mainly discusses the standard of proof in tax assessment, it is also one of the key and difficult points in this book. In the system of the burden of proof in tax assessment, the standard of proof plays a very important role. The standard of proof is the measure that tax authorities identify the fact of taxation and judge whether the burden of proof is completed, it also determines the opportunity for use the substantial burden of proof has. This book will discuss the standard of proof in tax assessment of the U. S. , the Germany, the Taiwan area of China, although they are different in the level of the standard of proof, they all show the characteristics of diversification. In the choice of the standard of proof in tax assessment, combined with the administrative cost and the accuracy of the fact of taxation, we should be based on the standard of preponderance of evidence, then lower the standard of proof in special circumstances, in order to embody the principle of equity and the principle of efficiency.

The fifth chapter is mainly to introspect and perfect our country's burden of proof in tax assessment, which is the foothold and destination of this book. On the basis of analyzing the legislative status quo of tax assessment and its burden of proof in our country, this chapter introspects and combs many problems on the burden of proof in tax assessment of our country in legislation and in practice. On this basis, taking the basic principle of the burden of proof in tax assessment as a guide, drawing lessons from developed countries' and regions' advanced experience on the distribution of the burden of proof in tax assessment and the method of setting the standard of proof, and combining with our national conditions, it puts forward the idea of perfecting the legislation of the burden of proof in tax assessment of our country. Specifically: enhancing the legislative level of the burden of proof in tax assessment, endowing taxpayers with the right to honesty presumption, clarifying authority investigation principle of the tax authorities, clarifying the assistance obligation of taxpayer and its influence on the burden of proof in tax assessment, clarifying the rule for distribution of the burden of proof and the standard of proof, increasing the applicable conditions for the presumptive taxation and the rationality of the choice of presumptive method.

Keywords: Tax Assessment; Distribution of Burden of Proof; Standard of Proof

目　录

Contents

导　　论

一　选题背景与研究价值

（一）选题背景

本书选题主要基于以下几个方面的背景：

首先，税收核定的证明责任作为课税事实认定的辅助机制，对税收核定能否作出具有决定性影响。依据"税收债务关系说"，纳税人的纳税义务在税收构成要件满足时自动成立，但此时的纳税义务还是抽象的，只有当纳税义务关系内容被具体确定后，国家才能行使征税权。[①] 税收核定是在法律规定的特殊情形下，税务机关单方行使核定权，确定纳税人应纳税额的特殊方式。其目的在于准确界定纳税人的纳税义务，使纳税义务不因纳税人意图规避或不可抗力等主客观原因而消灭，贯彻税收法定原则和税收公平原则。核定决定的依法作出，必须建立在课税事实正确认定的基础上。现代法治国家要求税务机关遵循职权调查原则，对课税事实依法调查。当税务机关已尽到职权调查义务，课税事实仍处于真伪不明时，税收核定的证明责任便成为课税事实认定的辅助机制，并对课税事实能否成立以及能否据此作出税收核定行政决定产生至关重要的影响。当税收核定的证明责任分配给纳税人时，由纳税人承担课税事实不明的不利益风险，税务机关将作出不利于纳税人的课税事实认定和税收核定；反之，如果证明责任由税务机关承担，则课税事实不明的不利益风险归属于税务机关，税务机关不能认定课税事实成立，也不能作出核定决定。

[①]　［日］北野弘久：《税法学原论》，陈刚等译，中国检察出版社 2001 年版，第 174—175 页。

　　其次，税收核定证明责任的科学合理配置，直接影响纳税人之间平等、公平纳税以及国家和纳税人之间、国家之间的利益平衡。税收核定证明责任的不同配置，对核定程序中的相关利益主体将产生不同的影响。如果将税收核定的证明责任分配给税务机关，因大部分课税事实资料由纳税人一方管领，可能使得税务机关对课税事实证据的收集耗费大量的行政成本，降低税收效率。还可能出现税务机关证明困境并导致国家税款流失，同时引起不依法诚实履行纳税义务的纳税人，相比诚实纳税人获得额外的税收利益，损害税收法定原则和税收公平原则。如果将税收核定的证明责任分配给纳税人一方，意味着纳税人在不能证明自己不应承担纳税义务时，将面临税务机关对其作出不利的税收核定决定；或者税收核定一经作出即推定为正确，纳税人对其有异议的，只有在推翻税收核定或证明税收核定存在错误的情况下，才能免于承担纳税义务。这种以过分牺牲纳税人权利为代价实现国家税收利益，背离民主法治的基本精神，造成国家利益与纳税人权利之间失衡，并将滋长税务机关滥用核定权。此外，伴随经济全球化和跨国经济活动的不断增加，主权国家对税收核定证明责任等法律制度设置若缺乏科学合理性，还可能引发对从事跨国经济活动的纳税主体的双重征税或双重不征税，导致纳税主体之间的不公平竞争，同时可能影响到国家之间的税收利益分配不平衡。因此，税收核定的证明责任，无论在一国范围内还是世界范围内，都关系到纳税人之间平等、公平纳税与国家和纳税人之间、国家之间的利益平衡，是一个非常重要的课题。必须结合税收核定的目的和税法的基本原则，并结合税收核定案件的特点，对税收核定证明责任作出公平合理的配置，合理兼顾各方利益。

　　再次，我国关于税收核定证明责任的立法缺陷是导致征纳双方发生争议和纳税人权利受到侵害的根本原因之一。在我国现行立法中，仅规定税务机关有权适用核定的情形和核定采用的方法①，未明确界定税收核定的概念、适用范围和证明责任等内容，导致理论和实践中对税收核定概念的理解存在较大分歧，进而对税收核定适用范围的认识也宽严不一。我国在

---

　　①　关于税务机关有权适用核定的情形，在我国《税收征收管理法》（以下简称《税收征管法》）第35条第1款、第36条、第37条，《税收征收管理法实施细则》（以下简称《税收征管法实施细则》）第54条，《营业税暂行条例》第7条，《消费税暂行条例》第10条，《增值税暂行条例》第7条等条款中作出规定。关于税收核定采用的方法，在《税收征管法实施细则》第47条和第55条，《企业所得税法实施条例》第111条和第115条等条款中作出规定。

税收核定的证明责任分配上未贯彻法律保留原则，在法律层面未明确税收核定行政程序中的证明责任分配和证明标准，仅在行政法规、部门规章等较低立法层面零散地规定与证明责任分配有关的模糊内容①，且未严格区分纳税人的协助义务与证明责任，容易导致实践中将纳税人的协助义务等同于其证明责任。立法的模糊性为税务机关的行政执法自由裁量权预留了较大空间，不利于税务行政权力的控制和纳税人权利的保障。征纳双方认识不一，税务机关在实践操作中执法尺度也不统一，极易在征纳双方之间发生争议。某些省、市税务机关如原北京、江苏、大连、山东、福建、天津、吉林等省、市的地方税务局，原青海、浙江、河北等省的国家税务局曾制定相关的证据规范性文件②，但这些规范性文件规定不统一，且层次较低，不能从根本上解决问题。税务实践中，税务机关多从维护国家税收利益的立场出发，利用自身在税收法律关系中的优势地位，将"纳税人应纳税额"的证明责任分配给纳税人，加重纳税人的证明负担，侵害纳税人权利。征纳双方对税额核定产生争议后，纳税人的救济途径并不畅通，《税收征管法》设置了诉讼前的"清税"和"复议"两种前置程序③，导致很多纳税人因无力缴纳税款被迫放弃寻求权利救济，而无奈接受税务机关的核定决定。

最后，域外关于税收核定证明责任的立法和实践为我国提供了重要的借鉴。德国、法国、日本、美国、澳大利亚、加拿大等发达国家，较为重视税收核定或确定程序以及证明责任在其中的地位和作用，并在较高立法层面贯彻税收核定或确定程序证明责任的法律保留原则。《德国租税通则》《法国税收程序法》《日本国税通则》《美国税法典》《澳大利亚税收管理法》等立法，对核定程序或税收征管程序中的征纳双方的证明责任分配作出明确规定。其中，《德国租税通则》和《美国税法典》对证明责任的转移、证明标准多元化设置作出规定，表现出较高的立法水平和立法技术。除立法外，部分国家对于纳税人应纳税额的核定（或确定）的证

---

①　例如，《税收征管法实施细则》第 47 条第 3 款，《企业所得税法实施条例》第 115 条第 2 款，《特别纳税调整实施办法（试行）》第 95 条之规定。

②　如原福建省地方税务局《税务案件证据问题暂行规定》，原大连市地方税务局《税务稽查案件证据规则（试行）》等。

③　根据《税收征管法》第 88 条第 1 款之规定，纳税人同税务机关在纳税上发生争议时，必须先依照税务机关的纳税决定缴纳或者解缴税款及滞纳金或者提供相应的担保，才能依法申请行政复议；对行政复议决定不服的，方可依法向人民法院起诉。

明责任分配和证明标准形成的司法判例，以及理论界对税务案件证明责任的探讨，都为我国研究税收核定证明责任提供了极其宝贵的经验。上述各国基于不同的历史渊源、法律传统、价值取向和政策目标，对税收核定证明责任的处理有所差异，各自存在不尽完善之处，理论上和实践操作中也存在争议，但不乏很多共通性值得借鉴，例如证明责任由形式证明责任和实质证明责任组成，证明责任分配的一般规则与特殊规则的适用、证明标准的多元化、纳税人享有诚实推定权、纳税人违反协助义务对证明责任的不利后果、税务机关推定课税等。此外，结合税务案件特点和证据法相关法理，有利于在总体上实现国家税收利益和纳税人权利的合理平衡。通过借鉴域外立法、理论和实践中的科学合理因素，结合我国的具体情况，以《税收征管法》的修改和税收基本法的制定为契机，可在我国税收基本法中建构一套完整的税收核定证明责任体系，克服传统立法存在的缺陷。

（二）研究价值

1. 理论价值

第一，推动税法、行政法和证据法学科的融合。将证明责任引入税收核定领域，综合运用证据法和行政法的基本原理以及税法基本原则分析税收核定的证明责任，推动相关学科的融合。

第二，深化税法关于税收核定领域证明责任体系的理论研究。对于税收核定程序中争议较大的证明责任构成及其相互关系、证明责任在征纳双方的分配、纳税人协助义务与证明责任的关系、证明标准的具体设置等重大理论问题予以回应和澄清，形成税收核定证明责任的理论体系。

第三，推动纳税人权利保护理论在证明责任领域的发展。税收核定程序中，税务机关兼具案件事实的调查取证者和认定者角色，易滋生自由裁量权滥用。通过证明责任的合理配置，对征纳双方实质不平等的地位予以矫正，有效防止税务机关滥用自由裁量权，保障纳税人合法权利。

2. 实践价值

第一，构建一套适用于我国国情的税收核定证明责任规则体系。通过对不同法系不同国家、地区关于税法证明责任的分配规则和证明标准的实证分析与比较，提炼出可供借鉴的科学路径，结合我国国情，构建我国的税收核定证明责任规则体系，弥补我国立法的不足。

　　第二，在税收核定程序中，为税务机关认定案件事实提供重要的法律机制，并为征纳双方举证提供有效指引，解决税收核定领域证明责任分配不一的实践问题，促进执法公平。

二　国内外研究述评

（一）国外研究概况与评述

1. 国外研究概况

　　对国外的相关文献搜索，主要来自 HeinOnline、Westlaw Next、Google 学术搜索等数据库，以及厦门大学图书馆藏书查询。国外与本课题相关的研究主要集中在以下几个方面：

　　（1）税收核定的性质及范围

　　税收核定的性质在理论和实践中存在争议。一种观点认为它是纳税义务的创设行为，以德国学者奥托·迈耶（Otto Mayer）为代表，早在 19 世纪末 20 世纪初的"权力关系说"已蕴含该思想。① 另一种观点则认为税收债务自税收构成要件满足时成立，税收核定仅在于确定而不是创设纳税义务，这种观点可以追溯到 20 世纪上半叶德国学者阿尔伯特·亨泽尔（Albert Hersel）提出的"债务关系说"。② 随着"债务关系说"通说地位的确立，税收核定"确认税收债务"的性质已基本上达成共识，但其适用范围在理论和实践中存在争议。一种观点认为，税收核定（又称赋课纳税）是与申报纳税方式相对应的确定纳税义务的方式，日本学者金子宏持该观点，并在此基础上界定其适用范围。③ 日本北野弘久则进一步指出，确定纳税义务以申报纳税方式为基础，税务机关的赋课决定（即核定决定）具有次要和补充地位。④ 另一种观点则将所有确认纳税义务的方式全部纳入税收核定的适用范围，这种观点已在美国、澳大利亚等国家的

---

① ［德］奥托·迈耶：《德国行政法》，刘飞译，商务印书馆 2013 年版，第 97 页。

② ［日］北野弘久：《税法学原论》，陈刚等译，中国检察出版社 2001 年版，第 159 页。

③ ［日］金子宏：《租税法》，蔡宗羲译，台湾"财政部"财税人员训练所 1985 年版，第 340 页；［日］金子宏：《日本税法原理》，刘多田等译，中国财政经济出版社 1989 年版，第 317 页；［日］金子宏：《日本税法》，战宪斌等译，法律出版社 2004 年版，第 442—443 页。

④ ［日］北野弘久：《税法学原论》，陈刚等译，中国检察出版社 2001 年版，第 193 页。

立法中得以确立。① 显然，后者关于税收核定的适用范围更宽。

（2）课税事实或应纳税额的证明责任分配

作者没有搜索到直接以税收核定证明责任为标题的外文文献，但与税收核定证明责任相关的文献较多，涉及税收稽征程序课税事实的证明责任和税务诉讼②程序纳税人应纳税额确定或核定的证明责任，与本书的研究紧密相关。德国学者对税收稽征程序课税事实证明责任的研究文献较为丰富，美国学者则多侧重于税务诉讼中纳税人应纳税额确定或核定的证明责任研究。相关研究主要集中在以下几方面内容：

关于证明责任构成。英美法系国家采用辩论主义的诉讼模式，将税务诉讼的证明责任划分为提出证据责任和说服责任，提出证据责任可以在征纳双方之间转移，说服责任自始不变③，对此已基本达成共识。大陆法系国家采用职权调查主义模式，通说认为税收稽征程序和税务诉讼程序中，没有主观证明责任适用的余地，只有客观证明责任存在。④ 但极少数学者认为，只有在职权调查主义有结果时主观证明责任才能真正免除，故职权调查主义下仍有主观证明责任存在。⑤

关于证明责任的分配规则。德国通说主张以"规范有利说"作为课税事实证明责任分配的一般规则，认为税收债权成立和增加的事实由税务机关证明，税收债权减轻或免除的事实由纳税人证明。⑥ 在此基础上，有学者提出对推定课税、隐名者支出、类型化观察法等证明责任的特殊规

---

① 在《美国税法典》（*Internal Revenual Code*）中，税收核定分为简易核定、欠税核定、预险核定和为破产、接管状态下的税收核定四种类型。另外，澳大利亚在其《税收核定法》（*Tax Assessment Act*）中也把确认纳税义务作为税收核定范围。

② 本书所指的"税务诉讼"，是指我国所称的因征纳双方发生行政争议而产生的"税务行政诉讼"，因部分国家将其纳入民事诉讼领域，故本书统一表述为"税务诉讼"。

③ Paul J. Lee, *Don't Let Burden of Proof Shift to the Taxpayer*, http://ijbssnet.com/journals/Vol_ 3_ No_ 23_ December_ 2012/24. pdf.

④ Huebschmann, Hepp, Spitaler, Kommentar Zur Abgabenordmung-Finanzgerichtsordnung（LFG 206），Köln：Dr. Otto Schmidt, 2010, Rz. 348；Tipke and Kruse, Kommentar zur AO und FGO（LFG 117），Köln：Dr. Otto Schmidt, 2007, Rz. 32.

⑤ Tipke and Kruse, Kommentar zur AO und FGO（LFG 117），Köln：Dr. Otto Schmidt, 2007, Tz. 78；Martens, Die eigenartige Beweislast im Steuerrecht, StuW, 1981（1），p. 326.

⑥ Tipke and Kruse, Kommentar zur AO und FGO（LFG 117），Köln：Dr. Otto Schmidt, 2007, Tz. 31；[德] Reinhard Muβgnug：《税捐稽征程序中事实阐明及举证责任》，张娴安译，《辅仁法学》1994 年第 13 期。

则，并采用法律推定技术减轻证明责任。① 日本学者金子宏认为，原则上税务机关证明课税要件事实是否存在和课税标准，但考虑证据距离，需根据利益状况对此原则进行修正。② 英美法系国家的研究主要集中于税务诉讼中纳税人应纳税额的证明责任。通说认为，遵循普通法判例，证明责任原则上由提起诉讼的原告承担，法律另有规定或法院另行裁定的除外③；税务机关对纳税人应纳税额的核定或确定，原则上被推定为正确，纳税人对其持异议的，应提供证据推翻其正确性推定。④ 1998 年《美国税法典》（I. R. C.）新增第 7491 节，吸纳了 1998 年美国《联邦税务局重构和改革法案》关于"满足一定条件下纳税义务的相关事实证明责任由纳税人转移至税务机关"的内容⑤，在理论界引起巨大反响。学者纷纷对课税事实证明责任的转移条件进行深入研究，并作出肯定性或否定性的批判。⑥ 但总体来讲，应纳税额的证明责任在一定条件下由纳税人向税务机关转移，改变了证明责任由原告纳税人一方承担的普通法传统，并在一定程度上减轻纳税人的证明责任，对纳税人权利的保护是一大进步。此外，学界的研究还涉及转让定价的证明责任，以及包括罚款、附加税、公司累积收益

---

① Tipke and Kruse, Kommentar zur AO und FGO (LFG 117), Köln: Dr. Otto Schmidt, 2007, Tz. 31；[德] Reinhard Mußgnug：《税捐稽征程序中事实阐明及举证责任》，张娴安译，《辅仁法学》1994 年第 13 期。

② [日] 金子宏：《日本税法》，战宪斌等译，法律出版社 2004 年版，第 547—548 页。

③ Janene R. Finley and Allan Karnes, "An Empirical Study of the Change in the Burden of Proof in the United States Tax Court", *Pittsburgh Tax Review*, 2008, 6 (1).

④ Lawrence M. Hill, "The New Burden of Proof in the Federal Tax Courts", *Journal of Tax Practice & Procedure*, 1999, 1 (1).

⑤ 证明责任转移的条件主要是针对特定税种，当纳税人对确定纳税义务相关的事实提出可信证据，遵循相关要求证实与纳税义务有关的任意项目，保存要求的所有记录，与联邦税务局进行通力合作，且纳税人属合伙企业、公司或信托的情况下净资产不得高于 700 万美元。具体参见 I. R. C. § 7491 (a) (1) (2).

⑥ George S. Jackson, "The Burden of Proof in Tax Controversies", *CPA Journal*, 1999, 49 (10); Adriana Wos-Mysliwiec, "The Internal Revenue Restructuring and Reform Act of 1998: Does It Really Shift the Burden of Proof to the IRS?" *St. John's Journal of Legal Commentary*, 1999, 14 (2); Lawrence M. Hill, "The New Burden of Proof in the Federal Tax Courts", 1999, 1 (1); Joni Larson, "Burden of Proof in the Tax Court After the IRS Restructuring and Reform Act of 1998 and Shea v. Commissioner", *Gonzaga Law Review*, 2000, 36 (1); L. Stephen Cash, Thomas L. Dickens, Virginia Ward-Vaughn, "Burden of Proof and the Impact of Code Sec. 7491 in Civil Tax Disputes", *Taxes*, 2002, 80 (1); Milissa Ellen Segal, "Who Bears the Burden of Proof in Taxpayer Suits Against the IRS?", *Pittsburgh Tax Review*, 2007, 4 (2); John A. Lynch, "Burden of Proof in Tax Litigation Under I. R. C. § 7491—Chicken Little Was Wrong", *Pittsburge Tax Review*, 2007, 5 (1); Magan L. Backney, "The Impact of Code Sec. 7491 Burden-Shifting in Tax Controversy Litigation", *Journal of Tax Practice and Procedure*, 2007, 9 (4).

税、一般反避税条款、证明责任倒置等特殊证明责任分配规则。[1]

（3）课税事实或应纳税额的证明标准

对课税事实和应纳税额的证明标准，国外普遍确立了多元化的证明标准。在美国，与民事案件的证明标准相一致，理论界认为证明应纳税额的证据应达到"证据优势"的基本标准，税务民事欺诈等特殊情形下采用"清楚而令人信服"的更高标准，并对证据优势等具体证明标准应当如何认定进行探讨。[2] 在德国理论界，课税事实的证明标准通常应达到"真实确信"标准，多数学者认为在纳税人违反协助义务致课税事实无法查明的，可降低税务机关的证明标准至"优势盖然性"的确信。[3] 学者 Seer 针对税收构成要件的证明标准提出一套弹性调整理论，认为税收构成要件事实的证明标准是否能够降低，必须取向于当事人管领范围的证明风险进行弹性调整。[4]

（4）纳税人的协助义务

对纳税人协助义务的研究主要涉及其法律基础和宪法正当化理由[5]、是否可以作为共同负担阐明课税事实的基础、违反该义务在证据法上的后果等问题。其中，纳税人协助义务是否可以作为征纳双方共同负担阐明课税事实的责任，存在分歧。肯定者认为，征纳双方具有课税事实阐明的合作分工关系，借此可以避免举证的紧急状态或避免举证负担的决定，纳税人不履行协助义务将导致承担事后的证据法上的后果。[6] 否定者认为，基于宪法上的课税公平和课税合法性，只要求税务机关必须依职权调查原则负有阐明课税事实的义务，纳税人只是协助税务机关进行调查。[7] 关于纳

---

① Garry Stone, *International Transfer Pricing 2012*, http：//download. pwc. com/ie/pubs/2012_international_ transfer_ pricing. pdf；Henry Ordower, *The Burden of Proof in Tax Matters*, http：// www. eatlp. org/uploads/public/ Burden%20of%20proof% 20 - %20USA. pdf.

② L. Stephen Cash, Thomas L. Dickens, Virginia Ward-Vaughn, "Burden of Proof and the Impact of Code Sec. 7491 in Civil Tax Disputes", *Taxes*, 2002, 80（1）.

③ Tipke and Kruse, Kommentar zur AO und FGO（LFG 117）, Köln：Dr. Otto Schmidt, 2007, Tz. 66.

④ Roman Seer, Verständigungen in Steuerverfahren, Köln：Dr. Otto Schmidt, 1996, p. 191.

⑤ ［德］Moris Lehner, Stefanie Nasdal：《德国课税程序中之协力义务与举证责任》，谢如兰译，载葛克昌、刘剑文、吴德丰主编《税捐证据法制探讨暨台湾 2012 最佳税法判决》，台湾财团法人资诚教育基金会 2013 年版，第 591—595 页。

⑥ Roman Seer, Verständigungen in Steuerverfahren, Köln：Dr. Otto Schmidt, 1996, p. 176.

⑦ Huebschmann, Hepp, Spitaler, Kommentar zur Abgabenordnung Finanzgerichtsor -dnung（LFG 206）, Köln：Dr. Otto Schmidt, 2010, Rz. 94.

税人协助义务的违反在证据法上产生何种后果，也存在分歧。有学者认
为，纳税人的协助义务仅是税务机关对课税事实的调查方法之一，税务机
关对事实调查应负最终责任，税务机关仍应尽其调查能事，只有尽到义务
仍无法查明，法律有规定的，才能推定课税。① 也有学者认为，纳税人不
尽协助义务，税务机关的职权调查义务随之降低，证明程度随之降低，税
务机关得以间接证据代替直接证据，进行推定课税。② 还有一种观点即德
国财务法院的判决见解，认为纳税人违反协助义务导致税务机关调查困难
或花费过巨，事实阐明的责任应由征纳双方共同承担，税务机关负有限的
事实阐明义务，降低其证明程度，具体降低的证明程度视个案情形而
定。③ 在美国，纳税人履行协助义务，是应纳税额的证明责任由纳税人转
移至税务机关的先决条件之一，如果违反协助义务，将视为纳税人未尽到
与税务机关充分合作的义务，将阻碍证明责任转移至税务机关的可
能性。④

（5）推定课税

对推定课税的研究主要涉及其证明责任、适用条件和推定方法的选
用。日本学者金子宏主张，推定课税仅适用于特定的几种情形，否则属于
违法；具备推定课税的必要性要件，也不能完全凭税务机关自由判断，必
须合理地进行；在税务诉讼中，对于推定课税的必要性与合理性的证明责
任，通常分配给税务机关；如果税务机关已履行证明义务，对推定额和真
实税额之间的差异，应由纳税人提供反证证明，并应达到无任何怀疑的程
度。⑤ 北野弘久认为，税务机关对推定课税的合理性，即对"理由"的有
无承担客观证明责任。⑥ 吉良实认为，推定课税本身应当受到选择"实额
近似值课税"的推定方法的要求作为一种羁束裁量。⑦ 德国学者 Reinhard
Mußgnug 认为，对课税基础事实进行精密调查是不可能的，适用推定课

---

① Wolfgang Jakob, Abgabenordnung, Muenchen: Beck, 2010, Rn. 184.

② Ebd. Rn. 132.

③ Ebd. Rn. 13.

④ Paul J. Lee, *Don't Let Burden of Proof Shift to the Taxpayer*, http://ijbssnet.com/journals/
Vol_ 3_ No_ 23_ December_ 2012/24. pdf.

⑤ ［日］金子宏：《租税法》，蔡宗羲译，台湾"财政部"财税人员训练所 1985 年版，第
435 页；金子宏：《日本税法》，战宪斌等译，法律出版社 2004 年版，第 437—442 页。

⑥ ［日］北野弘久：《税法学原论》，陈刚等译，中国检察出版社 2001 年版，第 155—156 页。

⑦ ［日］吉良实：《推计课税固有之适法要件》（上），李英哲译，《植根杂志》1995 年第 1 期。

税，但税额的估计不能以提高税额的方式导致纳税义务受罚，必须尽可能与真实的事实相近。[①]

2. 国外研究概况之评述

国外与税收核定证明责任相关的研究较为全面，从证明责任的种类、分配的一般规则和特殊规则、证明标准、纳税人协助义务对证明责任的影响、推定课税的适用等各方面着手，已建构起课税事实证明责任的体系框架，对本书的研究有重要的参考意义。但是，由于各国历史渊源、法律制度、价值取向等不同，国与国之间的相关见解存在较大的差异性，特别是在不同法系之间，这种差别尤为明显。加之证明责任本身是一个非常复杂且存在较大争议性的课题，在税收核定领域，还需对征纳双方的利益进行平衡和协调，增加了问题本身的复杂性。在税收核定行政程序中是否存在主观证明责任，证明责任如何在征纳双方之间进行分配以及特殊情形下如何对一般规则进行变通，多元化的证明标准以什么标准为基础并在什么条件下进行调整，纳税人协助义务的性质以及违反该义务将对证明责任产生何种影响等问题存在诸多争议。上述困惑，需根据税收核定本身的性质，结合税法和证据法的基本原理和基本原则进行综合考量，作出进一步的澄清，以实现证明责任规则的科学性并合理兼顾征纳双方的利益。

（二）国内研究概况与评述

1. 国内研究概况

国内文献查找来源主要包括中国期刊网、超星发现系统、厦门大学图书馆馆藏图书、个人收集图书、馆际互借、台湾硕博士论文数据库、月旦法学知识库、植根法律网以及其他互联网等途径。目前没有关于税收核定证明责任的专著。对税收核定证明责任的相关研究，在大陆地区相对较少，台湾地区则较为丰富。

（1）大陆地区

截至 2019 年 1 月 21 日，通过中国知网数据库检索，以"税收核定"作为篇名，检索到期刊论文 14 篇，硕士学位论文 14 篇。以"税收核定"

---

① ［德］Reinhard Mußgnug：《税捐稽征程序中事实阐明及举证责任》，张娴安译，《辅仁法学》1994 年第 13 期。

并含"证明责任"作为篇名,检索到期刊论文 1 篇。以"推定课税"作为篇名,检索到期刊论文 24 篇,硕士学位论文 4 篇;作为关键词,检索到期刊论文 32 篇,硕士学位论文 6 篇;作为主题,检索到期刊论文 32 篇,硕士学位论文 7 篇。以"举证责任"并含"税"作为篇名,检索到期刊论文 5 篇;作为主题检索到期刊论文 21 篇。以"协助义务"并含"税"作为主题,检索到期刊论文 1 篇。大陆地区对税收核定证明责任的研究相对较少,没有系统性的研究,总体上还处于起步阶段,相关研究主要集中在以下几个方面。

关于税收核定的界定存在较大分歧,适用范围大小不一。有学者认为税收核定是税务机关依职权确定纳税义务[1],是在申报不实或未办理申报时,税务机关确定税收债务关系的补充性措施。[2] 也有学者认为税收核定是税务机关作为替代因纳税人违反协力义务缺失的直接证据而推断税基量化事实的特殊的课税事实认定方式。[3] 还有学者认为税收核定是税务机关依据间接资料确定应纳税额。[4] 另有学者则认为税收核定是与纳税申报方式对应的核定征收方式。[5]

关于税务案件的证明责任。学者丁一在《主客观举证责任关系辨析——兼论职权调查主义原则下有无主观举证责任之存在》一文中,认为税务案件的证明责任由主观证明责任和客观证明责任构成。[6] 笔者在《美德税收核定程序证明责任的比较及借鉴》一文中,从比较法视域,归纳出我国可向美国和德国借鉴的税收核定证明责任先进经验,包括贯彻法律保留原则、区分形式与实质的证明责任、结合税务案件特点和举证能力

---

[1]　杨玉玲、吕平:《税收核定的界定分析》,《广西财经学院学报》2012 年第 1 期;杨玉玲、吕平:《我国税收核定制度的构成分析》,《宁德师范学院学报》(哲学社会科学版)2013 年第 2 期。

[2]　刘剑文、熊伟:《税法基础理论》,北京大学出版社 2004 年版,第 382 页。

[3]　汤洁茵、肖明禹:《反避税调查程序中的税收核定:质疑与反思——以企业所得税为核心的探讨》,《当代法学》2018 年第 4 期。

[4]　朱大旗:《中国大陆税收核定权的理论基础与制度完善》,载葛克昌、汤贡亮、吴德丰主编《核实课征、实价课税与推计课税暨台湾 2013 最佳税法判决》,台湾财团法人资诚教育基金会 2014 年版,第 229—230 页;闫海:《税收征收管理的法理与制度》,法律出版社 2011 年版,第 28 页;丛中笑:《我国税收核定制度的梳理与重构》,《金融法与财税法》2009 年第 1 期。

[5]　罗礼林:《关于税收核定制度的探析》,《财会学习》2007 年第 10 期。

[6]　丁一:《主客观举证责任关系辨析——兼论职权调查主义原则下有无主观举证责任之存在》,载葛克昌、刘剑文、吴德丰主编《税捐证据法制探讨暨台湾 2012 最佳税法判决》,台湾财团法人资诚教育基金会 2013 年版,第 353—356 页。

分配证明责任等。① 刘兵在专著《税收程序概论》中，认为应由主管税务机关对核定的纳税人的应纳税额承担证明责任，证明核定应纳税额的理由、依据以及核定方法之合理性，纳税人有异议的，应提供反证。② 此外，相关研究主要集中在税务行政程序中反避税的证明责任③，有人认为应分配给纳税人一方④；也有人则从纳税人权利保护的角度，认为证明责任由税务机关承担⑤；还有人认为证明责任应在征纳双方之间合理分配。⑥另外，有部分学者从税务诉讼的角度展开证明责任的研究。⑦ 其中最具代表性的是陈少英和曹晓如的《税务诉讼举证责任研究》一文，有较为完整的阐述，提出税务诉讼中证明责任分配应遵循的基本原则，主张税务机关对纳税人、征税对象这两项基本课税要件事实承担绝对证明责任，并达到排除合理怀疑程度，对其他应纳税额事实，适用"规范说"理论在征纳双方之间分配，并提出推定课税、法律拟制、合议减轻等证明责任的减轻规则，以及对法律推定、纳税调整、非常规事实等情形适用倒置规则。⑧

关于税收核定的证明标准，刘剑文、熊伟认为，因税收涉及纳税人

① 敖玉芳：《美德税收核定程序证明责任的比较及借鉴》，《税务与经济》2015 年第 5 期。

② 刘兵：《税收程序概论》，兰州大学出版社 2011 年版，第 153 页。

③ 方友熙：《举证责任与国际避税的研析》，《四川理工学院学报》（社会科学版）2010 年第 5 期；鲍灵光：《反避税过程中举证责任问题探析》，《税收经济研究》2012 年第 4 期；葛牧：《转让定价税务案件之证明责任研究》，硕士学位论文，厦门大学，2014 年。

④ 徐海荣、黄碧波：《转让定价税务管理中纳税人文档准备和举证责任规定的国际比较》，《涉外税务》2007 年第 2 期。

⑤ 汤洁茵：《反避税案件的举证责任分析——基于纳税人权利的考量》，载葛克昌、刘剑文、吴德丰主编《税捐证据法制探讨暨台湾 2012 最佳税法判决》，台湾财团法人资诚教育基金会 2013 年版，第 251—278 页；刘天永：《转让定价调查与调整中的举证规则》，《税务研究》2011 年第 1 期。

⑥ 蔡庆辉：《反国际避税案件中的举证规则问题探析》，载葛克昌、刘剑文、吴德丰主编《证据法制探讨暨台湾 2012 最佳税法判决》，台湾财团法人资诚教育基金会 2013 年版，第 227—250 页。

⑦ 翁武耀：《论税收诉讼中举证责任的分配》，《中南财经政法大学研究生学报》2006 年第 4 期；陈少英、曹晓如：《税务诉讼举证责任研究》，载刘剑文主编《财税法论丛》（第 10 卷），法律出版社 2009 年版，第 237—260 页；徐战成：《税务行政诉讼中推计课税的举证责任分配研究》，硕士学位论文，厦门大学，2012 年；李青：《美国收入法典关于税务诉讼举证责任新规定比较》，《涉外税务》2002 年第 8 期；王庆成：《美国税收案件举证责任初探》，《税务研究》2004 年第 4 期；张为民：《德国税务诉讼举证责任分配的规则及借鉴》，《涉外税务》2005 年第 3 期。

⑧ 陈少英、曹晓如：《税务诉讼举证责任研究》，载刘剑文主编《财税法论丛》（第 10 卷），法律出版社 2009 年版，第 239—258 页。

财产安全，证明标准应达到令人确信程度即高度盖然性，排除一般人的合理怀疑，特殊情况下事实无法查清或证明成本巨大，才得以减轻。[①]笔者在《美德税收核定程序证明责任的比较及借鉴》一文中，则主张我国应设置不同层次的证明标准，以"证据确凿"标准为基础，在证明妨碍致证明困难时降低为证据优势标准。[②]

（2）台湾地区

我国台湾地区属于大陆法系，受德国立法和理论影响较大，学者对税收核定的性质、课税事实的证明责任分配、证明标准、协助义务与推定课税等相关研究较为全面、系统。

关于税收核定的性质和分类。葛克昌认为，未经核课处分，对于税收这一公法上的法定之债无法确定其债务，核课处分是税收债务法中，由公共利益受托人的税务机关向具备法定课税要件的特定纳税人作出的确认税收债务的单方行政行为，是具体化的税收债务，属确认处分、下命令处分、羁束处分。[③]陈清秀进一步指出，课税处分属确认处分，本身不创设权利，税收请求权不因其成立或消灭，而是依法律的规定而成立；税收核定在种类上，分为一般的税收核定、保留事后调查的税收核定以及暂时性的税收核定三种。[④]

对课税事实证明责任的构成，有无主观证明责任存在争议。与德国通说一致，多数学者认为，税务机关依职权探知事实关系，原则上纳税人不负有主观证明责任，只在特殊情形下依法律特别规定负有提出证据的责任。[⑤]黄茂荣法官则认为，职权调查主义下仍有主观证明责任存在，证明风险最后由负客观的或主观的证明责任者负担，不因职权调查原则而

①　刘剑文、熊伟：《税法基础理论》，北京大学出版社 2004 年版，第 385 页。
②　敖玉芳：《美德税收核定程序证明责任的比较及借鉴》，《税务与经济》2015 年第 5 期。
③　葛克昌：《核课（行政）处分之法律性质》，《月旦法学教室》2010 年第 2 期；葛克昌：《税捐稽征之正当法律程序之违反及其效力》，中国财税法学会研究会 2014 年年会暨第 21 届海峡两岸财税法学术研讨会论文，武汉，2014 年 10 月，第 759 页。
④　陈清秀：《税法总论》，元照出版公司 2014 年版，第 504—511 页。
⑤　陈清秀：《税法总论》，元照出版公司 2010 年版，第 468 页；葛克昌：《稽征程序之证据评价与证明程度》，载葛克昌、刘剑文、吴德丰主编《税捐证据法制探讨暨台湾 2012 最佳税法判决》，台湾财团法人资诚教育基金会 2013 年版，第 135 页。

不同。①

  证明责任的分配规则。与德国通说相一致，认为对课税事实证明责任的分配应以"规范有利说"为一般规则。② 在此基础上，部分学者探讨了证明责任分配的特殊规则，例如黄茂荣提出以"管领说"与"协力说"对"规范有利说"进行修正，并利用拟制移转赠与的证明责任、类型化等减轻证明责任。③ 葛克昌提出法律推定、情况证据、表见证据、推定课税等特殊规则，并认为纳税人存在证明妨碍等情事，事实阐明在其负责范围内，有阐明可能并有期待性的，负证明责任。④ 盛子龙则主张以税法上的实质类型化与形式类型化对证明责任的一般规则作出修正。⑤

  关于纳税人的协助义务与证明责任的关系。部分学者对纳税人协助义务的正当性和性质进行探讨，学者葛克昌认为，协助义务的合宪性在于量能平等负担税收⑥；学者黄士洲主张征纳协同主义，认为职权调查辅以纳税人协助义务才有意义，征纳双方对程序的进行与课税事实的阐明形成责任分工的共同体。⑦ 通说认为，单纯的纳税人协助义务不构成主观证明责任，除法律特别规定外，协助义务的违反不导致客观证明责任的变更。⑧

---

  ① 黄茂荣：《职权调查原则及合作原则与税务证据方法之提出时限》，载葛克昌、刘剑文、吴德丰主编《税捐证据法制探讨暨台湾2012最佳税法判决》，台湾财团法人资诚教育基金会2013年版，第64—65页。

  ② 黄茂荣：《税法总论（税捐法律关系）》（第三册），台湾植根法学丛书编辑室2008年版，第581页；罗子武：《租税稽征程序举证责任之研究》，硕士学位论文，台湾中兴大学，1998年。

  ③ 黄茂荣：《税法总论（税捐法律关系）》（第三册），台湾植根法学丛书编辑室2008年版，第602—628页。

  ④ 葛克昌：《稽征程序之证据评价与证明程度》，载葛克昌、刘剑文、吴德丰主编《税捐证据法制探讨暨台湾2012最佳税法判决》，台湾财团法人资诚教育基金会2013年版，第124—136页。

  ⑤ 盛子龙：《租税法上举证责任、证明度与类型化方法之研究——以赠与税课征要件上赠与合意之证明为中心》，《东吴法律学报》2012年第1期。

  ⑥ 葛克昌：《协力义务与纳税人基本权》，载葛克昌主编《纳税人协力义务与行政法院判决》，台湾翰芦图书出版有限公司2011年版，第12页。

  ⑦ 黄士洲：《税捐举证责任与协力义务的规范关系——以最高行政法院101年度判字第155号判决为例》，载葛克昌、刘剑文、吴德丰主编《税捐证据法制探讨暨台湾2012最佳税法判决》，台湾财团法人资诚教育基金会2013年版，第213页；黄士洲：《征纳协同主义下税捐调查与协力义务的交互影响关系——兼论制造费用超耗剔除的规定与实务》，《月旦法学杂志》2005年第2期。

  ⑧ 黄士洲：《税捐协力义务与推计课税》，载葛克昌主编《纳税人协力义务与行政法院判决》，台湾翰芦图书出版有限公司2011年版，第55页。

　　关于税务案件的证明标准。通说认为，课税事实的证明应达到相当高度的盖然性程度。① 纳税人违反协助义务，致调查困难或花费过巨，限缩税务机关调查义务，减轻税务机关的证明标准，推定课税，但允许纳税人以反证推翻推估。② 因不可归责于纳税人事由致账簿凭证灭失或无法提出，对课税基础事实适用优势盖然性标准。③ 为避免税务机关恣意裁罚，对于税收裁罚案件，应至少要求相对高度盖然性标准。④ 另有学者指出，证明程度应区分本证和反证而有所不同，反证的证明程度达到动摇本证形成的心证，使本证陷入真伪不明状态即可，不必要求与本证相同的标准。⑤

　　关于推定课税。陈清秀对其适用条件、推定对象、推定的指导原则进行系统研究，认为推定课税作为税务机关依各种间接资料认定课税要件事实的方法，系特殊事实关系的认定方法，其适用应具有特别的正当理由，在税务机关客观上不能进行确实的调查计算以及纳税人对课税事实的查明违反协助义务的条件下适用，否则推定属于违法。⑥ 对推计的标的仅能针对课税基础作出，不及于单纯课税原因的基础事实关系和应纳税额本身。⑦ 推定课税应当尽可能与实额课税相接近，不得违反论理法则和一般经验规则，也不得对纳税人作出不利负担的惩罚性推定。⑧ 推定方法应具有合理性，否则推定属于违法。⑨

　　2. 国内研究概况之评述

　　我国大陆地区对税收核定的理解存在较大分歧，在此基础上对其证

---

　　① 陈清秀：《税法上之正当法律程序》，中国财税法学研究会 2014 年年会暨第 21 届海峡两岸财税法学术研讨会论文，武汉，2014 年 10 月，第 780—781 页。

　　② 柯格钟：《税捐稽征协力义务与推计课税》，硕士学位论文，台湾大学，1998 年；陈清秀：《税法总论》，元照出版公司 2010 年版，第 467—468 页；葛克昌：《协力义务与纳税人基本权》，载葛克昌主编《纳税人协力义务与行政法院判决》，台湾翰芦图书出版有限公司 2011 年版，第 10 页。

　　③ 陈清秀：《税法上之正当法律程序》，中国财税法学研究会 2014 年年会暨第 21 届海峡两岸财税法学术研讨会论文，武汉，2014 年 10 月，第 780 页；陈清秀：《税法总论》，元照出版公司 2014 年版，第 472 页。

　　④ 黄士洲：《税务诉讼的举证责任》，北京大学出版社 2004 年版，第 129 页。

　　⑤ 罗子武：《租税稽征程序举证责任之研究》，硕士学位论文，台湾中兴大学，1998 年；黄士洲：《税务诉讼的举证责任》，北京大学出版社 2004 年版，第 130 页。

　　⑥ 陈清秀：《税法总论》，元照出版公司 2014 年版，第 533—536 页。

　　⑦ 同上书，第 538 页。

　　⑧ 同上书，第 543—544 页。

　　⑨ 同上书，第 549—551 页。

明责任的研究必然受到影响。目前直接对税收核定程序证明责任的一般规则和特殊规则的研究相对匮乏，尚处于起步阶段。但是，学者对税务行政程序反避税证明责任以及税务诉讼证明责任的研究，已经在一定程度上涉及与课税事实和纳税义务的核定相关的证明责任规则，为本书研究提供了参考价值。但总体上还缺乏深入的体系化研究，在研究的广度和深度上都有较大的拓展空间。

我国台湾地区受益于德国影响，对税收核定的理解更加符合事物的本质，对课税事实证明责任分配和证明标准的一般规则和特殊规则、协助义务对证明责任产生的影响及推定课税等问题都有较为全面而系统的研究，对大陆地区相关领域的研究有极为重要的参考价值。但是，我国台湾地区属于大陆法系，相关研究视野主要着眼于德国的理论学说，并未涉及英美法系国家的理论和立法制度。事实上，税收核定在不同法系的国家之间存在共通的本质，且在两大法系法律制度不断融合的今天，英美法系的很多经验也是值得学习和借鉴的。因此，大陆地区在借鉴台湾地区研究的相关理论基础上，还应进一步拓展研究的范围，放眼于全世界。只有通过广泛的对比研究和借鉴，总结出适合我国的经验，才能加快建立起我国税收核定的证明责任体系，充分发挥税收核定在税额确认中的功能和作用。

三　研究范围的界定和结构安排

（一）研究范围的界定

税收核定是税务机关依据核定权确定纳税人应纳税额的行政确认行为，目的在于准确界定纳税人的纳税义务。当税收核定依据的课税事实处于真伪不明时，其证明责任作为待证事实认定的辅助机制，直接关系到待证事实能否成立以及能否作出核定决定，对纳税人的权利义务将产生重大影响。同时，税收核定的证明责任如何在征纳双方之间分配，体现了国家税收利益与纳税人权利之间的博弈，是各国在税收行政程序中不可回避的重要课题。税收核定证明责任主要由作为待证事实的证明对象、证明责任在征纳双方之间的分配、证明标准设置三个方面组成。各国基于不同的历史传统、法律制度、价值取向等原因，对于相同的证明对象，在征纳双方之间所做的证明责任分配以及证明标准的设置存在较大的差异性。本书以税法、行政法、诉讼法的基本原理和理论为基础，通过对国外先进立法经

验的分析比较和借鉴，结合我国在法律层面关于税收核定证明责任分配和
证明标准方面的不足，希冀在立法上建构一套完整的符合我国国情的税收
核定证明责任规则体系。

（二）结构安排

本书由五章构成，具体结构作如下安排：

第一章是关于税收核定的证明责任概述。首先对税收核定进行界定，
这是本书研究的逻辑起点，只有准确把握税收核定的内涵，对税收核定的
证明责任研究才不会偏离正确的方向。在此基础上，进一步界定税收核定
的证明责任，对税收核定程序是否存在证明责任进行澄清，指出税收核定
证明责任与一般行政程序、税务诉讼程序证明责任的联系与区别，为税收
核定证明责任规则的借鉴并区分相关证明责任的内容奠定基础。此外，对
于指导和贯穿于税收核定证明责任中的法定原则、公平原则、效率原则、
比例原则和正当法律程序原则等基本原则进行分析，指出各原则的确定原
因和具体内容，为本书第三章税收核定证明责任的分配和第四章税收核定
证明标准的设置提供指导性准则。

第二章主要阐述税收核定的证明对象，它是研究税收核定证明责任
体系的初始环节，也是探讨税收核定程序中证明责任分配和证明标准的
前提。作为税收核定证明对象应当具备相应的基本条件，必须是对纳税
人应纳税额的认定具有法律意义、在征纳双方之间存在争议、处于真伪
不明并且需要运用相关证据加以证明的事实。税收核定的证明对象在范
围上主要包括纳税主体、纳税客体及其归属、税基、税率、税收特别措
施等税收构成要件，税收核定的适用条件，以及税收核定方法选用的合
理性等内容。

第三章主要探讨税收核定的证明责任分配，作为税收核定证明责任
体系中最核心的内容和分歧最大之处，是本书研究的重点和难点之一。
首先分析普遍适用的职权调查原则下的征纳协同主义，并对理论与实践
中容易混淆的协助义务与税收核定证明责任进行区分。在此基础上，对
税收核定证明责任分配的一般规则进行深入讨论，对大陆法系和英美法
系的主要代表国家与地区的相关分配规则进行实证分析和比较，得出税
收核定证明责任一般分配规则的最优选择。在此前提下，结合特别证据
距离、证明妨碍等因素，并从贯彻落实税法基本原则和国家政策考虑，

提炼出推定课税、法律推定、法律拟制等税收核定证明责任的特殊分配规则。

第四章主要探讨税收核定的证明标准，也是本书研究的重点和难点之一。在税收核定证明责任体系中，证明标准发挥着十分重要的作用。它是税务机关认定课税事实和衡量证明责任是否完成的尺度，并决定实质证明责任的适用机会。本章对美国、德国、我国台湾地区等代表性国家和地区的税收核定证明标准进行实证分析，它们对证明标准的要求虽然高低程度不同，但均表现出多元化的特征。在税收核定证明标准的选择上，结合行政成本与课税要件事实的准确性等因素，应当以"高度盖然性"标准为基础，在特殊情况下降低证明标准，体现公平和效率原则。

第五章主要是对我国税收核定证明责任的反思与完善构想，是本书研究的落脚点和归宿。本章在对我国税收核定及其证明责任的立法现状进行分析的基础上，反思并梳理出我国税收核定证明责任中存在的诸多立法和实践问题。在此基础上，以税收核定证明责任的基本原则为指导，借鉴发达国家和地区对税收核定证明责任分配与证明标准设置的先进经验，并结合我国的国情，提出对我国税收核定证明责任的立法完善构想。具体为：提升税收核定证明责任的立法位阶，赋予纳税人诚实推定权，明确规定税务机关的职权调查原则、纳税人的协助义务及其对证明责任的影响、证明责任的分配规则和证明标准，增加推定课税的适用条件及核定方法选用的合理性。

四　创新之处

（一）研究视角的创新

税收核定的概念在理论和实践中存在较大争议，本书对税收核定概念和性质作出相应界定，从税收核定的视角出发研究其证明责任，是一种全新的视角，不同于已有文献从税收行政程序、税务行政诉讼程序、反避税等角度研究证明责任。

（二）研究方法的创新

本书突破传统研究方法，引入法律经济学的研究方法，在税收核定证明责任的制度设计上，通过成本—收益的分析比较，充分考量博弈的诸价值，有效发挥立法对资源的配置作用，实现征纳共同体在税收核定程序中举证成本的最小化。

（三）　系统构建我国税收核定的证明责任体系

针对我国税收核定证明责任存在的诸多不足，从立法位阶、证明对象、证明责任构成及其互动关系、证明责任在征纳双方的分配、高度盖然性为基础的多元化证明标准等方面，重新构建适合我国国情的税收核定证明责任体系。

五　主要研究方法

（一）　比较分析法

税收核定证明责任是一个争议较大的课题，目前并没有完全统一适用的规则。各国基于不同的历史渊源、法律传统、价值理念等因素，在税收核定证明责任的相关规则上存在不同程度的差异性。没有任何一种理论和制度是完美无缺的，可谓各有利弊。借助比较分析法，站在更宽广的视角，对不同法系不同国家和地区的相关理论学说、立法制度和实践操作经验进行对比分析，总结经验和教训，探索出适合于税收核定的证明责任分配和证明标准的科学路径。同时对我国和国外的相关制度进行比较分析，立足我国国情，将更加适宜我国的制度和经验移植到相关法律制度中。

（二）　实证分析法

本书研究将运用案例分析法、规范分析法、调查研究法等实证分析法。税收核定证明责任研究需结合两大法系的代表国家、地区在税收核定证明责任方面的相关判例进行研究分析，从裁决的理由中探寻司法机关对税收核定证明责任所持的观点及其背后的法理基础，梳理税收核定证明责任在相关国家和地区实践中的发展脉络，并通过中外税法关于税收核定证明责任相关的立法规范进行分析，结合税法的价值取向找出其中存在的问题和可资借鉴的立法经验。此外，还需到我国税务机关进行实地调查研究，深入了解我国税收核定实践中关于证明责任的具体操作，便于总结经验和不足，有针对性地找出需要完善的问题，并提出可行性的解决方法。

（三）经济分析法

税收核定是对纳税人纳税义务的确定，应以课税事实的准确认定为基础。同时，税收核定作为税务机关行政行为和税法的重要组成部分，理应受制于行政法上的比例原则和税法上的税收效率原则。在保障课税事实正确认定的基础上，应注重降低税务机关的行政成本。因此，在税收核定证明责任的一般分配和特殊分配以及证明标准的制度设计上，需运用经济分析法，引入经济学上的成本—收益的分析方法，对有限的人力、物力、财力资源进行合理配置，充分考虑效率和比例原则。同时需考虑征纳双方的利益平衡，合理兼顾国家税收利益和纳税人财产权利。

第一章

税收核定的证明责任概述

研究税收核定的证明责任体系，应当紧紧围绕"税收核定"这一关键词展开。在国内外，无论在理论上还是立法规范上，对税收核定的理解与适用均存在较大分歧，因此有必要在本书中首先澄清其内涵。研究其证明责任，还需解决"核定程序中是否存在证明责任"这一争议较大的问题。只有在税收核定程序存在证明责任的前提下，本书的研究才具有意义。解决上述问题后，需进一步明确税收核定证明责任的基本原则，它作为税收核定行政程序中指导证明责任分配和证明标准设置的基本准则，对本书后面各章的研究有着重要指引作用。

第一节　税收核定的内涵

"税收核定"的界定是本书研究的起点，决定本书的研究范围。对税收核定的内涵，在不同的国家有不同理解，甚至在同一国家也有诸多不同的理解。通过考察不同国家和地区对税收核定的学理解释和立法规范，有利于我们全面把握税收核定的内涵。本节通过对域外国家关于税收核定的理解与适用进行梳理，并分析我国理论界对税收核定的不同界定，在此基础上提出本书对其内涵的界定，为后文进一步研究其证明责任奠定基础。

一　对税收核定的不同理解

（一）国外对税收核定的界定

1. 理论界的探讨

国外理论界对税收核定的界定，是与税法发展史上对税收法律关系性质的认识紧密联系的。关于税收法律关系的性质，存在"权力关系说"

和"债务关系说"之争。早在 19 世纪末 20 世纪初期，以奥托·迈耶为代表的德国传统行政法学派首先提出"权力关系说"。奥托·迈耶在《德国行政法》一书中提出，在具体情况中，行政行为决定臣民的权利与义务。① 依据该学说，在税收法律关系中，国家作为权力主体，处于优越地位，国民应服从于国家课税权。② 税收的课征原则上可通过"查定处分"③ 进行，税收法律关系是以"查定处分"这一行政行为作为中心形成的权力服从关系，属单方性的命令服从关系。④ 纳税义务发生的原因是税务机关的行政行为，税收构成要件的满足本身不成立税收债务，仅成为行政机关行使课税权的依据，"查定处分"是纳税义务的创设行为，而不单纯是确定纳税义务之行为，行政行为对税收法律关系有创设意义。⑤ 与之相对立的是德国税法学家阿尔伯特·亨泽尔在其 1924 年出版的著作《税法》中提出的"债务关系说"。⑥ 阿尔伯特·亨泽尔主张税收法律关系是一种公法上的债权债务关系，即国家（债权人）向纳税人（债务人）请求履行税收债务的关系。⑦ 税收债务依税法规定的构成要件满足时自动成立，与行政权或行政行为无关，税务机关的行政行为对于税收债务的发生无任何意义，仅仅是对税收债务进行确认的行为。⑧

日本学者金子宏在对上述权力关系说和债务关系说进行研究分析的基础上，提出"二元关系说"，成为日本税法学界的通说。金子宏认为，税收法律关系有各种类型，既有债务关系，又有权力关系，将其单一划分成权力关系及债务关系很困难，但债务关系是最为基本的。⑨ 以"二元关系说"为基础，他提出必须将纳税义务的成立时间与其内容确定时间加以

---

① ［德］奥托·迈耶：《德国行政法》，刘飞译，商务印书馆 2013 年版，第 97 页。
② 张富强：《论税权二元结构及其价值逻辑》，《法学家》2011 年第 2 期。
③ 这里所指的"查定处分"，即本书所称的税收核定行政处分。
④ ［日］北野弘久：《税法学原论》，陈刚等译，中国检察出版社 2001 年版，第 160 页。
⑤ ［日］金子宏：《日本税法》，战宪斌等译，法律出版社 2004 年版，第 19 页；［日］北野弘久：《税法学原论》，陈刚等译，中国检察出版社 2001 年版，第 161 页。
⑥ ［日］北野弘久：《税法学原论》，陈刚等译，中国检察出版社 2001 年版，第 159 页；刘剑文主编：《财税法学》，高等教育出版社 2012 年版，第 163 页。
⑦ ［日］北野弘久：《税法学原论》，陈刚等译，中国检察出版社 2001 年版，第 159；刘剑文主编：《财税法学研究述评》，高等教育出版社 2004 年版，第 177 页。
⑧ ［日］北野弘久：《税法学原论》，陈刚等译，中国检察出版社 2001 年版，第 159 页；刘剑文、熊伟：《税法基础理论》，北京大学出版社 2004 年版，第 190 页。
⑨ 刘剑文主编：《财税法学》，高等教育出版社 2012 年版，第 164 页。

区分，大多数税种在满足课税要素时成立，但这种纳税义务属抽象存在，要成为能够履行的债务，应当确定其内容。[1] 他认为税额确定的方式有申报纳税和赋课纳税两种，申报纳税方式即自我赋课，是由纳税人自行确定课税的标准及应纳税额[2]；赋课纳税方式是指纳税人的应纳税额完全依据税务机关的处分予以确定的方式[3]，赋课应纳税额的决定称为赋课决定，主要适用于：纳税人实际履行提交纳税申报义务且申报的课税标准与税务机关调查结果相同时，税务机关确定其应纳税额；纳税人未履行纳税申报或虽履行纳税申报但与税务机关调查结果不符，税务机关决定其课税标准和应纳税额；未对纳税人规定纳税申报义务时，由税务机关决定其课税标准和应纳税额。[4]

此后，日本税法学家北野弘久继承了阿尔伯特·亨泽尔的债务关系说，并在批判日本税法学界通说的基础上，创立"北野税法学"。[5] 北野弘久认为，纳税义务在具备税收要件的事实时成立，与行政并无关系。有纳税申报义务而未履行的，税务机关可以在调查的基础上作出课税处分，具体确定纳税义务额。[6] 纳税义务有抽象和具体之分，前者在满足税收要件时成立，后者的成立需经过具体确定的特别程序；征税权在纳税义务具体确定后才能行使。[7] 确定纳税义务的方式包括申报纳税方式、赋课征收方式和无须特别程序的确定方式。其中，无须特别程序的确定方式在纳税义务成立时即可确定应纳税额，如按预定纳税额规定应缴纳的所得税和税源征收的国税；纳税申报是私人的公法行为，本质上属于公法上的确定行为。[8] 在性质上，赋课决定是按照税法规定，从税收构成要件理论上对客

---

① ［日］金子宏：《日本税法原理》，刘多田等译，中国财政经济出版社 1989 年版，第 267—268 页。

② 同上书，第 299—301 页。

③ ［日］金子宏：《租税法》，蔡宗羲译，台湾"财政部"财税人员训练所 1985 年版，第 322 页。这里所指的赋课纳税即税收核定。

④ ［日］金子宏：《日本税法原理》，刘多田等译，中国财政经济出版社 1989 年版，第 317 页；［日］金子宏：《租税法》，蔡宗羲译，台湾"财政部"财税人员训练所 1985 年版，第 340 页；［日］金子宏：《日本税法》，战宪斌等译，法律出版社 2004 年版，第 424—443 页。

⑤ 刘剑文主编：《财税法学》，高等教育出版社 2012 年版，第 164 页。

⑥ ［日］北野弘久：《税法学原论》，陈刚等译，中国检察出版社 2001 年版，第 168 页。

⑦ 同上书，第 174—175 页。

⑧ 同上书，第 176—177 页。

观课税标准和确定税额的确认行为，应在提出纳税申报期限届满后进行。① 以申报纳税方式作为基础，税务机关的赋课处分具有次要的和补充的地位。②

从国外理论界对税收核定的界定可以看出，税收核定性质的争议主要表现在对纳税义务的创设还是确认。权力关系说认为税收核定是税务机关创设纳税义务的行政行为，债务关系说则认为税收核定是对已经发生的纳税义务由抽象转换为具体的确认行为。对税额的确认行为中，税收核定与申报纳税相对应，申报纳税是确认纳税义务的主要方式，税收核定则作为次要方式，二者都是确认纳税义务不可或缺的方式。

2. 立法规范的考察

很多国家在相关立法规范中对税收核定的适用范围、适用条件和具体操作程序作出规定。例如美国在其税法典中规定了简易核定（summary assessment）、欠税核定（deficiency assessment）、预险核定（assessment in jeopardy）以及为破产、接管状态下的税收核定（bankruptcy and receivership assessment）四种类型③，不同类型的核定在适用条件和情形上有所区别。简易核定程序只能适用于纳税人自愿主动申报的情形，属于简易程序，联邦税务局（IRS）未发现纳税申报书有误，即可直接将申报税额记入纳税人名下。④ 欠税核定程序适用于纳税人未申报纳税，或已申报但与税务机关的认定存在差距的情形，只能适用于所得税、遗产与赠与税、特定类型的消费税和相关罚金，属于税收核定的普通程序。⑤ 预险核定是在税款征收存在危险时适用，提前征收税款，以保障政府税收利益，包括提前核定税收（纳税申报期届满前）和紧急核定（纳税申报期届满）。⑥ 为破产、接管状态下的税收核定是指联邦税务局可以随时针对破产财团的税收作出核定。⑦ 可以看出，税收核定在美国的适用范围很广，既适用于纳税人已主动履行纳税申报义务的情形，也适用于纳税人未履行纳税申报义务的情形；既适用于通常情况下税款的确定，也适用于危害税收征收行为

---

① ［日］北野弘久：《税法学原论》，陈刚等译，中国检察出版社 2001 年版，第 193 页。

② 同上书，第 175 页。

③ 熊伟：《美国联邦税收程序》，北京大学出版社 2006 年版，第 100 页。

④ 同上。

⑤ I. R. C. §6211，§6212.

⑥ I. R. C. §6851，§6861，§6862.

⑦ I. R. C. §6781.

出现的特定情形；既适用于简易程序，又适用于普通程序。税收核定的目的在于确定税收，产生准确的数字，使征纳双方的债权债务关系明晰化，并作为启动税收征收程序的前提。①

以德国为例。德国立法采纳了税收债务关系说，《德国租税通则》（AO）第 38 条规定："税收债务关系的请求权，在法律据以赋课给付义务的构成要件实现时，即行成立。"当满足税收债务构成要件的事实发生时，税收债务随之成立，即税收请求权依法律规定成立。税务机关对税收所做的"核定"，并非创设税收债务，而是对税收债务的宣示，性质上为确认行政处分。②《德国租税通则》第 155 条第 1 款规定："税收由税务机关以租税裁决核定，另有规定的除外。"为提高税收效率，立法对核定的适用作出限制，该法在第 167 条第 1 项规定，根据法律规定有申报纳税义务，在核定导致不同的税收，或税收债务人或责任债务人未履行申报义务的，才有核定的必要。③ 德国将税收核定划分为一般的（即终局的）、保留事后调查的以及暂时性的三种类型。第一种类型是指税务机关在阐明事实后，原则上应就税收请求权作出的决定④，对纳税人产生存续力，只能在一定条件下方可变更。第二种类型是指税务机关收到纳税人的申报后，保留事后审查，不经过事实和法律上真实性的调查，或者仅仅作出表面调查，即依据纳税人提交的资料对税收进行核定。这种核定作出后，因核定期间届满即自动产生终结效力，无须再作出终结的核定。⑤ 预缴的核定，属于此种类型。⑥ 第三种类型属于德国独具特色的内容，是指税收构成要件是否发生或者发生的范围不明时（此时税务机关仅对个别事实有所不明），为使国库不因部分事实不明放弃税收，纳税人不因此享有不合理利益，对税收暂时进行核定，在暂时核定范围内，不发生课税处分的实质存续力。⑦ 当课税基础不明部分事后已查明，则应作出终局性的税收核定。

---

① 熊伟：《美国联邦税收程序》，北京大学出版社 2006 年版，第 99 页。
② 陈敏：《德国租税通则》，台湾"司法院"2013 年版，第 58—59 页。
③ 同上书，第 300—311 页。
④ 同上书，第 281 页。
⑤ 《德国租税通则》第 164 条规定。陈敏：《德国租税通则》，台湾"司法院"2013 年版，第 301—302 页。
⑥ 陈敏：《德国租税通则》，台湾"司法院"2013 年版，第 163 页。
⑦ 《德国租税通则》第 155 条第 2 项、第 165 条规定。

以日本为例。根据《日本国税通则》和《日本地方税法》之规定，确定纳税义务包括无须特别程序、申报纳税以及赋课纳税三种方式。其中，无须特别程序的确定方式是指，纳税义务成立时不需要特别的手续，即可确定应纳税额的国税，包括代扣代缴型国税、汽车重量税、印花税、登记许可税、滞纳金和利息税。① 申报纳税方式是指应纳税额原则上依据纳税人的申报进行确定，只有在无申报或未依法申报，以及该税额与税务署署长或海关关长调查结果不符时，才根据税务署署长或海关关长的处分来确定应纳税额。② 赋课纳税方式即核定课税方式，是指应纳税额完全依税务署署长或海关关长的处分来确定。③ 在国税中，通常以申报纳税方式为基础，赋课纳税方式为例外。国税中采用赋课纳税方式的仅有特定消费税和各种加息税及罚税。而在地税中，赋课纳税方式具有重要地位，称为"普通征收"，纳税人的申报仅作为税务机关作出赋课决定时的参考资料。④ 可见，在日本，税收核定作为税额确定的类型，在国税和地税中所处的地位是不同的。

通过美国、德国、日本关于税收核定的相关立法比较，可以看出，税收核定的共同点在于，均属于对纳税人应纳税额的确认。但在具体适用范围上各有不同，美国税收核定通常以纳税人申报纳税为基础，即使联邦税务局未对纳税人申报的税额进行变更，以申报额确定纳税人的应纳税额，也属于税收核定，即美国税收核定包罗了税务机关确定纳税义务的各种形式，适用范围极广。在德国，只有纳税人未进行纳税申报或虽有申报但不符合法律规定，由税务机关对纳税人的纳税义务进行确定才称为税收核定。而在日本，税收核定在国税和地税中确定税额的作用是不同的：对于国税，在立法明确规定的少数适用赋课纳税方式确定税额时，才以税收核定方式作出。申报纳税则是确定税款的主要方式，在申报纳税方式下，税收核定仅作为补充和次要作用，只在纳税人未作出符合法律规定的申报以及税务调查有不同税额存在时，才进行税收核定；对于地税，税收核定作为确定税额的主要方式，而纳税人的申报仅具有参考性质而不具有确定税额的作用。

----

① 《日本国税通则》第15条第3款规定。
② 《日本国税通则》第16条第1款第1项规定。
③ 《日本国税通则》第16条第1款第2项规定。
④ 《日本地方税法》第13条规定。

（二）国内对税收核定的界定

我国立法规范对税收核定的定义未予明确，导致学理上对税收核定的理解分歧很大。目前对税收核定的理解主要存在三种不同的观点，按照范围由大到小依次界定为：

1. 税务机关依法确认纳税义务的行政行为

目前这是对税收核定作出的最为广义的理解，也是最为普遍的观点。刘剑文、熊伟两位教授在《税法基础理论》一书中认为，税收核定是税务机关依税法规定确定税收债务关系之具体内容，是在申报纳税方式下作为纳税申报不实或未办理申报时的补充性措施，用于纠正纳税申报的错误或确定未申报的税收，属准法律行为性质的确认行为，符合具体行政行为的特征。[①] 熊伟教授在《申报确认 VS 税收核定：并非只是概念之争》一文中进一步明确，只要税务机关依职权确定税款，都可称为税收核定，无论纳税人是否进行纳税申报，都有可能启动税收核定。[②] 杨玉玲、吕平认为，相对于纳税申报，它是税务机关依法对纳税人应纳税额的行政确认行为。[③] 唐婉也持同样见解。[④] 曾科进一步指出，税收核定是税务机关在纳税义务发生前后，以确定纳税人的应纳税额为主要目的的行政行为。[⑤] 上述观点将确定税额的方式分为由纳税人自行确定的申报纳税方式和由税务机关以核定行政处分确认的方式，凡是税务机关依职权确定应纳税额的行政行为都称为税收核定。在此基础上，聂淼、熊伟在《重塑税收核定：我国税收行政确定的建构路径》一文中，主张我国税收核定划分为预先核定、简易核定、欠税核定和预险核定四种类型。[⑥]

2. 税务机关运用间接资料确定纳税义务

在学理上对税收核定的理解还有一种观点较为常见，把税务机关

---

① 刘剑文、熊伟：《税法基础理论》，北京大学出版社 2004 年版，第 382—383 页。

② 熊伟：《申报确认 VS 税收核定：并非只是概念之争》，《中国税务报》2014 年 12 月 24 日 B01 版。

③ 杨玉玲、吕平：《税收核定的界定分析》，《广西财经学院学报》2012 年第 1 期；杨玉玲、吕平：《我国税收核定制度的构成分析》，《宁德师范学院学报》（哲学社会科学版）2013 年第 2 期。

④ 唐婉：《我国税收核定制度若干法律问题研究》，硕士学位论文，厦门大学，2008 年。

⑤ 曾科：《税收核定规则适用的法律问题与完善》，硕士学位论文，首都经济贸易大学，2013 年。

⑥ 聂淼、熊伟：《重塑税收核定：我国税收行政确定的建构路径》，《税务研究》2015 年第 12 期。

运用间接资料确定纳税义务称为税收核定。闫海教授认为，税收核定是一种应纳税额的确定方式，是在利用其他手段不能准确有效地征税时的补救方法，在没有明确建账或通过普通手段难以核实账目的情况下，税务机关收集有关间接资料，依税法有关规定确定纳税人的应纳税额，并作为征税依据的方法。① 朱大旗教授认为，税收核定是指税务机关无法根据直接资料确定税基时，依据税法赋予的权力利用各种间接资料来合理估定税基及应纳税额，税收核定在法律性质上兼有税收确定行为、羁束行政行为、事实推定行为三重特征。② 丛中笑教授认为，税收核定是税务机关在运用间接资料合理确定纳税人应纳税额的税收制度，前提是无账可查或者难以查账，但是我国税收核定制度的内涵和外延大于推定课税。③ 刘兵在《税收程序法概论》一书中指出，税收核定是税务机关依法核定纳税义务的方法，以纳税人账簿不能作为课税基础为前提。④ 此外，汤贡亮、李淑湘教授的《核定征税在大陆税制中的应用及对策研究》⑤、朱学风的《论税收核定的法律规则》⑥、吴自训的《税收核定自由裁量权的法律控制》⑦ 等文献持该观点。这些观点对税收核定的界定侧重于税务机关依据间接资料确定税款，但在界定的具体范围上有所差异，有的将其等同于推定课税，有的认为其范围大于推定课税。

3. 与查账征收方式对应的核定征收方式

还有一种主要是实务界所持观点，将税收核定与核定征收混同起来使用，认为税收核定是在税务机关不能确定纳税义务时，根据一定方式予以核定的管理活动⑧，是税务机关对于不能按照财务制度准确核算的纳税人

---

① 闫海：《税收征收管理的法理与制度》，法律出版社 2011 年版，第 28 页。
② 朱大旗：《中国大陆税收核定权的理论基础与制度完善》，载葛克昌、汤贡亮、吴德丰主编《核实课征、实价课税与推计课税暨台湾 2013 最佳税法判决》，台湾财法人资诚教育基金会 2014 年版，第 229—231 页。
③ 丛中笑：《我国税收核定制度的梳理与重构》，《金融法与财税法》2009 年第 1 期。
④ 刘兵：《税收程序法概论》，兰州大学出版社 2011 年版，第 152 页。
⑤ 汤贡亮、李淑湘：《核定征税在大陆税制中的应用及对策研究》，载葛克昌、汤贡亮、吴德丰主编《核实课征、实价课税与推计课税暨台湾 2013 最佳税法判决》，台湾财团法人资诚教育基金会 2014 年版，第 229—239 页。
⑥ 朱学风：《论税收核定的法律规制》，硕士学位论文，吉林大学，2008 年。
⑦ 吴自训：《税收核定自由裁量权的法律控制》，硕士学位论文，中南大学，2011 年。
⑧ 王宇婷：《税收征收管理法律制度研究》，硕士学位论文，哈尔滨工程大学，2006 年。

普遍进行的税收征收方式①，即核定征收，与查账征收方式相对应。② 这种观点从狭义的角度对税收核定作出界定，将其作为征税方式。

二　本书对税收核定的界定

本书认为，税收核定是指税务机关行使税收核定权，以确定纳税人具体纳税义务为目的和内容，作出的具有法律约束力的行政确认行为。理解这一概念，应从以下几个特征予以把握。

（一）税收核定是税务机关对税收债务的行政确认行为

根据债务关系说，纳税人的纳税义务从税收构成要件满足时自动成立。但此时成立的纳税义务还是抽象意义上的，只有转换为具体的纳税义务，才能成为税务机关征收税款的基础。对纳税义务的确定，鉴于课税事实的证据资料大多由纳税人一方掌握，纳税人对其纳税的相关事实情况最为知悉，立法通常赋予纳税人申报纳税的义务，由纳税人向税务机关主动报告纳税的相关情况，一是为了提高税收确认的行政效率，二是体现对纳税人的尊重，促进其民主参与意识，提高其对税法的遵从度。在纳税人进行申报纳税的情况下，税务机关通过对其提交的纳税申报表进行审查，如未发现其中存在错误，则通常以申报的数额作为确定纳税义务的基础。但是，这一阶段的税务机关审查确定，还仅是表面审查和初步确定。由于税务机关在短时间内无法真正核实确定纳税人申报的数额是否属实，税法一般赋予税务机关享有事后再审查和重新调整应纳税额的权力。如果法律未赋予纳税人申报纳税义务，或者纳税人虽负有申报义务但因各种主客观原因导致申报的税额与实际不符的情况下，应当有一种法律机制对纳税义务进行确认，使满足税收构成要件的纳税人按照法律规定承担相应税收，并在纳税人之间实现公平纳税。这种法律机制就是在纳税人自行确定应纳额的确认行为之外，建立一种由税务机关依法确定税收债务的确认行为。它以确定纳税人应纳税额为目的，并以税收债务的确定为基本内容。以此弥补申报纳税方式存在的不足，贯彻税收法定原则和税收公平原则。

（二）税收核定是依据税收核定权作出的羁束行政行为

税收核定权是有效行使法定税收征管职能必不可少的权力，与税收管

---

① 郝洧、任卫强：《规范税收核定征收工作的思考》，《科技信息》2007 年第 14 期。
② 罗礼林：《关于税收核定制度的探析》，《财会学习》2007 年第 10 期。

理权、税收征收权、税收检查权等共同构成税务行政权，属于国家征税权的重要组成部分。人民通过法律形式将征税权授予国家的代表行使，除法律规定的税收征管主体外，其他任何机关、团体、个人不得行使税收核定权，否则作出的税收核定决定无效。行使税收核定权的主体根据各国的法律规定有所不同，例如在美国为财政部长①，在我国为各级税务局、税务分局、税务所和按照国务院规定设立并向社会公告的税务机构。② 行政权具有法定性，其设定和行使都应当受到法律的严格限制，体现法律保留原则。③ 同时，权力的行使必须符合授权的目的，税收核定权的行使主体作为公益的受托人，代表全体纳税人的整体利益，负有依法公平、平等课税之职责，必须依照法律规定的步骤、方法和程序行使，依法调查、审核、确定纳税人的纳税义务。税收核定必须遵循税收法定原则，对纳税义务的确定无自由裁量的空间，不得在法律规定范围外为纳税人创设纳税义务，也不得在法律范围之外减少、免除税收债务以及对税收债权进行和解和自由处分。因此，税收核定并无自由裁量空间，属羁束行政行为。

（三）税收核定仅适用于特定情形

确定纳税人应纳税额的方式有多种，一种是依法律规定自动确定，例如源泉扣缴。此外，还包括申报纳税和税收核定。在申报纳税方式下，如果纳税人依法及时、如实地进行纳税申报，履行纳税申报义务，税务机关通过对纳税申报表进行表面审查或初步调查未发现纳税申报存在错误，即按照纳税人申报的应纳税额确定纳税义务并进行税款征收。在此情况下，税务机关无须启动税收核定程序，运用税收核定权对应纳税额重新作出核定，仅保留事后核定权即可。待核定时效届满后，税收核定权即行消灭。只有当负有纳税申报义务的纳税人未在法定期限内履行申报义务④，或者虽然提出申报但申报不实⑤，或者当法律规定的其他特殊情形发生时，才需要由税务机关对纳税人的应纳税额进行核定。例如我国《税收征管法》第35条、第36条和《企业所得税法》第41条、第44条、第47条之规定。要求

---

① I. R. C. §6201.

② 《税收征管法》第5条、第14条之规定。

③ 应松年、薛刚凌：《论行政权》，《政法论坛》2001年第4期。

④ 未在法定期限内提出纳税申报，可能是出于逃避税的主观原因或出于不可抗力的客观原因等多种因素导致。

⑤ 申报不实可能是出于逃避税的主观原因或纳税人税法专业性知识不足等原因引起。

税收核定程序只在特殊情形下启动的理由在于，税收核定作为税务机关依税收核定权确定纳税义务的行政行为，核定程序的启动必然意味着税务行政资源的耗费，并会增加纳税人的额外负担，例如纳税人将协助税务机关的税务调查，提供管领范围内的资讯，侵犯其隐私权，等等。因此，为提高税收征管效率，降低征纳双方的税收成本，应当对税收核定的适用条件作出限制。

（四）税收核定是对纳税人产生法律效力的具体行政行为

具体行政行为是相对于抽象行政行为而言的，指行政主体对于特定事项和对象作出的有单方性、特定性、直接性的处理决定，直接影响特定对象的权利义务。[①] 税收核定是税务行政机关针对特定的纳税人，在不能依纳税申报确定应纳税额的情况下，就其纳税义务进行审核、调查，并在课税事实清楚的前提下，单方依据行政职权确定税收债务的行政行为。税收核定的处理决定作为纳税人在特定情况下纳税的根据，对外发生法律效力，直接影响纳税人的财产权利。税收核定完全符合具体行政行为的特征，属于具体行政行为。

三　税收核定与相关概念的辨析

（一）税收确认

税收确认是一种征管制度，它与税收管理、征收、检查、处罚以及救济制度一同构成现代税收征管制度的基本内容，并居于中心地位。[②] 税收确认的目的在于使抽象的纳税义务具体化，确定具体的应纳税额，为税款征收提供依据。[③] 很多国家都在立法中规定了税收确定程序。以日本为例，在其《国税通则》第 15 条规定，在国税纳税义务成立的情况下，除在纳税义务成立时无须经特别程序确定应纳税额外，均应依国税的法定程序确定应纳税额。就税收确认的方式而言，包括申报纳税的方式以及税收核定方式。多数情况下，申报纳税是税收确认的主要方式，税收确认是按照纳税人申报的应纳税额进行的。在申报纳税方式下，只有在法律规定的特定情形出现时，税收核定作为补充措施[④]，属于税收确认的组成部分，

---

① 张树义：《行政法与行政诉讼法》，高等教育出版社 2007 年版，第 86 页。
② 施正文：《我国纳税评定制度的法律构建》，《中国税务》2012 年第 9 期。
③ 施正文：《论〈税收征管法〉修订需要重点解决的立法问题》，《税务研究》2012 年第 10 期。
④ 刘剑文、熊伟：《税法基础理论》，北京大学出版社 2004 年版，第 382 页。

显然税收确认的外延大于税收核定。

（二）纳税评估

根据我国《纳税评估管理办法（试行）》，纳税评估是指税务机关运用特定方法，对纳税人和扣缴义务人申报情况的真实性和准确性作出定性和定量的判断，并采取进一步征管措施的管理行为。[①] 纳税评估与税收核定存在相似之处，例如运用的部分手段和方法相同，都会采用约谈、调查取证等，且与应纳税额的确定有一定关联。但是，通过仔细比较，仍会发现二者存在诸多不同。第一，法律性质和目的不同。纳税评估是一种提高税收征管质量的税务管理工作[②]，也是提高税源监控能力及水平的有效措施，对税源进行动态监控，发现纳税行为异常时，及时作出处理。[③] 它还是建立在纳税申报资料分析基础之上的非强制性行政指导。[④] 而税收核定作为税务机关确定特定纳税人应纳税额的具体行政行为，具有确定力、拘束力、执行力。纳税评估的目的侧重于"评"，确定纳税申报的真实性和准确性，税收核定的目的在于"定"，即确定纳税人的纳税义务，作为税收征收的前提基础。第二，纳税评估与税收核定的主体范围不同。纳税评估工作主要由基层税务机关税源管理部门及其税收管理员负责，重点税源及重大事项的纳税评估可由上级税务机关负责。[⑤] 税收核定的主体是享有税收核定权的行政主体，不限于税源管理部门，税务稽查等部门也享有税收核定权。第三，发生的时间不同。开展纳税评估工作原则上在纳税申报到期后进行[⑥]，税收核定则可能发生在税收征管工作的各个阶段，以纳税义务发生的时间为标准划分，有纳税义务发生前的预先核定、纳税义务发生后的事后核定之分，即税收核定覆盖的时间范围和阶段更为广泛。第四，处理结果不同。纳税评估期间发现的问题，采取税务约谈、调查核实、处理处罚、提出管理建议、移交稽查部门查处等方法进行处理[⑦]，税收核定则是在查明相关课税事实的基础上，作出确定纳税人的应纳税额的

---

① 《纳税评估管理办法（试行）》第 2 条。

② 韩喜平、刘立新：《纳税评估：概念与意义》，《税务与经济》2005 年第 6 期。

③ 王学谦：《纳税评估的国际比较与借鉴》，《税务与经济》2005 年第 3 期。

④ 钱俊文、韦国庆：《纳税评估的法律地位争议及其解决——兼议〈税收征管法〉与〈纳税评估管理办法〉的修订》，《税务研究》2013 年第 1 期。

⑤ 《纳税评估管理办法（试行）》第 3 条规定。

⑥ 《纳税评估管理办法（试行）》第 4 条规定。

⑦ 《纳税评估管理办法（试行）》第 5 条规定。

行政决定，对纳税人的权利义务直接产生法律效力。

（三）推定课税

推定课税，又称为推计课税、推定税收，即使用间接方法确定应纳税额[1]，是指税务机关作出课税处分时不是根据直接资料，而是根据各种间接资料认定课税要件事实的方法[2]，目的是解决在许多情况下所得税以实际收入为计税依据面临的征管困难[3]，防止税款流失并保障税收执法的公平、公正。[4] 为保证应纳税额的客观性和准确性，原则上税务机关应当按照直接资料核实课税，穷尽调查方法。但在纳税人违反协助义务致使税务机关调查困难或花费过大，得以推定课税[5]，推定课税方可作为税收稽征行政的最后手段和补充方式。[6] 推定课税本身是税收核定采用的一种方法。但税收核定除运用间接资料确定纳税人应纳税额外，也有可能运用直接资料进行纳税义务的核定。例如，在纳税人为规避税收作出不合理的商业安排时，税务机关依据税法实质重于形式的一般反避税规则对纳税人的应纳税额进行纳税调整，可能依据直接资料重新作出税收核定。《德国租税通则》规定，税法不因滥用法律的形成可能性得以规避，纳税人选择不相当的法律形成获得法律未预见的税收利益时，存在滥用，此时应以法律目的为指引，适用纳税人意图规避的税法规定。[7] 我国《企业所得税法》规定，企业实施其他不具有合理商业目的的安排，而减少其应纳税收入或所得额的，税务机关有权按合理方法进行调整。[8] 这种情况下，纳税调整可能依据直接资料而不是间接资料，只是税务机关据以作为课税基础事实的法律关系性质发生了变化。因此，税收核定的外延大于推定课

[1] Victor Thuronyi ed. , *Tax Law Design and Drafting*, Washington：International Monetary Fund, 1996, p. 401.

[2] 陈清秀：《税法总论》，元照出版公司 2010 年版，第 542 页。

[3] ［荷兰］史蒂夫·哈里逊：《推定税在中东欧的实践》，郝联峰、孙健夫编译，《经济社会体制比较》1998 年第 5 期。

[4] 刘继虎：《论推定课税的法律规制》，《中国法学》2008 年第 1 期。

[5] 葛克昌：《协力义务与纳税人基本权》，载葛克昌主编《纳税人协力义务与行政法院判决》，台湾翰芦图书出版有限公司 2011 年版，第 10 页。

[6] 葛克昌：《借税捐简化以达量能平等负担——核实、实价与推计课税之宪法基础》，载葛克昌、汤贡亮、吴德丰主编《核实课征、实价课税与推计课税暨台湾 2013 最佳税法判决》，台湾财团法人资诚教育基金会 2014 年版，第 195—196 页。

[7]《德国租税通则》第 42 条规定。

[8]《企业所得税法》第 47 条规定。

税，推定课税只是税收核定采用的一种方法，在推定课税以外，税收核定可能依据直接资料进行税额确定。

（四）核定征收

核定征收是对应于查账征收的一种税款征收方式。查账征收方式是指纳税人在法定期限内根据其财务报表或经营情况，向税务机关申报其营业额、所得额，经税务机关审核开具缴款书，由纳税人在规定期限内缴纳税款，适用于账簿、凭证和财务核定制度较为健全，能够据实核算、正确计算纳税义务的纳税人。相反，核定征收是不能直接依据纳税人的账簿等直接证据资料准确确定其纳税义务时，根据税务机关的征税决定来确定纳税人应纳税额的征税方式①，通常适用于依法可以不设账簿、依法应设账簿而未设置、虽设有账簿但擅自销毁账簿或账目混乱或相关资料不全导致难以查账等情形。税收核定是与申报纳税相对应的概念，是税务机关依行政职权确定纳税人应纳税额的行政确认行为，通常在纳税人无纳税申报义务或虽有纳税申报义务但未依法履行该义务时作出。在无法依据直接证据资料确定纳税义务时，税收核定与核定征收都可能被适用，但前者属于行政行为，后者属于税款征收方式。二者的区别还表现在，税收核定与纳税人有无健全的账簿、凭证和财务核定制度无直接的必然联系。例如，虽然纳税人保存有完备的纳税资料，但纳税人的交易行为在经济实质与交易形式不相符合的情况下，税务机关可依实质课税原则对交易性质重新定性并据以核定税款。又如，关联企业间的关联交易如果违反公平交易原则，税务机关可依据公平交易价格对关联交易进行纳税调整。因此，二者的性质和适用范围均存在差异。

第二节　税收核定证明责任的界定

在证据法上，"证明责任"经历了漫长的充满争议的发展历程。把证明责任放置在税收核定中进行研究，应当首先对证明责任与税收核定证明责任的概念本身作出明确的界定。税收核定程序本身属于行政程序，不同于诉讼程序中原告、被告、法官呈现的三角形诉讼结构模式，行政程序有无证明责任在理论界争议较大，故本书研究还应当先解决税收核定是否存

---

① 刘剑文主编：《财税法学》，高等教育出版社 2012 年版，第 457 页。

在证明责任的问题。鉴于税收核定证明责任与一般行政程序和税务诉讼程序的证明责任存在较大的关联性，对行政程序和税务诉讼中的证明责任展开研究，有助于为本书研究提供重要的借鉴意义。

一 税收核定证明责任的定义

（一）证明责任的含义

"证明责任"一词是舶来品。无论国外还是国内，"证明责任"这一概念的界定是在经历较大争议的基础上发展起来的。较早一段时间内，德国学者认为，证明责任是指当事人在法律上对自己的主张提供证据的必要性，即当事人基于法的必要性承担的行为责任。[①] 1883 年，德国学者尤里乌斯·格拉查（Julius Glaser）在《刑事诉讼导论》一书中，首次提出客观证明责任的概念，并将"证明责任"划分为客观的证明责任和主观的证明责任。[②] 格拉查认为客观证明责任是案件事实真伪不明时，由哪一方当事人承担对此产生的实体法上的不利后果，是证明责任的实质。后经莱昂哈得（Leonhard）和罗森贝克（Rosenberg）等学者的发展，德国法学界大约从 1900 年起将证明责任双重含义说作为通说。在英美法系，1890 年，美国学者塞耶（Thayer）在《证明责任论》一文中提出证明责任分层学说，将证明责任划分为提出证据的责任和说服责任，指出证明责任具有两种完全不同的含义。[③] 1898 年，塞耶在《英美普通法上的证据法初论》一书中对证明责任的双重含义作出详细论证。[④] 美国学者摩根（Morgan）在《证据法的基本问题》一书中指出，裁判者面对一系列主张时必须决定，在证据的质和量上，如果当事人没有充分建立起主张的事实为真实，何方将败诉，这是举证负担；说服负担是指证明程序结束后，事实裁判者不能确定主张的事实为真实，何方将败诉。[⑤] 1983 年，德国学者汉斯·普维庭（Hanns Prütting）在《现代证明责任问题》一书中，将证明

---

① 陈刚：《证明责任法研究》，中国人民大学出版社 2000 年版，第 19 页。

② Julius Glaser, Handbuch des Starafprozessess Ⅰ, Leipzing: Duncker & Humblot, 1883, p. 364; Julius Glaser, Beitraege zur Lehre vom Beweis im Strafprozess, Leipzig: Duncker & Humblot, 1883, p. 85; 张卫平：《证明责任概念解析》，《郑州大学学报》（社会科学版）2000 年第 6 期。

③ James Bradley Thayer, "The Burden of Proof", *Harvard Law Review*, 1890, 4 (2).

④ James Bradley Thayer, *A Preliminary Treatise on Evidence in Common Law*, New York: Little, Brown and Company, 1898, pp. 355 – 364.

⑤ ［美］摩根：《证据法之基本问题》，李学灯译，台湾世界书局 1960 年版，第 45 页。

责任划分为主观与客观的基础上，进一步指出前者是为避免败诉，当事人证明争议事实的责任，解决的是何方当事人应当对具体要件事实举证。[①]后者是指事实主张不能被证明即真伪不明时，产生的不利后果由哪一方承担。[②] 客观证明责任与当事人活动无关，针对的是真伪不明，规范的是真伪不明时的风险分配，功能在于克服真伪不明。[③]

我国对证明责任的研究较晚，在很长一段时期内，证明责任是在"提供证据责任"这一意义上使用的。例如，"举证责任是指当事人对自己提出的主张，有责任提供证据"[④]。较早从行为意义与结果意义两方面解释证明责任的学者是李浩教授，他指出二者的联系和区别，明确履行前者是为避免后者。[⑤] 陈刚教授指出，两大法系的证明责任理论有着形式上的差异，但在本质上是同义的：同义方面表现为二者均承认在证明责任的不同解释中说服责任作为本质，差异方面表现为英美法系事实出发型诉讼的证明责任观和大陆法系法规出发型诉讼的证明责任观之间的区别。[⑥] 张卫平教授指出，通常认为，有客观上（实质上的）和主观上（形式上的）的证明责任，前者即说服责任，是何方当事人承担对事实真伪不明法律判断的不利后果；后者即证据提出责任，即为避免在具体诉讼案件中败诉，当事人对自己的主张向法院提供证据的行为责任。[⑦] 他强调，证明责任是作为裁判基础的事实不能被证明时，依预先规定的裁判规范由当事人承担不利风险，仅在作为法律要件事实不能确定时发生作用。[⑧]

从上述国内外学者关于证明责任的理解可以看出，证明责任发展至今，在不同法系虽然称谓不同，但基本含义是一致的。大陆法系国家有主观和客观之分，英美法系国家有提出证据责任和说服责任之分。主观证明责任和提出证据责任，均为行为意义上的证明责任、形式证明责任，是当事人对其主张提供证据予以证明的义务。客观证明责任和说服责任，属实

---

① ［德］汉斯·普维庭：《现代证明责任问题》，吴越译，法律出版社 2006 年版，第 10、35 页。

② 同上书，第 11、21 页。

③ 同上书，第 25—26、53 页。

④ 柴发邦主编：《民事诉讼法学新编》，法律出版社 1992 年版，第 223 页。

⑤ 李浩：《我国民事诉讼中举证责任含义新探》，《西北政治学院学报》1986 年第 3 期。

⑥ 陈刚：《证明责任概念辨析》，《现代法学》1997 年第 2 期。

⑦ 张卫平：《证明责任概念解析》，《郑州大学学报》（社会科学版）2000 年第 6 期。

⑧ 同上。

质意义上的证明责任、结果意义上的证明责任，是当作出裁判依据的案件事实处于真伪不明时，一方当事人承担的不利益风险。两种意义上的证明责任是相互关联、密切联系的。形式证明责任源于实质证明责任，是当事人为避免案件事实真伪不明时承担不利后果，向裁判者提出证据对其主张进行证明，以此说服裁判者相信其主张的事实为真实，消灭不能说服的危险，说服负担即行解除，不再承担案件事实真伪不明的不利后果。如果当事人不积极履行形式证明责任，当案件事实处于真伪不明时，将导致结果证明责任的发生。

（二）税收核定证明责任的含义

现有文献尚无关于税收核定证明责任的明确定义。在相关研究中，多从税收稽征程序举证责任[①]、税务争议或税务案件举证责任[②]、税务诉讼举证责任[③]进行探讨。结合前述对税收核定和证明责任概念的分析，本书对税收核定证明责任的含义作出如下界定：税收核定的证明责任是指税务机关依职权确定纳税人在具体纳税义务的行政程序中，由税务机关或纳税人对其主张的与纳税义务紧密相关的课税事实，提供相应证据加以证明，当作为证明对象的课税事实处于真伪不明状态时，由税务机关或纳税人承担不利益的法律风险。依据证明责任双重含义说，税收核定证明责任也包括两层含义：第一层含义是税收核定的主观证明责任，即提供证据的责任、形式上的证明责任，是指在税收核定程序中，税务机关或纳税人为避免课税要件事实出现真伪不明的不利法律后果，向作出核定行政决定的裁判者[④]提供证据对自己的主张加以证明的责任。第二层含义是税收核定的客观证明责任，即说服责任、实质上的证明责任，是指通过税务机关调查取证和征纳双方的举证活动，当确定纳税主体纳税义务的课税要件事实仍处于真伪不明状态（即征税机关对课税要件事实是否存在未能形成心证）

---

① 罗子武：《租税稽征程序举证责任之研究》，硕士学位论文，台湾中兴大学，1998年。

② L. Stephen Cash, Thomas L. Dickens, Virginia Ward-Vaughn, "Burden of Proof and the Impact of Code Sec. 7491 in Civil Tax Disputes", *Taxes*, 2002, 80 (1); George S. Jackson, *The Burden of Proof in Tax Controversies*, http://www.hysscpa.org/cpajournal/1999/1099/Features/F221099.HTM.

③ 黄士洲：《税务诉讼的举证责任》，北京大学出版社2004年版；黄茂荣：《税法总论（税捐法律关系）》（第三册），台湾植根法学丛书编辑室2008年版，第567—633页。

④ 这里的裁判者是指税务机关。在税收核定程序中，税务机关同时担任课税事实的调查举证和裁判职能，为保障程序正义，避免税务机关滥用权力损害纳税人利益，通常应当将调查职能与裁判职能加以分离，分属不同部门行使。

时，依法律规定决定不利益的归属。这里所称的不利益归属或不利法律后果，对于税务机关而言，是指其主张的"税收债权成立或增加的事实"不能成立；对纳税人而言，是指其主张的"税收债权减少或免除的事实"不能成立。对于上述两层含义而言，后者是最根本的，是本质上的证明责任。

把握税收核定证明责任的含义，应注意它是一个完整的证明体系，围绕证明对象即待证事实，在税务机关和纳税人之间进行证明责任的分配，承担证明责任的一方除需提供相应证据外，还需在证明标准上达到相关要求，才能完成证明责任。因此，税收核定证明责任由以下三个方面构成：第一，税收核定证明责任的证明对象是课税要件事实，主要是指税收之债的构成要素，这是确定具体纳税义务的必不可少的组成部分，也是明确证明责任分配的前提和基础。离开证明对象，税收核定的证明责任无从谈起。第二，围绕证明对象税收之债的构成要素，需事先明确规定由税务机关还是纳税人承担证明责任，即证明责任的分配归属哪一方的问题，这是证明责任中最重要的部分。证明责任的分配有利于承担证明责任的一方为避免出现课税要件事实真伪不明的不利风险，积极从事相应举证活动。通过举证活动，如果待证事实仍然处于真伪不明状态，需由税收核定证明责任承担者负担不利益的后果。第三，证明责任承担者不仅负有提供证据的义务，且对待证事实负有"证明"的责任，即所举证据应达到说服裁判者的程度。判断是否"证明"的尺度是证明标准，是否达到证明标准是衡量证明责任承担者能否卸除证明责任的标志。证明责任的分配和证明标准密不可分，共同构成税收核定证明责任体系的重要组成部分。

二　税收核定是否存在证明责任的争议

从证明责任的历史沿革看，证明责任是诉讼程序的产物。诉讼程序由争议的原被告双方当事人和行使裁判职能的法官（或陪审团）三方主体构成，呈现出典型的控辩审三角形的诉讼结构模式，控、辩、审三种职能各自独立，分别由不同的主体行使。围绕争议的事实，由承担证明责任的一方当事人举证，其说服的对象为居于中立地位的裁判者法官（或陪审团）。税收核定属行政程序而非诉讼程序，主体结构不同，其中是否存在证明责任，成为一个颇有争议的问题。肯定者认为，证明责任存在的基础在于"证据的不同"，证明责任的功能在于解决事实真伪不明状态下裁决应支持何方的难题，故行政程序主体结构的独特性并不能否认行政程序的证明责任。① 证明责任可以解决课税事实不清存在的争议，达成税务稽征的行政效能，符合程序正义。② 否定者则认为行政程序不存在证明责任，税收核定属税务机关履行税收执法权，核定纳税主体具体纳税义务的行政程序，仅涉及税务机关和纳税人双方主体，无第三方主体存在。税务机关作为行政主体享有行政优益权，与作为行政相对方的纳税人在法律地位上是不平等的。且在税收核定程序中，不具有独立当事人的争讼性，无从适用有独立两方为前提的证明责任分配法理。③

本书认为，税收核定行政程序中仍然存在证明责任。理由如下：

第一，证明责任存在的前提条件是案件事实真伪不明。在税收核定程序中，税务机关对纳税主体纳税义务的核定处分必须以案件事实的认定为基础，是现代行政法治化的基本要求。当案件事实在征纳双方之间形成争议时，有必要通过税务机关的调查取证和纳税人的举证活动对其是否存在作出认定。案件事实可能存在以下几种状态：第一种情形是查明构成课税要件的案件事实存在，税务机关作出相应的税收核定处分决定并据此课税。第二种情形是查明构成课税要件的案件事实不存在，税务机关不能作出核定的处分决定。第三种情形是构成课税要件的案件事实亦真亦假，处于真伪不明模棱两可的状态时，税务机关并不能因此回避是否应当作出税收核定的处分决定。这就必须有某种法律机制化解案件事实真伪不明的状态，使税务机关的处分决定能够超越案件事实的真伪不明，能够取得纳税人和社会公众的信赖。④ 而证明责任则是在事实真伪不明的条件下假定事实存在或不存在并作出相应法律效果的裁决和风险分配，具有解决事实真伪不明的法律方法和技术的裁判功能，正好契合化解案件事实真伪不明的法律机制。⑤ 因此，证明责任的目的在于填补人类认识能力的有限性⑥，功能在于为争议的案件事实处于真伪不明时提供解决方法。无论在税收核

① 肖萍：《论行政程序中证明责任的分配规则》，《法学论坛》2010 年第 2 期。
② 罗子武：《租税稽征程序举证责任之研究》，硕士学位论文，台湾中兴大学，1998 年。
③ 李平雄：《租税争讼与举证责任》，台湾五南图书出版有限公司 1981 年版，第 163 页。
④ 霍海红：《证明责任：一个功能的视角》，《北大法律评论》2005 年第 1 期。
⑤ 同上。
⑥ 黄源浩：《税法上的类型化方法——以合宪性为中心》，硕士学位论文，台湾大学，1999 年。

定行政程序还是诉讼程序中，只要有案件事实真伪不明存在的可能性，就必然存在证明责任的化解机制，与案件事实本身存在于行政程序还是诉讼程序阶段无关，也与行政程序和诉讼程序的性质与目的无关。

第二，税收核定程序中存在居于"裁判者"地位的税收核定决定作出者。税收核定程序中只存在税务机关和纳税人双方，在诉讼程序中则在此之外存在中立裁判的司法机关（法院），法院担负对案件的裁判职能。虽然在主体构造上税收核定程序与诉讼程序不同，但仔细观察会发现，诉讼程序中裁判职能在核定程序中也是同样存在的。税务机关身兼两职，既负责事实的调查和取证，又负责课税事实的认定并在此基础上决定是否作出核定处分。当税务机关针对案件的特定事实适用法律，决定是否作出相应税收核定时，其作为"裁判者"地位担任的"裁判"职能是客观存在的。正是为了保障"裁判者"居中裁判的中立地位，税务机关往往由内设的不同机构和部门分别行使案件事实调查和裁决的职能，这也是现代法治国家正当程序原则的内在要求。既然存在行使裁判职能的主体，意味着在税收核定程序中存在待证事实的说服对象，征纳双方为使自己的主张获得"裁判者"的支持，会积极履行证明责任，使得在履行"裁判"职能的税务机关工作人员的内心形成对相关课税事实的"心证"，从而获得有利的行政决定。需注意的是，虽然履行"裁判"职能的主体不是独立于征纳双方之外的第三方，但是依法行政原则要求税务机关的核定决定必须建立在对课税事实正确认定的基础上作出，而不得违背课税事实恣意作出，否则作出的核定决定将面临在行政争议复议或诉讼程序中被撤销的危险。因此，行政程序和诉讼程序中的主体构造虽有所不同，但诉讼程序的"裁判"职能在行政程序中并未缺失，行政程序仅存在双方主体的格局正好体现行政程序更加注重效率的特点，但不会导致证明责任的丧失。

第三，相关立法例已对行政程序中的证明责任予以确认。事实上，关于行政程序中证明责任的存在不仅是一种理论上的探讨，部分国家已明确规定行政程序中的证明责任分配。例如，《美国联邦行政程序法》（*U. S. Administrative Procedure Act*）第 552 节规定，行政机关对其作出不公开公共档案行为的正确性承担证明责任；第 556 节 d 款规定除法律另有规定外，法规或裁定的提议人应承担证明责任。《法国税收程序法》第 L191 条规定："依照税收定额程序确定税收的，申请减征税款的纳税人有举证责任。"第 L193 条"在任何实行自动确定税收的情况下，申请减征税款的纳税人都有举证责任。"《德国租税通则》第 88 条规定稽征机关依职权调查据以课征租税的事实，负阐明事实的责任。① 由此可见，包括税收核定在内的行政程序的证明责任，已在立法中得到确认。

三 税收核定证明责任与相关证明责任的关系

（一）税收核定证明责任与一般行政程序证明责任的关系

税收核定是税务机关依职权确定纳税主体纳税义务的行政行为，原则上需遵循一般行政程序的相关规定。凡是税法未对税收核定证明责任作出特别规定的，应适用行政程序法关于证明责任的一般规定。在税法另行作出特别规定时，依据特别法优于普通法适用的法理，应优先适用税法的相关规定。与一般行政程序相比较，税收核定程序有其独特之处，主要表现为确定纳税主体纳税义务的相关资料，绝大多数由纳税人管领，税务机关要取得这些资料有相当大的难度，而税务机关却不能因此放弃对纳税人征税，否则有违税收法定原则和税收公平原则。② 如果适用一般行政程序的证明责任，显然不能解决这一难题，需结合税收核定的特点对一般行政程序的证明责任进行变通。在法无明文规定的情况下，行政程序法的当事人只负担一般性的协助义务，而税法建构了比行政程序法更精细的协助义务。③ 不仅承担协助义务的主体更加广泛，且承担的协助义务内容也要求更高。承担协助义务的主体一般包括纳税人和有关机关、团体、个人。④ 协助义务由直接的协助义务和间接协助义务构成，前者是纳税人及第三方直接依据税法规定负有的义务，包括设置账册义务、取得和提供凭证义务、税务登记义务、报告义务、有关单位通报资料或作成其他协助行为等；后者是法律作出抽象规定，必须由税务机关依法对特定相对人要求履行的义务，包括备询、提示账册文书、勘验、鉴定、机关协助等。⑤ 负有协助义务的纳税人如果违反相关协助义务，将会承担法律责任。特别是纳税人违反协助义务时，可能会对证明责任的分配或证明标准构成不利影

---

① 《德国租税通则》第 88 条，参见陈敏《德国租税通则》，台湾"司法院"2013 年版，第 150—151 页。

② 柯格钟：《税捐稽征协力义务与推计课税》，硕士学位论文，台湾大学，1998 年。

③ 盛子龙：《租税法上举证责任、证明度与类型化方法之研究——以赠与税课征要件上赠与合意之证明为中心》，《东吴法律学报》2012 年第 1 期。

④ 陈敏：《租税稽征程序之协力义务》，《政大法学评论》1988 年第 37 期。

⑤ 同上。

响。例如，《美国税法典》第 7491 节规定，纳税人履行协助义务，是构成证明责任转移的条件之一，证明责任可能由纳税人承担转移至联邦税务局承担；如果纳税人违反协助义务，证明责任则不发生转移，仍由纳税人承担。① 《德国租税通则》第 162 条规定，纳税人违反协助义务致税务机关无法调查或计算课税基础时，适用推计课税，即降低证明程度。

（二）税收核定证明责任与税务诉讼程序证明责任的关系

税务诉讼担负着司法监督税务机关依法行政，保护纳税人权利的功能。对具体案件而言，税收核定行政程序发生在前，当纳税人对税收核定存在异议寻求救济时，才可能启动税务诉讼程序。因此，就税收核定证明责任和税务诉讼中的证明责任的关系而言，二者相互对应，税收核定的证明责任是基础和本源性的，税务诉讼的证明责任是税收核定行政程序证明责任的延续。② 虽然二者所处的阶段不同，如果在税收核定行政程序和诉讼程序中在审查认定课税事实方面，对证明责任作出不同的规定，会导致法规范断层的现象，使得税收核定程序和诉讼程序的目的与功能无法达成，还会造成税务机关任意对证明责任进行分配和认定课税事实并擅自课税，侵害纳税人利益。③ 此外，税收核定行政程序和诉讼程序均为公益色彩深厚的程序，二者追求的目标都是公平和正义，将二者的证明责任分配作同一认定不会导致不公平。④ 且在税务机关进行税收核定的行政程序中，为避免作出的税收核定行政处分被司法机关撤销，也会尽量遵循税务诉讼证明责任的分配和证明标准的设定。因此，税收核定证明责任与税务诉讼程序的证明责任应具有同一性，只是相应证明责任在不同程序和阶段的表现而已。鉴于目前税收核定行政程序的证明责任的立法和理论研究较少，而税务诉讼程序的证明责任的立法规定较为完善，理论研究也较为丰富，可以借鉴税务诉讼证明责任的相关规定探讨税收核定证明责任问题，为研究核定行政程序的证明责任提供借鉴。

税收核定行政程序和诉讼程序的证明责任虽具有同一性，但是行政程

---

① I. R. C. § 7491.

② 翁武耀：《论税收诉讼中举证责任分配》，《中南财经政法大学研究生学报》2006 年第 4 期；宋英辉、汤维建主编：《证据法学研究述评》，中国人民公安大学出版社 2006 年版，第 341—342 页。

③ 罗子武：《租税稽征程序举证责任之研究》，硕士学位论文，台湾中兴大学，1998 年。

④ 同上。

序与诉讼程序之间的差异，将导致证明责任在不同程序中可能会存在细微的差异性。基于行政行为的公定力，税收核定的行政处分满足证据的形式要件并符合相应的证明标准，即可推定其合法有效，即使纳税人对税收核定存在异议，也只能通过救济途径推翻；加之行政程序中税务机关担负着事实调查、提供证据和裁决的职能，作为被说服的对象常常表现为自我说服，故税收核定行政程序中的说服责任是形式上的说服责任。[1] 在税务诉讼程序中，法院作为居中裁判的独立第三方，对课税事实的认定建立在实质被说服的基础之上。另外，行政效率是行政权的生命[2]，税收行政具有大量性的特点，加之确定纳税义务的课税资料多数受纳税人支配和管领，税收核定行政程序必须以效率为追求目标和价值取向。税务诉讼作为税务争议的最后一道救济途径，以恢复纳税人被侵害的权益为己任，追求的价值目标首先考虑的是公正而非效率。证明责任在税收核定行政程序和诉讼程序中存在差异性在所难免，因此我们在进行税收核定证明责任研究时不能一味对税务诉讼程序的证明责任照搬照抄，还应当结合行政程序的特点作出适当变通，才能更加符合行政程序的价值目标。

第三节　税收核定证明责任基本原则的确定

税收核定证明责任的基本原则，是指在税收核定程序中针对特定的证明对象，明确证明责任分配和证明标准时起指导作用的准则。它必须结合税收核定自身的特点，展现税法和行政法的价值追求与证据法的基本原理，体现税收核定行政程序证明责任的实质，为税务机关和纳税人参与税收核定及课税事实的认定指明方向。本书认为，税收核定证明责任的基本原则主要由法定原则、公平原则、效率原则、比例原则和正当法律程序原则组成。

一　法定原则

（一）法定原则的确定原因

税收核定证明责任的法定原则是税收法定原则对核定程序证明责任的

---

[1]　肖萍：《论行政程序中证明责任的分配规则》，《法学论坛》2010 年第 2 期。

[2]　姜明安主编：《行政法与行政诉讼法》，北京大学出版社、高等教育出版社 2011 年版，第 337 页。

必然要求。人们为获取个人和团体无法提供的公共服务，保障个人从事经济活动的自由与安全，共同将一部分权利让渡给国家，并授权议会或立法机关制定相应法律，为国家征收税款提供合法依据。纳税和征税的时间先后逻辑关系是，人民先同意纳税并通过法律授权，国家才能征税，国家征税的意志以人民同意纳税的意志为前提。[①] 因税收具有无偿性、强制性、侵益性特点，国家征税以牺牲纳税人的财产权为代价，故国家的征税权必须通过法律予以限制[②]，征税必须以具备正当性为前提，且必须依照法律规定的征税条件和法定程序严格进行。为避免征税机关滥用征税权，变相将征税活动作为剥夺国民财富的工具，必须贯彻税收法定主义，通过法律将包含纳税主体、客体、计税依据和税率等在内的税收构成要件法定化，并保障税收构成要件的明确性。[③] 当纳税人符合税收构成要件时，纳税义务即行成立，不得逃避应当承担的纳税义务，也无须在法律范围之外承担纳税义务。税收核定作为税务机关依行政权确定纳税人应纳税额的行政确认行为，核定的税款是征收的依据。在课税事实真伪不明的状态下，如何依据证明责任规则认定课税事实，对于纳税义务的准确认定并正确作出税收核定的行政决定具有重要意义。只有在法律中明确对税收核定证明责任作出具体规定，才能为税务机关在核定程序中对课税事实的认定起到指引作用，防止因法律缺位导致认识不一，同时避免税务机关在法律不明的前提下创设证明责任规则，侵犯纳税人权利，扭曲税收法定主义。

（二）法定原则的含义及内容

税收核定证明责任的法定原则，是指税收核定证明责任的分配、证明标准的设置以及对证明责任产生重要影响的相关内容，必须贯彻法律保留原则，只能以法律形式明确规定，不得在低位阶的立法中进行规定，也不得由征纳双方以协议的方式界定。在税收核定程序中，当课税事实处于真伪不明时，税务机关必须严格适用法律对证明责任的相关规定对课税事实作出认定，并在此基础上决定是否作出税收核定以及核定的具体内容。基于对法的安定性的维护以及纳税人的信赖利益保护，税务机关不得通过类推适用有关规则认定课税事实并作出核定，也不得违反禁止溯及既往原则

---

① 李刚：《税法与私法关系总论——兼论中国现代税法学基本理论》，法律出版社 2014 年版，第 18 页。

② 樊丽明、张斌：《税收法治研究》，经济科学出版社 2004 年版，第 32 页。

③ 黄茂荣：《法学方法与现代税法》，北京大学出版社 2011 年版，第 134 页。

适用新的不利于纳税人的证明责任规则对课税事实进行认定和处理。关于税收核定证明责任的法定原则，主要包括以下几个方面的内容：

1. 法律明确规定税收核定证明责任的分配规则

税收核定的行政决定直接关系到纳税人的纳税义务是否成立以及应当缴纳税款的具体数额，对纳税人的财产权、自由权乃至生存权将造成较大影响。在核定程序中，当作为证明对象的课税事实真伪不明时，对课税事实的证明责任的分配，决定着课税事实不能被认定的不利后果归属于税务机关还是纳税人，直接关系到税收构成要件事实能否成立的重要评判。①因此，税收核定证明责任的分配问题，涉及纳税人在程序上的权利义务事项，且与其实体上的权利义务紧密相关，依照法律保留原则，应以法律的形式作出明确规定②，不能由行政机关以行政法规、行政规章或其他规范性文件等规定证明责任的归属，也不得由征纳双方以协议的方式确定。③除税收核定证明责任的一般分配规则外，作为特殊分配规则的证明责任倒置，因涉及当事人的基本权，依重要性理论，属法律保留的重要事项，也必须在法律中明确作出规定，不宜以行政机关未经立法机关授权的行政规则把证明责任强加给纳税人。④也即，证明责任的移转，不但应当存在移转的理由，且移转应有法律作为规范基础。⑤在证明责任分配的正置、倒置规则外，关于特殊情形下证明责任的减轻规则，例如法律推定、类型化等，也属于对课税事实认定有重要影响的相关规则，对纳税人的权利义务有重要影响，同样应当以法律形式明确作出规定。

2. 法律明确规定税收核定的证明标准

税收核定的证明标准是税收核定证明责任体系中的重要组成部分，与证明责任分配规则一同发挥作用，是衡量征纳双方对课税事实的相关证明活动是否已经达到证明要求的最低限度，也是认定课税事实能否成立的重要标准，是判断证明责任主体能否卸除证明责任的标尺。税收核定的证明标准对课税要件事实的认定起着决定性的作用，与证明责任分配规则一

①　敖玉芳：《美德税收核定程序证明责任的比较与借鉴》，《税务与经济》2015 年第 5 期。

②　罗子武：《租税稽征程序举证责任之研究》，硕士学位论文，台湾中兴大学，1998 年。

③　同上。

④　葛克昌：《所得税与宪法》，北京大学出版社 2004 年版，第 121 页。

⑤　黄茂荣：《税法总论（法学方法与现代税法）》（第二册），台湾植根法学丛书编辑室 2005 年版，第 263—264 页。

样，对纳税人的权利义务将产生重大影响，也应贯彻法律保留原则，在法律中作出明确具体的规定。税收核定的证明标准通常是多元化的，通常以一种证明标准为基准，在特定情形下可以根据案件的特殊情况对证明责任进行调整，包括对基本的证明标准予以提高或降低。法定原则要求法律不仅要对通常的证明标准和特殊证明标准进行明确的规定，而且要对特殊证明标准的适用情形必须作出明确具体的界定。例如，《美国税法典》以"证据优势"为基本的证明标准，并在税务欺诈等案件中适用"清楚而令人信服"的证明标准。[①]《德国租税通则》要求的证明标准通常是达到"确信"程度，在税务机关无法调查或计算课税基础时，允许采用间接证据推定课税，降低证明标准。[②]

3. 法律明确规定纳税人的协助义务及违反该义务对证明责任产生的影响

除税收核定程序中关于课税事实的证明责任分配和证明标准要贯彻法定原则外，与证明责任紧密相关的其他事项也应在法律中明确规定，主要包括纳税人协助义务的内容以及违反协助义务对证明责任将产生何种不利影响。从严格意义上讲，纳税人的协助义务不是纳税人承担的证明责任。该义务的产生主要是由于税务行政程序中与课税事实相关的证据资料多由纳税人管领的特殊性所致。在税收核定程序中赋予纳税人协助税务机关调查，提出管领范围内的证据资料，有利于提高税务机关调查取证的效率、提高举证活动的有效性和税额核定的准确性。但是，协助义务本身对纳税人构成一种负担和义务，甚至会影响纳税人的商业秘密等隐私权，协助义务的违反通常会导致纳税人承担不利的法律后果。为避免纳税人权利受到过度侵害，协助义务的设定应以必要为限，其具体内容应当在法律中明确规定。纳税人只需在法律规定范围内履行协助义务，如果税务机关超出法律范围要求纳税人履行协助义务，纳税人有权拒绝。在法律规定范围内，纳税人应切实履行其协助义务，违反该义务将在证据法上产生何种不利后果，应当由法律明确规定。具体而言，协助义务的违反是否会导致证明责任的倒置，或者在通常的证明责任分配规则之下是否导致证明标准的降低以及降低至何种程度，对课税事实的认定和纳税人的权利义务将产生重要

---

① I. R. C. §7454（a）.

② 《德国租税通则》第162条规定。

影响，只能在法律中予以规定。

二　公平原则

（一）公平原则的确定原因

1. 税收的无偿性容易诱发纳税主体的逃避税行为

税收是对国民财富的第二次分配，纳税人作为社会经济活动的参与人，往往从"经济人"的角度，考虑最大限度地降低社会经济活动的各种交易成本。税款缴纳不能获得直接的对价，作为交易成本之一，势必会纳入"经济人"的考虑范围。税款的缴纳，特别是直接税的缴纳，往往给纳税人的心理造成"割肉"的心理感受而尽力避免之。因此，税收的无对待给付性和强制性特征，对纳税人的缴税主观心理上，多表现为尽可能少缴或不缴，而客观上则积极从事逃避税行为。[①] 纳税人的纳税遵从意识各不相同，有的诚信纳税，有的逃避税。同为参加社会经济活动的主体，由于部分纳税人不诚实的逃避税行为，违反税收公平原则，导致具有同等纳税能力的纳税人负担不同税收，少缴税或不缴税的主体在市场竞争中额外获得税收利益，降低了交易成本，在竞争中无疑占据优势地位，造成市场不公平竞争。税收作为无对待给付的公法债务，是人民为公共利益所作的牺牲，除法律规定外，仅有平等牺牲的义务，并无特别牺牲的义务。[②] 纳税义务在符合平等负担要求时才具有合理正当性[③]，平等负担是课征的合宪性基础，也是税务行政最重要的公益考量。[④] 因此，在税收核定证明责任上应贯彻公平原则，对逃避税行为造成的市场不公平竞争现象予以纠正。

2. 税收专业性、技术性、复杂性

税收本身具有较强的专业性、技术性和复杂性等特点，多数纳税人缺乏相应的专业性，不能应对税收的技术性和复杂性，在税收的计算和申报上可能存在偏差。税务机关作为税务行政执法的专业机构，工作人员通常受过专门的专业培训，对课税事实的认定、应纳税额的计算往往比较专业，对税收中较为复杂的问题和较强技术性的问题通常较纳税人一方具有更多的专业知识。因此在税收核定的证明责任上需考虑税务机关和纳税人

---

① 黄士洲：《税务诉讼的举证责任》，北京大学出版社2004年版，第11页。
② 葛克昌：《税法基本问题（财政宪法篇）》，北京大学出版社2004年版，第119页。
③ 同上书，第122页。
④ 黄士洲：《税务诉讼的举证责任》，北京大学出版社2004年版，第21页。

之间税收专业知识的不对等现状。同时，在不同类型的纳税人之间，对税收专业性、技术性和复杂性的把握程度也是参差不齐的。通常经济规模较大、经济能力较强的纳税人，例如上市公司、大型企业，有能力聘请专业的税务顾问或法律顾问，对于税收待证事实的举证能力往往比个人、小企业更强，如果不考虑这些纳税人之间的不同情况，仅在形式上要求一律平等，忽视举证能力的差异性，可能会导致对纳税人实体权利保障的不公平。因此有必要通过特殊制度的设置纠正这种举证能力的先天不公平。

3. 纳税资料多由纳税人掌握

伴随着纳税人参加的经济活动，反映课税事实的纳税资料多由纳税人掌握支配，税务机关并不掌握这些证据资料。随着全球经济现代化步伐的加速和互联网技术的广泛运用，跨国经济活动日益增多，尤其是电子商务的出现，对居民税收管辖权、所得来源地税收管辖权等传统的国际税收法律制度形成严重的挑战和冲击[①]，税务机关对纳税人跨国经济活动的掌握更加困难。为避免国家税收利益的流失，世界上很多国家、地区制定相应对策，加大信息管税的力度，签订双、多边情报交换协定，扩大对课税要件事实信息量的掌握。尽管如此，税务机关对纳税资料的掌握仍显不够，调查活动面临较大困难。因无法取得直接资料认定课税要件事实而放弃征税，将导致违反诚实信用原则的纳税人与诚实保存课税资料并据实申报纳税的纳税人相比，少承担或不承担税收，会在纳税人之间产生纳税不公平，违反税收公平负担原则，故有必要对纳税人课以协助义务，有助于税务机关对课税要件事实和证据资料的获取，使每一纳税人的课税基础符合接近实际的课税事实。[②]

4. 税务机关在征纳活动中的权力优位

国家为保障行政权的正常运行，一般都赋予行政机关相应的行政职权。税务机关作为税务执法的行政机关，享有大量的行政职权，表现出权力优位的特征。例如，税务机关可依职权展开课税事实的调查和证据资料的收集，并依单方意志实施税收保全等强制措施、作出税收核定决定。这与征纳双方在税收法律关系中的平等性存在冲突，可能会对课税事实证据的获取与提供造成影响。因此，在税收核定证明责任的制度设计上，应充

①　廖益新主编：《国际税法学》，高等教育出版社 2008 年版，第 362—364 页。
②　简均俏：《论税捐法定主义下协力义务之研究》，硕士学位论文，台湾中正大学，2007 年。

分考虑征纳双方实际地位的差异性，通过制度设计矫正这种先天的不平等。

（二）公平原则的含义及内容

税收核定证明责任的公平原则，是指税收核定证明责任的分配和证明标准的设置，应考虑纳税人之间不同的举证能力，以及税收法律关系的征纳双方主体税务机关和纳税人之间的举证能力的差异性，并给予充分考量，从法律制度设计上予以矫正，注意法律武器的平等，平衡各方利益，作出公平设置，以保障税收的横向公平和纵向公平，使具有相同纳税能力的人负担相同的税收，具有不同税赋能力的人负担不同的税收。税收核定证明责任之公平原则的具体内容如下：

1. 保障税法在纳税主体之间的公平适用

为维护社会经济活动主体在市场竞争中的公平地位，必须通过税收核定证明责任的公平原则，保障税法在纳税主体之间的平等和公平适用，贯彻税法适用的横向公平和纵向公平，将纳税能力作为纳税主体应纳税额的标准和指针。纳税主体不得因其逃避税收的行为少缴或不缴税款。针对部分纳税人的逃避税行为，需贯彻量能课税原则和实质课税原则。量能课税原则作为税捐正义的基本原则，要求以人民负担税收经济上的给付能力作为标准来决定其应纳税额[1]，创设国家与具有经济给付潜能的纳税人之间的距离，以确保国家对每一国民给付的无偏私，不受其缴纳税额的影响。[2] 量能课税原则在规范价值上的根源是实质课税原则，即量能课税原则是实质课税原则具体化后的下位原则。[3] 实质课税的目的在于体现量能课税的意旨，以符合生存权的保障和平等原则的要求。[4] 在课税证据资料的审查判断上，应透过现象把握事物的本质，贯彻实质重于形式，正确对待税收法定主义和量能课税的关系。税收法定主义属形式正义，是量能课税原则的制度基础，量能课税原则属实质正义，是依法课税的伦理基础。[5] 如依形式课税无法获得实现按纳税主体负担能力公平、平等课税的

---

① 黄茂荣：《实质课税主义》，《植根杂志》2002 年第 8 期。

② Josef Isensee, Steuerstaat als Staasform, Stoedter and Rolf, Hamburg, Deutschland, Europa—Beitraege zum Deutschen und Europaeischen Verfassungs-, Verwltungs-, und Wirtschaftsrecht, Tuebingen：Mohr, 1977, p. 420.

③ 黄茂荣：《实质课税主义》，《植根杂志》2002 年第 8 期。

④ 同上。

⑤ 黄茂荣：《税捐法定主义》（上），《植根杂志》2004 年第 4 期。

目的之具体且妥当结果时，需考虑适用实质课税原则，即经济观察法，透过交易活动呈现出来的外观和形式，把握市场主体欲真正实现的商业目的，以避免纳税主体通过迂回形式达到避税效果的不正当目的。例如，美国创制了"实质重于形式、分步交易、商业目的、虚假交易、经济实质"等一般反避税规则①，并与特殊反避税规则相结合，共同规制避税行为。需注意的是，税收法定原则和实质课税原则比较而言，前者是常态，后者则在特殊情况下适用。为避免税务机关滥用自由裁量权，变相将实质课税原则作为恣意征税的工具，应当明确，如果适用实质课税原则，否定形式课税的，必须提出主张并举证，这是证明责任分配原则的必然结论。② 在税收核定程序中，对于纳税人避税等难以证明的情形，必要时可通过法律明文规定证明责任倒置加以对抗。③

2. 引入"武器平等原则"

在税收核定的证明责任问题上，可借鉴诉讼上的"武器平等原则"④，即税收核定行政程序证明责任分配规则应符合武器平等的要求⑤，以保障征纳双方在税收核定行政程序中实体权利和程序权利的实质平等。基于核定程序的课税证据方法多由纳税人掌握，造成税务机关调查取证的困难，为克服该困难，并避免由此造成纳税不公平，有必要明确纳税人相应的协助义务，包括申报纳税、保管纳税资料、接受税务机关的调查和询问，尤其是根据税务机关的要求提供管领范围内的证据资料。需提及的是，在税务行政程序中，对纳税人负担的协助义务的要求，在质和量上要重于一般行政程序的行政相对人。⑥ 这样有助于税务机关查明课税要件事实，形成纳税人与税务机关之间阐明课税事实的合作分工关系，即征纳双方的合作

---

① ［美］维克多·瑟仁伊：《比较税法》，丁一译，北京大学出版社 2006 年版，第 160 页。

② ［日］吉良实：《实质课税主义》（上），郑俊仁译，《财税研究》1987 年第 5 期。

③ 黄茂荣：《实质课税原则》，《植根杂志》2002 年第 8 期。

④ "武器平等原则"是一种"诉讼上的平等原则"，内涵为诉讼上机会平等，即每一方当事人有相同的不逊于对方当事人的方式，以及同等机会在其案件中提出证据的可能性。应侧重于实质意义上的武器平等原则，即结合当事人之间的实质差异，调整当事人之间存在的事实上的不平等，个别地实现实质平等。参见黄士洲《税务诉讼的举证责任》，北京大学出版社 2004 年版，第 57 页；杨锦炎《武器平等原则在民事证据法的展开》，中国政法大学出版社 2013 年版，第 20 页。

⑤ 张文郁：《论行政程序上之事实调查》（下），《月旦法学杂志》2014 年第 5 期。

⑥ 黄士洲：《税务诉讼的举证责任》，北京大学出版社 2004 年版，第 22 页。

主义①，为准确地进行税收核定奠定基础，并为纳税人平等、公平适用税法提供依据。法律义务与法律责任往往联系在一起，纳税人的协助义务作为一种法律义务，需与证明责任相联系，纳税人不履行协助义务，致使课税事实无法查明，将在证明责任上产生不利后果。此外，为体现证明责任分配的公平原则，在税务机关与纳税人证明责任的分配问题上，应注意一般规则与特殊规则的关系。在明确税收核定证明责任分配的一般规则的前提下，需对出现的特殊情况予以考虑，如果适用证明责任分配一般规则出现不公正情形时，应考虑证明责任倒置等特殊规则。

基于税收本身的专业性、技术性和复杂性等特点，不同类型的纳税人在举证能力方面存在差异，如果对此不予考虑，而一律在形式上平等对待，势必造成经济能力较弱的纳税人在举证能力方面比不上经济规模大、经济实力强、管理制度健全的纳税主体。举证能力弱的纳税主体面临的证明责任风险更大，如果对证明责任不加以区别对待，会引起实体上的不公正。因此，可在税收核定程序证明责任的内容设计上，考虑对不同经济规模的纳税主体的证明责任作出不同处理。

3. 合理平衡纳税人权利与国家税收利益

利益均衡是和谐征纳关系的基础。② 为建立平等和谐的征纳关系，在税收核定证明责任的设置上需对纳税人权利和国家税收利益作出合理平衡。在现代租税国家，税收已成为国家财政收入的主要来源。维护国家税收利益，是正常发挥国家职能作用，维持国家机构的正常运转，保障健康有序的市场经济环境，也是保障市场主体有效参与市场经济活动的前提和基础。国家税收利益具有极其重要的地位，但不能因为国家税收利益而过分牺牲纳税人的财产权、自由权甚至生存权，否则税收赖以存在的正义价值将会消失，同时还会降低纳税主体对税法的遵从度，造成征纳双方矛盾的激化。纵观世界其他国家和地区，建立合作信赖和谐的征纳关系，对于国家和国民财富的积累，实现互利共赢的格局，已成为多数国家的明智之举。表现在税收核定的证明责任上，贯穿合理平衡征纳双方利益的公平原则，对于形成长久的和谐征纳关系具有十分重要的意义。

---

① 黄士洲：《税务诉讼的举证责任》，北京大学出版社 2004 年版，第 17 页。

② 蔡军、崔浩：《构建和谐征纳关系的利益基础与税制路径》，《税务研究》2008 年第 2 期。

三　效率原则

（一）效率原则的确定原因

税收几乎覆盖了社会生活的各个方面，具有大量性和反复性的特征。税收核定作为税务机关依职权确定具体纳税义务的行政行为，自当属于大量行政、反复行政。加之纳税人为逃避税收往往设计出较为复杂、迂回的商业外观形式，大大增加了税收核定本身的复杂性和难度，税务行政资源尤为显得不足。如果每一税收核定案件都要求税务机关在完全查清课税事实的基础上作出核定行政处分，客观上很难实现这一目标。反而会导致税务机关在税收核定上资源分配不均，税务机关只能集中力量选择少数案件办理而不能顾及大多数案件[①]，即在部分案件中耗费大量的人力、物力、时间实现查清课税事实后作出税收核定并依法课税，而另一部分案件则无暇顾及从而导致放弃课税，有失税收公平原则，量能课税原则无法实现，造成社会经济主体之间的不公平竞争。这一现象也必然会挫伤纳税人依法纳税的积极性，危及征纳双方的合作信赖关系，不利于建立和谐的征纳关系。因此，必须提高税收核定的效率，有效降低税收核定的时间和人力成本。为实现平等课税的目的，税务机关在税收核定中应超越个案正义的注重，放弃在个案中彻底查清掌握课税事实，借以简化程序和类型化规则，减轻或替代税务机关巨细靡遗的职权调查义务。[②]

（二）效率原则的含义及内容

税收核定证明责任的效率原则，是指为了提高税收核定的行政效率，围绕有必要证明的待证事实，赋予纳税人协助义务，并在待证事实不能直接证明的情况下，采用推定课税，降低证明标准，必要时考虑证明责任的倒置，从而有效降低征纳双方的举证成本。其具体内容要求如下：

1. 将税收构成要件作为待证事实

税收核定证明责任中，待证事实即证明对象，是证明责任分配的前提和基础。为避免征纳双方花费不必要的时间、人力、财力收集与税收核定无关的事实和证据，待证事实应以必要为限，即与税务机关依法核定纳税

---

① 盛子龙：《租税法上举证责任、证明度与类型化方法之研究——以赠与税课征要件上赠与合意之证明为中心》，《东吴法律学报》2012 年第 1 期。

② 黄士洲：《税务诉讼的举证责任》，北京大学出版社 2004 年版，第 22 页。

人的应纳税额紧密联系的事实，才有必要纳入证明对象范围。通常以税收构成要件作为待证事实，具体包括纳税主体、征税客体及其归属、税基、税率以及税收优惠和税收重课措施在内的税收特别措施。

2. 特殊情况下实行举证责任倒置

从成本与激励的视角看，通常证明责任本身具有效益功能，通过合理的制度激励机制预防相应支出或损失①。但在一些特殊条件下，如果让较少有条件获取信息的一方提供证据，显得既不经济又不公平。② 在特殊情形下，引入证明责任分配的倒置规则，将通常本应由一方承担的证明责任转移至另一方承担，将法律风险分配给能够以最低成本避免风险的一方，是对当事人收集和提供证据的资源配置不平等的部分补偿。③ 因此，证明责任倒置（转移）理论的引入，使证明责任的分配更加符合公正和效率的要求。④

3. 明确纳税人的协助义务并在必要时降低证明程度

通常，核定程序存在"证据偏在"的特点⑤，为提高税务机关税收核定行政行为的效率和准确度，由法律明确规定纳税人相应的协助义务是十分必要的。为确保税收核定的应纳税额具有客观性，通常要求税务机关以直接证据确定纳税人的纳税义务。如果运用直接证据确有困难，例如纳税人违反协助义务，导致税务机关调查困难，或者需产生巨大的成本才能查明课税事实，可考虑降低证明标准，允许税务机关以查得的间接资料进行推定课税。⑥

4. 引入类型化观察法

类型化观察法是在个别案件中，依据一般生活经验标准对事实关系进行评价的一项原则。⑦ 面对大量、反复的税收核定行政行为，税务机关

---

① 霍海红：《证明责任：一个功能的视角》，《北大法律评论》2005 年第 1 期。

② ［美］迈克尔·D. 贝勒斯：《法律的原则——一个规范的分析》，张文显等译，中国大百科全书出版社 1996 年版，第 67 页。

③ ［美］理查德·A. 波斯纳：《证据法的经济分析》，徐昕、徐昀译，中国法制出版社 2001 年版，第 87 页。

④ 何海波：《举证责任分配：一个价值衡量的方法》，《中外法学》2003 年第 2 期。

⑤ 这里的"证据偏在"是指认定课税事实的证据绝大多数由纳税人一方管领。

⑥ 葛克昌：《协力义务与纳税人基本权》，载葛克昌主编《纳税人协力义务与行政法院判决》，台湾翰芦图书出版有限公司 2011 年版，第 8—10 页。

⑦ 陈清秀：《税法总论》，元照出版公司 2010 年版，第 250 页。

必须将课税事实关系或基础予以类型化，简化各种纷繁复杂的税法现象，将其划分为一些简单的种类，排除对各种现象间的个别和微小的差异进行关注。① 通过类型化观察法，采用拟制性规定，以法律上之力简化课税事实②，提供预先制定的解决模式，减少调查活动，有效解决证明困境，减少税务机关的税收核定成本③，同时也有利于降低纳税人的纳税成本。

四 比例原则

（一）比例原则的确定原因

在税收核定的取证过程中，法律赋予税务机关广泛的自由裁量权。税务机关调查课税事实，使用何种证据方法，待证课税事实需达到什么程度才获得确信，通常由税务机关自行判断，税务机关还能够运用可期待的方法收集相关课税要件事实，并可向其他机关或主体请求提供必要的资讯，以便查清纳税人的纳税义务。④ 税务机关享有的自由裁量权过大，如果不适当加以约束，极有可能出现权力滥用，侵害纳税人的人权，同时会影响有效达成行政目的。比例原则作为行政法的"皇冠原则"，能有效防止税务自由裁量权的恣意和专横，制约自由裁量权的滥用，是税务行政裁量权行使理性化的重要保障。⑤ 在税收核定证明责任的制度设计中，引入比例原则，对于税务机关核定纳税主体的纳税义务这一行政目的的有效实现，限制税务行政权力侵害纳税人基本权，保障纳税人权利有着十分重要的意义。

（二）比例原则的含义及内容

税收核定证明责任的比例原则，是指在税收核定行政行为的实施过程中，纳税人承担的协助义务应具有期待可能性，不得过分要求纳税人超出限度，在法律规定的范围之外履行协助义务。税务机关的调查手段必须是为实现税收核定的行政目的所必要的，具有适当性。比例原则的具体内容

---

① 杨保安：《所得税法推计课税法律问题之研究》，硕士学位论文，台湾东海大学，2006年；陈少英、杨剑：《试论税法的类型化》，《税务研究》2013年第11期。
② 杨小强：《税法总论》，湖南人民出版社2002年版，第264页。
③ 陈清秀：《税法总论》，元照出版公司2010年版，第251页。
④ 张文郁：《论行政程序上之事实调查》（上），《月旦法学杂志》2014年第4期。
⑤ 施正文：《论税法的比例原则》，《涉外税务》2004年第2期。

如下：

1. 纳税人的协助义务符合比例原则

领域理论和量能平等负担税收，是法律赋予纳税人协助义务的合宪性所在。[①] 纳税人履行协助义务，也是有效降低税务行政成本的手段和方法。然而，纳税人对协助义务的履行会增加其税收成本，尤其是履行协助义务所公开的信息，原则上对纳税人的资讯权形成干预，并产生较大影响。[②] 为保障纳税人的权利不受税务行政权的过度侵害，纳税人的协助义务应受比例原则的限制——对于查明相关课税事实关系而言，协助义务必须具有适当性、必要性、相当性和期待可能性。[③] 具体而言，其中"适当性"要求协助的事项必须涉及课税事实，如果协助义务的履行本身不属于阐明课税事实的证据方法，则协助义务不符合比例原则的要求，不具有正当性[④]；"必要性"要求选择对当事人造成的损害最小的协助方式作为调查手段；"相当性"要求当事人因履行协助义务负担的不利益，不得大大超出可期待的税收效果；"期待可能性"则要求协助义务的履行，必须属于主观和客观上可期待义务人能够履行且不存在过大的困难。[⑤] 纳税人的协助义务受到比例原则的约束，意味着纳税人的协助义务必须同时具备上述适当性、必要性、相当性以及期待可能性时，才具有正当性基础。超出上述范围，纳税人不负有协助义务，税务机关也不得违法要求纳税人承担协助义务，否则纳税人有权拒绝并无须承担不利后果。在税收核定的证明责任问题上，税务机关不得因纳税人拒绝履行范围外的协助义务，从而倒置课税事实的证明责任，或者采用推定课税等降低证明标准的做法，作出不利于纳税人的课税事实认定并据此作出核定决定。反之，对于法律规定的符合比例原则的协助义务，纳税人无正当理由不得拒绝履行，否则将

---

① 葛克昌：《藉税捐简化以达量能平等负担》，《交大法学》2014 年第 1 期。

② 葛克昌：《协力义务与纳税人基本权》，载葛克昌主编《纳税人协力义务与行政法院判决》，台湾翰芦图书出版有限公司 2011 年版，第 7 页；Paul Kirchhof, Steueranspruch und Informationseingriff, Lang, Die Steuerrechtsordnung in der Diskussion, Festschrift fuer Klaus Tipke zum 70. Geburtstag, Köln：Dr. Otto Schmidt, 1995, p. 29.

③ 葛克昌：《税捐稽征之法治国要求——国家课税权之基础规范》，《台湾中正大学法学集刊》2012 年第 36 期。

④ 谢玲：《论比例原则在税法中的适用》，硕士学位论文，中南大学，2008 年。

⑤ 陈清秀：《税法上之正当法律程序》，中国财税法学研究会 2014 年年会暨第 21 届海峡两岸财税法学术研讨会论文，武汉，2014 年 10 月，第 771 页。

承担证据法上的不利后果。

2. 税务调查符合比例原则

依据现代法治国家依法行政原则的要求，税务机关作出的税收核定行政决定，必须在查明课税事实以后依法进行。对课税事实的认定，建立在税务机关依法行使职权调查的基础之上。职权调查并不意味着税务机关必须用尽一切可能的方法和手段，不惜一切代价地展开调查，必须受到行政法上的比例原则的限制。在税收核定过程中，税务机关的调查和取证必须有助于实现税收核定的行政目的，并且对该行政目的的达成具有必要性。[①] 税务机关的调查受过度禁止原则的限制，对达成调查目的无期待可能性的，不得进行；在调查方法的确定上，应根据个案的具体情况，选择尽可能对纳税人和第三人的权利造成最小损害的方式进行。[②] 也即，比例原则要求税务机关采取的调查手段和需查明的课税事实之间具有合理的对应关系，需要在调查目的和手段，各种可供选择的调查手段之间，以及因调查行为侵害的自由权和欲实现的行政目的之间，具有适合性、必要性、合比例性。[③] 调查方法造成的损害不得与欲实现的目的利益之间显失均衡[④]，调查不可能查明的课税事实，以及调查需要花费巨大成本，或调查所需费用大于税收核定的应纳税额，均因违反比例原则而不可取。职权调查受到比例原则的限制，超出比例限度，税务机关不再作进一步的调查，即视为已尽到职权调查义务。如果税务机关已履行职权调查义务而课税事实仍处于真伪不明状态的，应当按照税收核定证明责任的分配规则，确定不利益的归属并作出课税事实是否成立的认定，据此决定是否作出税收核定的行政处分以及核定的具体内容。反之，税务机关不得在未尽到职权调查义务的条件下，直接适用税收核定证明责任的分配规则，对课税事实作出认定，否则作出的税收核定行政决定属于违法。

---

① 葛克昌：《协力义务与纳税人基本权》，载葛克昌主编《纳税人协力义务与行政法院判决》，台湾翰芦图书出版有限公司 2011 年版，第 15 页。

② 同上。

③ 施正文：《论税法的比例原则》，《涉外税务》2004 年第 2 期。

④ 葛克昌：《行政程序与纳税人基本权》，北京大学出版社 2005 年版，第 11 页。

五　正当法律程序原则

正当法律程序原则，起源于英国法的"自然正义"，早在 1215 年《自由大宪章》中就有关于正当程序的理念。[1] 它发达于美国法继承的正当法律程序，到 20 世纪已被世界多数国家确立为行政法的基本原则。[2] 对人性尊严的重视，是正当法律程序的基本出发点。[3] 对行政机关自由裁量权的约束，是正当法律程序的本质所在。为防止税务机关在税收核定程序中滥用核定权损害纳税人权利，应当在税收核定证明责任中贯彻正当法律程序原则。

（一）正当法律程序原则的确定原因

1. 有效防止税务机关滥用自由裁量权、保障纳税人权利的重要途径

税务机关为履行核定纳税人纳税义务的职责，享有调查取证权、证据认定权、财产保全权、税务处罚权、核定的决定权等多项税务行政权力，尤其对课税事实和证据的认定享有较大的自由裁量空间。"自由裁量权是根据具体情况明辨是非、辨别真伪、最好地为公共利益服务的权力，是一种符合理知和正义的权力。"[4] 它是为税务机关灵活处理不同案件的具体情形，提高税务行政执法效率而设置。这种为公共目的授予的法定权力与信托相类似，并非无条件地授予，仅能按照授权时所希望的那种正确和恰当的方式行使才是有效的。[5] 但作为一种自由的权力，其本身具有扩张性和操纵权力的主体自身不可克服的弱点，极易造成行政自由裁量权的滥用。[6] "法治所要求的并不是消除广泛的自由裁量权，而是法律应当能够控制它的行使。"[7] 这就需借助行政程序法的功能，与实体法相结合，形成对自由裁量权的有效制约，防止权力滥用。[8] 否则，在具有明显侵益性

---

[1]　《自由大宪章》（1215 年）第 39 条规定："除依据国法外，任何自由民不受监禁人身、侵占财产、剥夺公民权、流放及其他任何形式的惩罚。"参见张树义《行政法与行政诉讼法学》，高等教育出版社 2007 年版，第 39 页。

[2]　周佑勇：《行政法的正当程序原则》，《中国社会科学》2004 年第 4 期。

[3]　陈清秀：《税法上之正当法律程序》，中国财税法学研究会 2014 年年会暨第 21 届海峡两岸财税法学术研讨会论文，武汉，2014 年 10 月，第 772 页。

[4]　王名扬：《美国行政法》（下），中国法制出版社 2005 年版，第 681 页。

[5]　[英] 威廉·韦德：《行政法》，徐炳译，中国大百科全书出版社 1997 年版，第 68 页。

[6]　张树义：《行政法与行政诉讼法学》，高等教育出版社 2007 年版，第 41—42 页。

[7]　[英] 威廉·韦德：《行政法》，徐炳译，中国大百科全书出版社 1997 年版，第 55 页。

[8]　张树义：《行政法与行政诉讼法学》，高等教育出版社 2007 年版，第 42 页。

特点的税务行政中，一旦自由裁量权被滥用，将对纳税人的财产、人身自由甚至生存权造成重大不利影响。通过正当法律程序的设置，保障纳税主体的行政参与权，以"权利制约权力"，是防止行政专横、恣意和行政权力滥用的有效屏障，其程序性及操作性是行政主体律己的内控装置，可以防患于未然。① 在对税务机关自由裁量权进行制约的同时，正当法律程序要求税务机关在税收核定的整个程序中公开相关信息、证据，保障纳税主体在核定程序中的知情权和参与权，最大限度地保障纳税人权利。纳税人不再是行政权力支配的客体，而是行政程序的积极参加者，其人格、财产等基本人权得到有效的捍卫。

2. 高效、准确核定纳税义务并促进合作信赖和谐征纳关系的保障

正当法律程序要求税务机关除特殊情形外，应当向作为行政相对方的纳税人公开相关信息，纳税人有权参与到税收核定行政程序中，积极对案件事实进行陈述、举证、质证、辩论，有利于税务机关兼听则明，对税收核定行政决定所依据的课税事实的调查和认定朝着更加准确的方向发展。在征纳双方对课税事实和证据相互质辩的过程中，有利于税务机关发现案件存在的疑点，指引税务机关及时把握案件调查的方向，提高税收核定的效率。此外，正当法律程序排除了税务机关非法调查取得的证据的可采信，能有效预防非法证据对案件事实产生的不良影响。通过税务机关内部职能分离，避免调查取证和作出核定决定两种不同的职能由相同主体行使，防止先入为主，保障核定决定的客观公正性，避免纳税人对核定决定的公正性产生合理怀疑，降低纳税人对税务行政执法的抵触情绪。在纳税人参与税收核定程序的过程中，便于税务机关和纳税人之间有效地沟通，消除矛盾和误解，使最终结果具有可接受性、公正性、准确性和效率性。② 有利于征纳双方建立良好的合作信赖关系，促进和谐的征纳关系。

（二）正当法律程序原则的含义及内容

税收核定证明责任中的正当法律程序原则，是指法律程序设置应当符合正义、秩序、自由和效率等法律的基本价值，具有公正性和合理性。税务机关按照法律授权的目的正当地行使权力，防止税务行政自由裁量权的滥用，保障纳税人权利和税收核定行政决定的客观公正性。税

---

① 王学辉：《行政程序法精要》，群众出版社2001年版，第207—208页。
② 吕新建：《行政法视域下的正当程序原则探析》，《河北法学》2011年第11期。

务机关在税收核定程序中，应当向纳税人公开核定所依据的事实、理由以及调查取得的证据，保障纳税人的知情权、陈述权、举证权、质证权和辩论权；税务机关的调查取证活动必须严格按照法定程序进行，非法获取的证据不得作为认定事实的依据；税收核定课税事实的调查者不参与核定决定的作出，内部职能相互分离，以此来保障税收核定程序的正当性。其具体内容为：

1. 公开原则

公开原则是政治活动民主化在税收程序中的体现，是公民在宪法上知情权的重要内容①，是行政程序法的生命②。公开原则的核心是说明理由程序和听证程序。说明理由即税务机关作出的核定决定原则上应载明决定的主旨、事实、理由和法令依据③，不但需要将核定结果告知纳税人，且应说明核定依据的事实和法律依据、理由，便于纳税人提出质询。给予决定的理由是行政正义的一个基本要素，是正常人的正义感所要求的，也是所有对他人行使权力的人一条健康的戒律。④ 公开原则还要求税务机关应当保障纳税人查阅案卷的权利，了解税收核定的整个过程。公开原则有利于防止税务机关的税收核定暗箱操作，保障纳税人的知情权，是保障纳税人在核定程序中的参与权和监督权的前提和基础。

2. 参与原则

为确保与税收核定行政决定有利害关系的纳税主体受到公正的对待，税务机关应当保证他们在核定程序中始终参与，并有机会、有条件提出有利于自己的证据和主张，对不利的证据和意见进行质证和反驳。参与原则是在纳税人知情权得以保障的前提条件下，就税收核定所依据的相关课税事实享有向税务机关进行陈述、抗辩、举证、质证、辩论的权利，即纳税人享有辩解和防御的机会，以避免突袭性核定处分的形成。参与原则的核心是听证程序，即纳税人有权获得由无偏私的裁决者主持的听证机会。⑤

---

① 施正文：《税收程序法论——监控征税权运行的法理与立法研究》，北京大学出版社2003年版，第112页。

② 王学辉：《行政程序法精要》，群众出版社2001年版，第210页。

③ 陈清秀：《税法上之正当法律程序》，中国财税法学研究会2014年年会暨第21届海峡两岸财税法学术研讨会论文，武汉，2014年10月，第780页。

④ ［英］威廉·韦德：《行政法》，徐炳等译，中国大百科全书出版社1997年版，第193页。

⑤ 刘建军：《行政调查正当程序研究》，山东大学出版社2010年版，第78页。

税务机关在作出影响纳税人合法权益的税收核定决定以前，应依法听取其意见，是纳税人向税务机关陈述意见、递交证据及税务机关听取意见并采纳证据的过程。通过举证、质证和辩论，保障事实真相的认知度①，最大可能地消除税务机关的恣意。

3. 禁止采用违法收集的证据作为税收核定的依据

税收核定作出以前，税务机关在调查过程中收集证据的手段方法必须合法，不得采用胁迫、欺诈、利诱等违法方法收集证据。利用违法方法收集的证据，往往会侵犯纳税人和利害关系人的人身权利和人格尊严，且这些证据不一定能够客观地证明课税事实，甚至会扭曲对课税事实的认定。采用违法手段收集证据，包括以违宪侵犯私人生活核心领域调取的证据以及以违宪调查方法所调查者，皆不得予以采用。②

4. 税务机关内部行政职能分离

税务机关内部的行政职能分离，是税务机关运用于内部的分权原则。在税收核定程序中，由于税务机关身兼多职，既是课税事实的调查取证者，又是核定决定的作出者，如果不对税务行政权进行制约，纳税人权利很难得到保障。税务机关的内部行政职能分离具体表现为，涉及听证程序的案件，听证程序的主持人员与课税事实的调查人员原则上应当分属不同主体，不能由同一主体既从事课税事实的调查取证和举证，又担任听证程序的主持并作出核定决定。通过内部职能分离，履行不同职能的部门或人员相互之间的牵制和制约，能够有效避免职能集中导致纳税人不能得到公正对待的行政专制主义③，防止权力过度集中引起税务行政权被滥用，从而保护纳税人权利。内部职能分离是正当法律程序原则对"裁决"中立性的基本要求。"裁决者"必须保持中立，不得担任自己作为一方当事人的案件听证和裁决，在对立和冲突各方之间采取不偏向一方的立场，不能代行一方当事人的权利义务。④ 但是，税务机关内部的职能分离会耗费大量的时间和人力成本，其适用范围有限，主要适用于影响比较重大的行政

① 吕新建：《行政法视域下的正当程序原则探析》，《河北法学》2011 年第 11 期；鲁篱：《论纳税人的正当程序权——兼论我国现行征管法之不足》，《税务与经济》1994 年第 5 期。
② 陈清秀：《税法上之正当法律程序》，中国财税法学研究会 2014 年年会暨第 21 届海峡两岸财税法学术研讨会论文，武汉，2014 年 10 月，第 783—784 页。
③ 肖萍、程样国主编：《行政法与行政诉讼法》，群众出版社 2006 年版，第 271 页。
④ 孙洪坤：《程序与法治》，中国检察出版社 2008 年版，第 4、151 页。

行为。① 就税收核定而言，主要是指税收核定决定对纳税人权利义务产生重大影响的案件。

本章小结

税收核定是指税务机关行使税收核定权，以确定纳税人具体纳税义务为目的和内容，作出的具有法律约束力的行政确认行为。税收核定是税务机关对税收债务的行政确认行为，是依据税收核定权作出的羁束行政行为，仅在特定情形下适用，是对纳税人产生法律效力的具体行政行为。税收核定是与税收确认、纳税评估、推定课税、核定征收有一定的联系但又相互区别的概念。

税收核定的证明责任是指税务机关依职权确定纳税人具体纳税义务的行政程序中，由税务机关或纳税人对其主张的课税事实，提供证据予以证明，并在课税事实处于真伪不明的状态时，由税务机关或纳税人承担不利益的法律风险。它包括形式上的证明责任和实质上的证明责任双层含义，后者是本质上的证明责任。税收核定证明责任主要由三个方面构成：证明对象、证明责任分配和证明标准。针对税收核定程序中是否存在证明责任有肯定说和否定说之争，本书赞成肯定说。在现有国内外研究税收核定证明责任文献资料较少的情况下，鉴于它与一般行政程序、税务诉讼程序中的证明责任有关联性，可借鉴一般行政程序和税务诉讼程序的证明责任作为研究基础，又要注意它们之间的区别，适当进行变通，更加符合税收核定行政程序的规律和特点。

税收核定证明责任的基本原则是本书研究税收核定证明责任分配和证明标准的准则和指引，它取决于税收核定的特点，主要包括法定原则、公平原则、效率原则、比例原则和正当程序原则。其中，法定原则是指针对税收核定证明责任的分配、证明标准的设置以及对证明责任产生重要影响的相关内容，因涉及纳税人的基本权，必须贯彻法律保留原则，只能以法律形式明确规定。公平原则要求保障税法在纳税主体间的公平适用，引入"武器平等原则"，合理平衡纳税人权利与国家税收利益。效率原则要求以税收构成要件作为待证事实，特殊情况下实行证明责任倒置，赋予纳税

---

① 王学辉：《行政程序法精要》，群众出版社 2001 年版，第 254 页。

人协助义务，并在必要时降低证明程度，引入类型化观察法。比例原则要求纳税人的协助义务必须具有适当性、可能性、必要性和期待可能性，并要求税务机关的调查和取证必须对实现税收核定行政目的具有必要性。正当法律程序原则则要求公开和参与原则，并禁止采用违法收集的证据作为税收核定依据，税务机关内部行政职能分离。

第二章

税收核定的证明对象

证明对象，又称为待证事实或要证事实，是证明活动中需要证据加以证明的事实。[1] 它是研究证明责任体系应首要解决的问题，只有在证明对象界定以后，才能为证明活动提供指引，进一步明确证明责任的分配和证明标准问题。[2] 对税收核定证明责任的研究也不例外，税收核定的证明对象当属研究的初始环节。对确定纳税人应纳税额依据的事实，属于税收核定的证明对象。只有确定税收核定中的哪些事实可以作为待证事实即证明对象以后，才能针对特定证明对象在税务机关与纳税人之间分配证明责任，并进一步明确待证事实的证明标准需要达到什么程度等问题。本节结合税收核定的特点，从税收核定证明对象应当具备的基本条件出发，归纳出税收核定证明对象的范围。

第一节 税收核定证明对象的基本条件界定

税收核定的证明对象，是指在税收核定程序中，税务机关或纳税人必须用证据予以证明的，与税收核定行政决定紧密相关且存在争议的，需由"裁判者"加以确认的案件事实。[3] 在税收核定程序中，不是所有的案件事实都能够成为证明对象。证明对象最终是为税收核定案件事实的认定服

---

[1] 樊崇义：《证据法学》，法律出版社 2001 年版，第 184 页；陈一云：《证据学》，中国人民大学出版社 2000 年版，第 128 页。

[2] 宋英辉、汤维建主编：《证据法学研究述评》，中国人民公安大学出版社 2006 年版，第 293 页。

[3] 毕玉谦主编：《证据法要义》，法律出版社 2003 年版，第 329 页；徐继敏：《行政程序证据规则研究》，中国政法大学出版社 2010 年版，第 333 页。

务的，为保障税收核定证明活动和税收核定处理的高效性和准确性，要成为税收核定证明对象，需具备以下四个方面的基本条件：

一 对认定纳税人的应纳税额具有法律意义的事实

具有法律意义的事实，是由立法者预先在法律规范中采用抽象的逻辑思维予以规定，并由裁判者通过主观判断确认的事实，是法律对日常生活中出现的符合法律规范的事实行为加以调整的产物。[①] 税收核定作为税务机关依法确定纳税人应纳税额的行政行为，根本目的是对纳税主体纳税义务的具体量化，为依法征收税款提供合法根据。税务机关在作出税收核定行政决定前，应查明应纳税额所依据的课税事实，以法律为大前提，以课税事实为小前提，进行推论并作出核定决定。只有直接关系到认定纳税义务是否成立以及应纳税额量化有法律意义的课税事实，才能成为税收核定的证明对象。与纳税人应纳税额的认定无关的事实，不具有法律意义，应当排除在税收核定证明对象的范围之外。

二 税务机关和纳税人存在争议的案件事实

对于纳税人应纳税额认定有法律意义的所有事实，并非当然能够成为税收核定的证明对象。在此基础上，应结合征纳双方对案件事实是否存在争议予以考虑。如果是征纳双方不存在争议的案件事实，从效率角度看，没有证明的必要，应当将其排除在证明对象范围以外。例如，债务关系说认为，自纳税人满足税收构成要件时，税收债务自行成立。作为税收构成要件的基本要素——纳税主体、纳税客体及其归属、税基、税率、税收特别措施等，必定是对税务机关确定纳税主体纳税义务具有法律意义的事实，但它们只是构成待证事实的前提条件之一，对其中征纳双方不存在争议的税收构成要件事实，无须纳入证明对象范围，否则将增大征纳双方的举证成本，造成资源的浪费，也不利于提高税收核定的行政效率。征纳双方仅需围绕存在争议的税收构成要件，展开调查和举证活动。再如，在税收核定程序中，通常对税务机关主张的不利于纳税人的案件主要事实，纳税人在自愿的前提下向税务机关表示承认，即自认的事实，一般没有证明的必要，不纳入税收核定的证明对象范围。

---

① 毕玉谦主编：《证据法要义》，法律出版社 2003 年版，第 335 页。

三　案件事实处于真伪不明的状态

与纳税人应纳税额的认定有法律意义且属征纳双方争议的案件事实，限缩了税收核定证明对象的范围。在此基础上，还应考虑案件事实本身是否存在真伪不明。尽管某些事实可能对税收核定的处理至关重要，并为征纳双方所争议，但是依据现有的证据，税务机关能够明白无误地认定该事实属于真实还是虚假的状态，则无须展开进一步的证明活动，即可以直接终止证明活动，由税务机关依法认定课税事实成立或不成立、纳税义务是否成立以及应纳税款的具体金额，并作出相应的税收核定。只有当案件事实处于真伪不明、模棱两可的状态时，该事实才能够作为证明对象，征纳双方才有必要对其展开进一步的证明活动。①

四　案件事实必须运用证据加以证明

在具备前述三个基本条件之后，还需考查案件事实是否属于法定的免证事实。免证事实即不要证事实，是指无须双方当事人提供证据证明，即可直接由裁判者作出确认的事实，构成证明责任的例外。② 在税收核定程序中，免证事实虽然也是税务机关作出税收核定的根据，因法律对其已经作出明文规定，免除相关主体的证明义务，征纳双方无须运用证据加以证明，即可直接排除在税收核定的证明对象范围之外，除非一方依法提出合理、充分的相反证据或者发现了新事实。③ 在证据法上，属于免证的事实通常包括众所周知的事实、自然规律及定理、推定的事实、预决的事实以及公证证明的事实。④ 其中，对于众所周知的事实、推定的事实、预决的事实和公证的事实，如果有相反的证据予以推翻的，不再属于免证事实。在税收核定案件中，尤其需要注意的是，对于法律拟制（即实质类型化）的免证事实，禁止征纳双方提供反证推翻，其免证的作用是绝对性的；而对于形式类型化的法律推定，由基础事实推导出推定事实，如果基础事实能够得以证明，则推定事实作为免证事实，但其作为"免证"的作用是

---

① 江伟主编：《民事诉讼法》，高等教育出版社 2007 年版，第 169—170 页。

② 占善刚、刘显鹏：《试论我国民事诉讼中免证事实之应有范围及其适用》，《法学评论》2004 年第 4 期。

③ 邵明：《诉讼中的免证事实》，《中国人民大学学报》2003 年第 4 期。

④ 江伟主编：《民事诉讼法》，高等教育出版社 2007 年版，第 172—177 页。

相对的，如果因推定事实而承受不利益的一方主体提供与"推定事实"相反的证据，则推定的事实不再作为免证事实，应作为税收核定的证明对象。

根据税收核定证明对象的基本条件，本书通过图 2-1 进行说明：

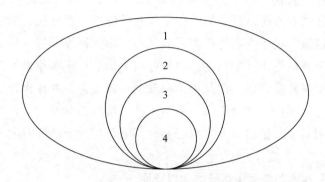

图 2-1　税收核定证明对象的基本条件

（1）对认定纳税人的应纳税额具有法律意义的事实；

（2）征纳双方存在争议的事实；

（3）真伪不明的事实；

（4）必须运用证据证明的事实。

通过图 2-1 可以看出，上述四个基本条件之间存在一种递进关系，每一个排序在后的基本条件都在范围上对符合排序在前的基本条件的案件事实作出进一步的筛选和限缩。对纳税人应纳税额认定有法律意义的事实较多，但能够作为税收核定证明对象的案件事实却只有其中一小部分，即同时满足四个基本条件的那部分。通过证明对象的条件限制，使得证明对象的法律功能得到显现，即证明对象限定了证明的范围，它明确了当事人收集证据的范围并限定了举证的范围，对当事人收集证据起着指引作用，减少不必要的证明成本，且有效防止混淆证明的视线；同时它对裁判者认识的"视域"进行限定，裁判者只需关注特定范围内的证明对象是否得以证明，加大了认识的准确性。①

---

① 吴宏耀、魏晓娜：《诉讼证明原理》，法律出版社 2002 年版，第 74—75 页。

第二节　税收核定证明对象的范围确定

纷繁复杂的社会活动和经济交易形式的多样性，必然导致税收核定证明对象范围的广泛性，不可能一一列举。对于税收核定，本书虽然难以覆盖所有的证明对象范围，但对常见的且具有代表性的税收核定证明对象类型进行归纳和提炼，有助于进一步研究税收核定的证明责任。对税收核定证明对象的范围界定，除应当满足本章第一节界定的四个基本条件外，还必须结合税收核定的宗旨和目的。基于税收核定担负着确定纳税人的应纳税额，贯彻税收法定、核实课税和量能课税原则的目的，税收核定证明对象的范围主要包括税收构成要件，以及在此基础上衍生出来的税收核定的适用条件以及核定方法选用的合理性等内容。

一　税收构成要件

依据债务关系说，税收核定并非创设纳税义务，而是对纳税义务的确认行为。在具体实践中，部分纳税人为规避税收，或者减少缴纳税款的金额，常常通过人为方式变更税收构成要件中的联结点，出现形式与实质不相符的情况，以达到迟延缴税或者适用较低的税率甚至不缴税。税务机关的税收核定只有客观反映法定的税收构成要件，避免法定的构成条件被纳税人通过人为方式加以扭曲和变更，才能真正贯彻税收法定和税收公平原则。此外，由于纳税人未设账簿或虽然设置了账簿，因记账不规范导致应纳税额的不确定，虽然纳税人在主观上没有逃避税收的故意，但为使纳税人的应纳税额在客观上尽可能接近实额，也需对税收构成要件进行证明。税务机关的税收核定作为一种行政行为，应坚持税收法定原则，按照法定的税收构成要件进行核定。税收构成要件是每一个税收核定案件中都面临的必不可少的、最为重要的证明对象。应当注意的是，税务机关在每一件税收案件的核定过程中，相关的证明活动虽然都离不开税收构成要件，但并不意味着税收核定中的各个税收构成要件都同时会成为证明对象。只有满足本章第一节界定的税收核定证明对象的四个基本条件的税收构成要件，才能成为税收核定证明对象的范围。证明对象具有相对性[①]，作为税

[①]　王学棉：《诉讼证明原理研究》，中国电力出版社 2013 年版，第 52 页。

收核定证明对象的构成要件在每个具体案件中都会表现出差异性，有的案件只需证明某一个税收构成要件，有的案件则会需要同时证明两个或两个以上的税收构成要件。具体而言，税收构成要件主要包括以下六个方面。

（一）纳税主体

纳税主体即税收债务人，是指在税收法律关系中承担税收债务的一方当事人，也是税收客体及其联结的税收债务归属的人，包括自然人、法人、非法人组织。[①] 纳税主体作为最基本的税收构成要件，解决由谁承担税收债务的问题。

在涉及关联企业的国际转让定价引起的纳税调整税收核定案件中，因纳税调整的依据在于关联企业之间的交易活动未遵循公平交易价格，除需证明交易价格不公平外，还需要证明的主体要件就是不遵循公平交易原则的交易双方当事人属于关联企业。各国采取的股权控制标准各有差异，在英国、比利时和日本，规定一个企业直接或者间接持有另一企业的资本股份达到50%以上，则可认定为关联企业，德国和西班牙对这一比例的要求则为25%。如果一国要适用转让定价纳税调整，需按相应控股比例要求证明关联企业的认定能够成立，否则不能适用转让定价纳税调整。

又如，在国际税法中，通常一国可以基于本国与取得所得的人之间存在的联结关系对其获得的收入进行征税，基于这种国家与被征税人的联结关系而对其所得行使的管辖权即是居民管辖权，居民国原则上可对其居民来源于境内和境外的所得进行征税。[②] 如果一国基于居民税收管辖权而主张某项税收债权，则会涉及对相关自然人或法人主体是否具有居民身份的确认。在数字经济与电子商务时代，网络交易的交易主体具有隐匿性、虚拟化的特点，对于交易主体的纳税人的真实身份和纳税地位的识别是税务机关共同面临的难题[③]，对确定相应的纳税义务产生了极大的影响，纳税主体的要件证明显得尤其重要。通常税法上对自然人采用住所标准、居所标准、居住时间标准或主观意愿标准来进行认定，对法人则采用实际管理和控制中心地标准、总机构所在地标准或法人注册成立地标准来认定。[④]

---

① 施正文：《税收债法论》，中国政法大学出版社 2008 年版，第 29 页。

② ［美］阿诺德、麦金太尔：《国际税收基础》，国家税务总局张志勇等译，中国税务出版社 2005 年版，第 24 页。

③ 廖益新：《应对数字经济对国际税收法律秩序的挑战》，《国际税收》2015 年第 3 期。

④ 廖益新主编：《国际税法学》，高等教育出版社 2008 年版，第 29—32、363 页。

如果不能证明其居民身份，则不能根据居民税收管辖权而主张征税。①

再如，《OECD 税收协定范本》（*OECD Model Tax Convention on Income and on Capital*）第 10 条股息、第 11 条利息条款中对股息和利息预提税税率进行限制，明确股息所征税款限制税率在受益所有人是直接持有支付股息公司至少 25% 资本的公司情况下，最高为 5%，其他情形为 15%；对利息征税的限制税率为 10%。② 这为从事跨国间接投资的缔约国另一方居民纳税人提供了较为稳定的协定税收优惠待遇，避免双重征税。同时，规定"受益所有人"（beneficial owner）作为条件，即收款人作为有关投资所得的受益所有人或有关投资所得的受益人是缔约国一方的居民。③ 该条件设置的目的在于保障协定条款中规定的来源地一方支付给缔约国另一方居民的跨国股息、利息等所得源泉课税的预提税限制税率优惠待遇，仅适用于跨国投资所得的受益所有人是缔约国对方居民的情形，避免第三国居民通过在缔约国一方境内设立具有缔约国一方居民身份的"导管公司"收取来源于缔约国另一方境内的股息等所得款项，从中套取税收协定对预提税减免的优惠待遇。④ 如果因从事跨国间接投资支付股息、利息引起的是否能够适用限制税率优惠待遇的税收争议，需围绕"实际的受益所有人是否具有缔约国另一方居民身份"作为证明对象，如果仅是所得的直接接收人具有缔约国另一方居民身份，但直接接收人不是受益所有人，因在接收人的居住国税法上不视为所得的所有人，其地位不可能引起双重征税，不应适用优惠税率。根据 OECD 财政事务委员会《双重征税协定与"导管"公司的运用》的报告内容，虽然"导管"公司在形式上是特定资产的所有人，但它对资产的权利通常很有限，使得它实际上仅仅是为利害关系人的利益行事的受托人或执行人，通常不能被认定为受益所有人。⑤

再以常设机构为例。在国际税法中，对企业的营业利润，通常只能由

---

① 居民身份不是一国征税的唯一根据，可能会出现一国依来源地管辖权进行征税，但此时征税的依据不同于居民税收管辖权。

② 参见 *OECD Model Tax Convention on Income and on Capital*（2010 年版、2017 年版）。

③ 经济合作与发展组织：《OECD 税收协定范本及注释》，国家税务总局国际税务司组织翻译，中国税务出版社 2012 年版，第 14—15 页。

④ 廖益新：《国际税收协定中的受益所有人概念与认定问题》，《现代法学》2014 年第 6 期。

⑤ 参见 2010 年《OECD 关于所得和财产的税收协定范本》第 10 条注释第 12.1 段，第 11 条注释第 10 段，参见经济合作与发展组织《OECD 税收协定范本及注释》，国家税务总局国际税务司组织翻译，中国税务出版社 2012 年版，第 242—243、2872—2888 页。

其居民国行使征税权，但《OECD 税收协定范本》第 7 条营业利润中第 1
款作出例外规定：缔约国一方企业的利润应当只能在该缔约国征税，除非
该企业通过设在缔约国另一方的常设机构（Permanent Establishment）在
另一方进行营业。如果该企业通过设在缔约国另一方的常设机构在另一方
营业，可归属于该常设机构的利润，可以在缔约国另一方征税。① 《UN 税
收协定范本》（*United Nations Model Double Taxation Convention between De-
veloped and Developing Countries*）第 7 条也有类似规定。因此，"常设机
构"用于确定缔约国一方对缔约国另一方企业营业利润的征税权②，在企
业营业利润来源国（非居民国）的税务机关主张征税权而发生的税收核
定争议时，因常设机构是判断该税务机关是否享有征税权的标准，应当作
为证明对象，需根据相关国际税收协议的常设机构判断条款作出认定。③

（二）纳税客体

纳税客体又称为课税对象，是指税收债权及税收债务共同指向的对
象，也就是课税的直接对象或标的，解决的是对什么课税以及什么应当负
担税收的问题。④ 在税收客体的类型上，有学者将其概括为物、行为和事
实三种⑤，也有学者将其分为所得、财产、行为三种⑥，还有学者将其划
分为所得、财产和消费三种。⑦ 无论怎样分类，税收客体作为表彰纳税主
体负担税收能力的要素⑧，应着重纳税义务能力的掌握。⑨

对税收客体的判断，主要包括两个方面，一是税收客体的有无，二是
税收客体的定性。税收客体的有无，涉及是否存在应税交易行为和是否取

---

① 参见 *OECD Model Tax Convention on Income and on Capital*（2010 年版、2017 年版）。

② 国家税务总局国际税务司编：《国际税收业务手册》，中国税务出版社 2013 年版，第
94 页。

③ 《OECD 税收协定范本》第 5 条和《UN 税收协定范本》第 5 条对常设机构作了界定。

④ 刘剑文主编：《财税法学研究述评》，高等教育出版社 2004 年版，第 247 页；杨小强：
《税法总论》，湖南人民出版社 2002 年版，第 42 页。

⑤ ［日］金子宏：《日本税法》，战宪斌等译，法律出版社 2004 年版，第 127 页。

⑥ 黄茂荣：《税法总论（税捐法律关系）》（第三册），台湾植根法学丛书编辑室 2008 年
版，第 96 页。

⑦ 杨小强：《税收债务关系及其变动研究》，载刘剑文主编《财税法论丛》（第 1 卷），法
律出版社 2002 年版，第 177 页。

⑧ 黄茂荣：《税法总论（税捐法律关系）》（第三册），台湾植根法学丛书编辑室 2008 年
版，第 92 页。

⑨ 罗子武：《租税稽征程序举证责任之研究》，硕士学位论文，台湾中兴大学，1998 年。

得应税所得的问题。① 判断税收客体是否存在的前提是对经济交易的定性，因为只有在交易定性以后才能判断相关交易是否符合税收客体即征税对象。由于交易行为主体法律知识的局限性，或交易行为主体出于规避税收等人为因素，造成名义上的法律关系与经济实质不相符合，从而引发征纳双方的争议，致使税收客体的有无和定性成为税收核定证明对象的范围。此时要以税法的经济实质主义作为判断标准，不局限于交易的形式外观，而是应当透过事物的表面现象去探求交易背后隐藏的经济实质，遵循实质重于形式的原则。生活中常见的情形有：名义上是联营关系实际上是借贷关系，名义上的投资合作关系实际上为租赁关系，名义上的承包关系实际上为挂靠关系，名义上的借款关系实际上为利润分配关系，等等。实践上还应当注意复合交易、虚假交易、违法交易和税收规避等法律关系与交易定性不相符的情况。② 试以一例说明：某房地产开发商为缓解资金压力，拟对外筹集资金，开发商分别与甲、乙、丙、丁签订 A、B、C、D 商品房的销售—回购合同，约定开发商将 A、B、C、D 房屋分别出卖给甲、乙、丙、丁，单价为每平方米 6000 元（同地段同品质楼盘同时期的房屋价格为每平方米 10000 元），并约定 3 年后开发商以每平方米 13000 元向甲、乙、丙、丁回购。从表面上看，双方的销售—回购是两个房屋买卖合同关系，一个是买受人甲、乙、丙、丁向开发商购买商品房的销售合同关系，另一个是开发商向原买受人甲、乙、丙、丁回购商品房的合同关系，两个合同关系的主体是倒置的。如果结合双方的真实意思表示和实际履约情况，会发现销售—回购实质上由开发商的借款行为和买受人的放贷行为构成的借贷法律关系，回购与销售之间的房屋的价差实为借款的利息。因此，在税收客体的认定上，应将甲、乙、丙、丁取得的利息收入作为"所得"计征所得税，并缴纳提供融资服务的增值税，对于开发商，则应允许对实际支付的利息给予税前扣除。

在我国具有轰动性影响的美国泛美卫星国际系统责任有限公司（以下简称泛美公司）案，也是税收客体这一税收构成要素作为证明对象的例证。1994 年 4 月，泛美公司和中央电视台（简称央视）订立《数字压缩电视全时卫星传送服务协议》（以下简称《协议》），有效期至 2006 年

① 滕祥志：《税法的交易定性理论》，《法学家》2012 年第 1 期。
② 同上。

6月。1997年10月，双方签订《修正案》，对《协议》的部分条款进行
修改。根据《协议》及《修正案》的约定，泛美公司向央视提供全时的
固定期限的、不可再转让的压缩数字视频服务，服务范围具体包括太平洋
地区、印度洋地区、非洲地区、拉美地区。此后，央视按约向泛美公司支
付了订金、保证金，并定期支付季度服务费及设备费。2000年6月30
日，北京市国家税务局对外分局第二税务所（以下简称第二税务所）作
出京国税外分税二〔2000〕第319号《关于对央视与泛美公司签署协议
所支付的费用代扣代缴预提所得税的通知》（以下简称319号通知）。① 泛
美公司不服，向北京市国家税务局对外分局申请行政复议，之后该局作出
行政复议决定维持了319号通知的征税决定。遂泛美公司向北京市第一中
级人民法院（以下简称北京市一中院）起诉第二税务所，并将央视列为
第三人。北京市一中院判决维持319号通知作出的征税决定。泛美公司又
向北京市高级人民法院提起上诉，该院于2002年12月作出驳回上诉，维
持原判的终审判决。② 对于本案，早在税务行政程序中，第二税务所和泛
美公司对是否应当征税的问题发生分歧。第二税务所认为，"使用"包括
对有形资产和无形资产的使用，也包括对某种信号的使用。央视利用泛美
公司的卫星设备转发卫星信号，有权使用泛美公司的卫星转发器的带宽，
支付的服务费、设备费属于特许权使用费；泛美公司专门转发器的全部或
部分由央视专有使用，符合中国税法关于将财产租赁给中国境内租用者之
规定，以及租赁关于转移财产使用权特征，泛美公司的收入在性质上是租
金。然而泛美公司认为，其收入不应当在中国纳税，理由在于：双方合同

---

① 此前，北京市国家税务局对外分局稽查局于1999年1月作出京国税外稽限字〔001〕号
《关于对央视租赁泛美公司等外国企业卫星通讯线路所支付的租赁费用代扣代缴预提所得税限期
入库的通知》（以下简称001号通知），要求央视对泛美公司在华应缴纳的预提所得税予以代扣
代缴。泛美公司不服该决定，向北京市国家税务局对外分局（以下简称对外分局）申请行政复
议，并于同年3月按照包括订金和保证金在内的收入的7%缴纳了预提所得税。同年8月，对外
分局作出行政复议决定维持001号通知。泛美公司遂向北京市第二中级人民法院起诉对外分局。
2000年6月，对外分局以征税主体不合格为由撤销001号通知，同意向泛美公司退税，该公司撤
诉。参见国家法官学院、中国人民大学法学院编《中国审判案例要览：2003年行政审判案例
卷》，中国人民大学出版社、人民法院出版社2004年版，第326—335页。

② 翟继光：《泛美卫星公司卫星租赁费在华纳税案分析》，载熊伟主编《税法解释与判例
评注》（第2卷），法律出版社2011年版，第230—231页；张馨卿、刘景玉：《涉外税收行政纠
纷法律适用研究——泛美卫星国际系统责任有限公司诉北京市国家税务局对外分局第二税务所代
扣代缴预提所得税决定案法律问题研究》，载北京市高级人民法院编《审判前沿：新类型案件审
判业务》（7），法律出版社2004年版，第60—71页。

约定由泛美公司操作使用其位于外层空间的卫星和美国的地面设施，为央视提供传输服务，在服务过程中无任何设施的占有和使用权的转移，与租赁合同的特征不相符，其收入不是租金；在服务协议中，全部设施完全由泛美公司独立操作，央视无权使用且未实际使用相关设施，故其收入不属特许权使用费；其收入属于不断积极工作取得的积极收入，属营业利润，因泛美公司在中国无常设机构，不应当在中国承担纳税义务。归纳起来，征纳双方争议的焦点是：泛美公司取得的收入应如何定性？该收入能否作为征税客体？从税务行政程序起，需紧紧围绕税收客体这一税收构成要素展开调查活动，税收客体当然构成本案的证明对象范围。

（三）税收客体的归属

税收客体的归属是税收构成要件中的关系要件①，反映了税收客体和特定纳税主体之间在经济上或法律上联系的中介及纽带。如果税收客体不与特定的纳税主体发生联系，就不能实现税收的目的。税收客体的归属表明，纳税人的确定应遵循相应的规则而不是随心所欲的。税收客体的归属，是税法上较为复杂的问题。对税收客体的归属，在认定上大致有以下四个方面的标准：一是遵循私法的所有权归属原则，即税法作为法律体系的一部分，应当与整个法律体系保持一致，在所有权的归属上与民法等私法相符，一般情况下应将经济财产归属于私法上的财产所有权人，以财产所有权人作为税收债务主体进行征税。二是遵循表见课税原则，主要是出于行政便宜和行政效率考虑，依照法律形式上的外观，决定税收客体的归属，不考虑实质上的法律关系如何，也不考虑税收客体在经济上的实质享有者。三是实质课税原则，即实质重于形式原则，当存在形式与实质不相符时，判断税收客体的归属，应透过经济观察法，不应受制于所得归属的外观形式上的名义，而应依照其实质认定归属关系，即以其经济上利益的实质享有者作为客体的归属者。实质课税原则是从量能课税原则和税收公平原则出发，把握表彰经济上给付能力的实质的事实，使得税法不因滥用法律形式规避适用。四是不得为矛盾之归属原则，即特定经济财产在同一科目中不能同时归属不同主体，如果存在归属两人或两人以上的主体，应当按其应有部分确定归属。②

---

① 施正文：《税收债法论》，中国政法大学出版社 2008 年版，第 65 页。

② 杨小强：《税法总论》，湖南人民出版社 2002 年版，第 51—55 页。

　　在税收构成要件中，对纳税客体归属的确认，常常是征纳双方争议的焦点所在。这通常发生在代理、居间、行纪、融资租赁、隐名投资、企业承包或租赁、借用资质或名义等合同法律关系的外观与实质不相符的情形，尤其在第三人介入合同的场合，税收客体的归属问题就会更加复杂。① 在合伙、信托以及其他享受流经处理的实体等非法人主体的场合，对税收客体的归属也常常发生争议②，往往也会成为税收核定的证明对象。以代理为例，甲基于自己与乙之间产生的委托代理合同关系，以自己的名义按单价 3000 元向丙采购电视机 100 台，之后又将全部电视机以单价 3500 元出售给丁，对于两次买卖之间的收入 50000 元，税务机关依交易的形式外观认为属甲取得并拟以甲作为纳税人向其征税，此时甲主张自己只是乙的代理人，不具备 50000 元收入的纳税人主体地位。在此情况下，税务机关与甲应围绕争议的焦点问题 50000 元收入的客体归属，即谁才是适格的纳税人展开证明活动，税收客体的归属即成为本案的证明对象。再以信托为例，委托人甲与受托人乙签订信托合同，约定将甲持有的 A 公司的股权 30% 作为信托财产委托给乙管理，并指定丙为受益人。随后，甲将全部股权过户到受托人乙的名下，乙以自己的名义对该股权进行管理和处分，并产生收益 800 万元。对该收益，税务机关认为以乙的名义取得，故乙应为纳税人。但乙主张，自己作为信托合同的受托人履行管理和处分信托财产的义务，取得的收益应归属于受益人丙，自己不应当成为该收益的纳税人。本案中，谁是真正的纳税人，即对信托产生的收益 800 万元税收客体的归属，是征纳双方争议的焦点和证明对象。在税务行政程序中，应紧紧围绕这一待证事实，查明甲、乙之间是否存在信托合同关系，透过受托人乙是信托财产的名义所有人的形式外观，明确丙是信托财产的真正受益人，并按照信托形式转移不课税原则和实质受益人课税原则③，确定受益人丙为纳税人，承担信托财产 800 万元收益的纳税义务，

---

　　① 滕祥志：《试论商事交易之纳税主体认定》，载施正文主编《中国税法评论》（第 1 辑），中国税务出版社 2012 年版，第 67 页；杨小强、叶金育：《合同的税法考量》，山东人民出版社 2007 年版，第 267—295 页。

　　② ［美］A. 伊森、V. 图若尼：《非法人主体税收问题》，载 V. 图若尼主编《税法的起草与设计》（第二卷），国际货币基金组织、国家税务总局政策法规司译，中国税务出版社 2004 年版，第 941—988 页。

　　③ 刘继虎：《论信托所得税法的基本原则》，载施正文主编《中国税法评论》（第 2 卷），中国税务出版社 2014 年版，第 115 页。

才能对本案作出公正的处理。

（四）税基

税基即计税依据、课税基础、课税标准，是计算纳税人应纳税额的基础，以金额或数量等形式将税收客体数量化，是税收客体在量上的具体化。[①] 通常包括从价计征和从量计征两种类型。前者是以计税金额作为计税依据，后者是以课税对象的重量、体积或数量作为计税依据。不同税收客体的税基是不同的，例如所得税的税基是所得额，增值税的税基是单位和个人生产经营过程中取得的增值额。

税基的计算，尤其是所得税税基的计算较为复杂，容易引起征纳双方的争议。以企业所得税为例，通常税基的计算需要扣减不征税收入、免税收入、成本、费用、损失、税金以及法律准许的亏损结转、公益性捐赠等项目。其中，涉及的成本、费用和损失的认定最容易导致征纳双方的争议，此时税基成为证明对象，征纳双方需围绕税基中相关成本、费用和损失等项目进行举证。在国际税收领域，随着电子商务和经济全球化步伐的加速，数字经济对包括税基在内的税收构成要件提出较大挑战。跨国集团利用转让定价尤其是无形资产的转让定价、受控外国公司、不合理的成本分摊协议、不合理的利息扣除和其他款项的扣除、滥用税收协定优惠、人为规避构成常设机构等避税措施，严重侵蚀众多国家的税基。OECD 和 G20 成员国共同携手，并在多个发展中国家的共同参与下，于 2015 年 10 月 5 日，针对上述税基侵蚀和利润转移的避税行为，为遏制跨国企业规避全球纳税义务并侵蚀各国税基，形成了 OECD/G20《税基侵蚀和利润转移行动计划》最终报告，包括《应对数字经济的税收挑战》《制定有效受控外国公司规则》《对利用利息扣除和其他款项支付实现的税基侵蚀予以限制》《防止税收协定优惠的不当授予》《防止人为规避构成常设机构》《无形资产转让定价指引》等 15 项一揽子行动计划。[②] 在这场国际避税与反避税的斗争中，必将导致相关国家税务机关对纳税人应纳税额的核定过程中，征纳双方对税基这一构成要素形成争议并成为税收核定证明对象的范围。

以常设机构（PE）为例。对 PE 应税利润额的确定（包括收入的确

---

① 施正文：《税收债法论》，中国政法大学出版社 2008 年版，第 77—78 页。

② 国家税务总局办公厅：《国家税务总局发布 OECD/G20 税基侵蚀和利润转移项目 2015 年最终报告中文版》，http://www.chinatax.gov.cn/n810219/n810724/c1836574/content.html。

认，成本和费用的扣除），是来源地税务机关征税的依据。根据《OECD
税收协定范本》第 7 条营业利润第 2 款规定，缔约国各方的可归属于该
PE 的利润，是指假设该 PE 是一个在相同情况或类似情况下从事相同或
类似活动的分设独立企业，考虑到企业通过该 PE 和企业的其他部分履行
的职能、使用的资产以及承担的风险，该 PE 可以预期获得的利润。① 税
务机关可根据该规定对可以归属于缔约国任何一方的企业的某个 PE 的利
润进行调整。例如，R 国与 S 国按照 2010 年版《OECD 税收协定范本》
签订了对所得和收入避免双重征税协定。R 国的 A 企业在 S 国设有 PE，
对该 PE 在 S 国取得的营业利润，S 国主张行使来源地国税收管辖权。S
国税务机关对该 PE 进行税收核定过程中发现，该 PE 与 R 国的 A 企业并
未适用独立企业核算和公平交易原则确定归属于该 PE 的营业利润，遂按
照"虚拟独立分设实体方法"，即将该 PE 视为一个在经济上和法律上独
立于 A 企业的分设企业，采取功能分析法对该 PE 履行的功能及需承担的
风险，在确定 PE 履行的功能和承担风险的基础上，进一步确定 PE 应分
配的各类资产、自有资产以及借贷资本。然后对 PE 与关联企业间的交易
按 OECD《跨国企业与税务机关转让定价指南》② 进行定价，计算确定 PE
与 A 企业之间内部交易应归属的利润。在核定过程中，税务机关对该 PE
履行的功能和承担的风险进行调查，并由征纳双方展开证明活动。此时
PE 履行的功能和承担的风险，实际上都是为了确定归属于该 PE 的营业
利润即 PE 在 S 国的计税依据，证明对象正是该 PE 的税基。

（五）税率

税率是为计算纳税人应纳税额而对税基适用的比率，即税额与税基之
间的比率，它是衡量税负高低和征多征少的重要指标。③ 税率有比例税
率、累进税率和定额税率之分。其中，比例税率中又有单一比例税率、复
合比例税率之分；累进税率按照累进依据和累进方法，可划分为全额累进
税率、超额累进税率、全率累进税率以及超率累进税率；定额税率即固定
税率，可分为单一定额税率、差别定额税率和幅度定额税率三种。国际财
政文献局（IBFD）将税率划分为：基本税率（Basic rate）、累进税率

---

① *OECD Mode Tax Convention on Income and on Capital*（2010 年版、2017 年版）第 7 条第 2
款规定。

② OECD Transfer Pricing Guidelines for Multinational Enterprises and Tax Administrations.

③ 施正文：《税收债法论》，中国政法大学出版社 2008 年版，第 81—82 页。

（Graduated rate）、边际税率（Marginal rate）、统一税率（Flat rate）、累退税率（Degressive rate）和优惠税率（Reduced rate）。[①]

各国立法规定不同种类不同标准的税率，主要是从量能课税原则和社会国家原则的角度并结合宏观调控政策等因素作出综合考量的结果。不同的税收客体适用的税率是不同的，即使是同一税收客体，也可能不采用统一税率而适用差别税率，比如对不同纳税主体适用不同标准的税率（普通税率和优惠税率），也可能因税基的不同分段计算而适用（例如累进税率或累退税率）。正是各种税率之间存在的差异性，部分经济活动主体的参与者，为规避适用较高税率并降低应纳税额，利用不同比例税率或者不同级次税率的应纳税所得额的临界点实施规避税收的行为，尽可能降低其税负。税务机关在对税率进行调整核定的过程中，不同税率在个案中的具体适用常常引起征纳双方的争议，且争议还通常与纳税主体或税基密切相关，使得税率这一构成要素与纳税主体、税基一同成为税收核定中的证明对象。

（六）税收特别措施

税收特别措施即税收特别要件或称税负调整措施，是为实现一定政策目标，在税收基本要件及其体现的基准纳税义务之外，为减轻或者加重税收负担而采取的一系列措施的总称。[②] 主要包括税收优惠措施与税收重课措施，通常以前者为主。税收优惠措施是国家出于宏观调控等政策考虑或国际税收协议的约定对符合某种特定条件的特定纳税人给予的税收优惠，包括税收的减免、抵免、亏损结转和出口退税等。税收重课措施则是国家出于政策上的考量、为抑制某些行为而实施的税收惩罚措施，主要指税额的加成征收，较为少见。因税收优惠措施多与特定纳税主体（例如国际税收协定中的优惠税率与居民纳税主体身份相联系，小微企业的优惠税率仅能适用于小微企业的特定范围）或纳税客体（例如资源税优惠税率）相关，为适用优惠措施，降低税负，需满足法律规定的税收优惠适用的前提条件，通常以设置导管公司等形式滥用税收协定约定的优惠税率，引发税收核定并形成征纳争议，此时，是否能够享受税收减免或抵免等税收优惠措施，与税收主体等其他税收构成要件一同成为税收核定的证明对象。

---

① 杨小强：《税法总论》，湖南人民出版社 2002 年版，第 57 页。
② 施正文：《税收债法论》，中国政法大学出版社 2008 年版，第 98 页。

二 税收核定的适用条件

税收核定作为税务机关行使核定权对具体纳税义务的确认行为，对纳税人的权利义务有重要影响，因此，是否能够适用税收核定，即税收核定的适用条件，常常成为征纳双方争议的焦点，并成为税收核定的证明对象。由于各国对税收核定的界定、类型和适用前提的规定有所差异，故税收核定的适用条件不能一概而论。但是，税收核定的适用条件作为证明对象也并非毫无规律可言。根据本章第一节对于税收核定证明对象基本条件界定，作为证明对象的税收核定适用条件应当是征纳双方存在争议的情况下才需要纳入证明范围。例如我国《税收征管法》第 35 条第 1 款规定，纳税人具有法律和行政法规的规定可以不设置账簿的情形时，税务机关有权核定其应纳税额。这种情况下，法律、行政法规规定纳税人可以不设账簿虽然构成一项核定适用条件，但在实践中对纳税依法不设账簿的情形通常不会发生争议，故不会成为证明对象。

本书认为，构成证明对象的税收核定适用条件主要包括以下几种情形：

（一）纳税人实施不具有合理商业目的和经济实质的安排

实践中，纳税人为规避税收、获得不当税收利益，通常滥用民法上的意思自治原则，采取间接的、迂回的、虚假的、无经济实质的、不合理的商业安排，使经济活动在形式上与实质上不相一致，通过专业技术处理，人为地断开税收构成要件的联结点，从而达到逃避税收义务的目的。税务机关作为税收征管行政执法机关，必须保证税法平等适用，贯彻量能课税原则，坚持实质重于形式，对不具有合理商业目的和经济实质的避税安排活动进行税收核定，重新确定纳税人的应纳税额，使纳税人意图实施的避税目的落空，从而引发征纳争议。在此过程中，征纳双方的争议焦点多是针对交易是否构成避税，即交易是否具有合理商业目的和经济实质。

适用税收核定的这两个条件，是实质重于形式原则的必然要求。纳税人作为参与市场活动的经济人，如果对税法的遵从意识不强，必定会从自身角度出发，尽可能追求商业活动利润最大化，降低包括税收在内的各项经营活动成本。更有甚者，纳税人通过自身或借助税务专业人士的精心设计和安排，减少、免除或推迟缴纳税收，获取税收利益。从而使本应缴纳的税收得以规避或延迟缴纳，在与遵守税法的纳税人的市场竞争中占据优势地位。民法以意思自治为中心，只要民事活动主体不违反法律的强制性规定，其自由意思表示通常会受到尊重认可，民法一般不予干预。税法则不同于民法，税法最重要的特点之一在于以表彰纳税人税负能力的要素进行征税，不过多考虑纳税人的意思自治。在形式与实质不一致时，应透过交易呈现的外观形式去把握隐藏其后的经济实质，揭露纳税人在合法形式下掩盖的规避税收的真实意图，维护税收公平正义①，对经济实质进行课税，从而使税法不因纳税人的避税安排而得以规避，实现税收法定原则和量能课税原则。

合理商业目的和经济实质各自从不同的方面判断交易安排是否构成避税。前者是一项主观标准②，审查的是纳税人进行交易的主观动机。③ 如果纳税人的商业或经济目的不具备有效性，而仅仅是出于税收目的的考量，则不存在合理商业目的。对于是否具有商业目的之判断非常复杂，不能简单而论，针对纳税人，应当对其所处的特定经济行业、商业活动属性以及从事特定交易的经济环境予以考察，同时还应对其主观动机、交易对于经济目的之有效性是否起到促进作用等方面进行综合考察。④ 一项具体的交易安排，对于商业目的的考察，需权衡纳税主体的权利义务属性是否接近其商业惯例及持续经营，越是接近的，越是符合商业目的的条件。⑤ 在美国，联邦税务局要确定一项交易是否具有商业目的，必须考虑很多因素，包括：（1）盈利是否非常可能；（2）纳税人是否具有从事交易的非税商业理由；（3）纳税人或其顾问是否对交易（包括市场风险）作出考虑或调查；（4）纳税人是否真正投入资本到交易中；（5）从事交易的实体是否属于与纳税人相分离的独立实体，且在交易前后从事合法商业活动；（6）各方为达成交易目的所采取的各个步骤是否为常规交易；（7）对于纳税人的一项交易行为，比较实际发生的投资数额而言，能否

---

① 李刚、王晋：《实质课税原则在税收规避治理中的运用》，《时代法学》2006年第4期。

② 熊伟、王宗涛：《反避税的权力限度：以一般反避税条款为例》，载熊伟主编《税法解释与判例评注》（第4卷），元照出版公司2014年版，第143页。

③ Jeff Rector, "A Review of the Economic Substance Doctrine", *Stanford Journal of Law*, 2004, 10 (1).

④ 汤洁茵：《〈企业所得税法〉一般反避税条款适用要件的审思与确立——基于国外的经验与借鉴》，《现代法学》2012年第5期。

⑤ Yoram Keinan, "The Many Faces of the Economic Substance's Two—Prong Test: Time for Reconciliation?" *New York University Journal of Law & Business*, 2005, 1 (2).

获得远大于该数额的税收利益，即有无避税动机。[1] 需要说明的是，交易是否会给纳税人带来盈利的可能性，考察的时点在于交易缔结时，而不是交易已经缔结。如果缔结交易以后，因经济环境等因素发生变化导致原来可能盈利的交易没有实际盈利甚至发生亏损，不影响对盈利可能性的判断。潜在的盈利提供了一个理性人的标准，确定交易是否有潜在的盈利存在，以至于一个理性的商人会投资于特定行业的该风险当中。[2] 判断是否具有合理的商业目的，应根据纳税人所处的环境和追求的目的等具体情况来判断，凡是有利于纳税人获得更大利润的安排，通常能够认定商业目的具有合理性；相反，如果把税收利益作为主要或单一的目的，则不能认定其合理性。[3]

围绕商业目的是否具有合理性的待证事实，应重点证明非税目的，这也是世界各国的普遍经验。纳税人若能证明在交易时以实现自身利益为目的，以实现一定的利润为目标所作出的交易决策，具有"真正且诚实的利润目标"，可以成立非税目的。利润动机不是唯一的非税目的，例如改善公司治理结构和调整经营架构、反敌意收购等将利益最大化作为考量因素的其他商业动机，可以认定商业目的具有合理性。[4] 在实务中，以税收利益为唯一目的的情形比较容易界定，除税收利益外，交易不存在其他的目的。但是，税收利益作为主要目的存在两种不同的观点：有观点认为，在所有目的中，避税的目的应当大于其他任意一个目的；有观点则认为，在所有目的中，避税的目的必须大于其他所有的目的之和，才作为主要目的。[5] 本书认为，前一种观点更有利于维护纳税人利益，且在实践中比较容易量化操作。如果要求避免税收的目的大于其他所有目的的总和，既要分别对各种目的进行单独量化，还要对各种目的进行加总、综合评价，加大了事物判断的不确定性，不利于纳税人对自己行为的效果作出预期，降低了税法的可预测性，也不利于对纳税人权利的保护，故本书赞成前一种

---

[1]　Christopher M. Pietruszkiewicz, "Ecomic Substance and the Standard of Review", *Alabama Law Review*, 2009, 60 (2).

[2]　Ibid.

[3]　刘剑文：《重塑半壁财产法：财税法的新思维》，法律出版社 2009 年版，第 220 页。

[4]　汤洁茵：《〈企业所得税法〉一般反避税条款适用要件的审思与确立——基于国外的经验与借鉴》，《现代法学》2012 年第 5 期。

[5]　麦嘉轩、黎嘉德：《香港税务：法例与实施说明》，香港中文大学出版社 2010 年版，第 521 页。转引自王宗涛、陈涛《试析我国避税认定标准与方法》，《国际税收》2014 年第 6 期。

观点。

商业目的作为一项主观标准，主要立足于纳税主体的思想状态与交易意图。然而，思想状态作为内心活动，具有无形性，无法直接被他人感知，必须通过对纳税主体表现出来的客观的、外在的行为进行考察，来判断交易的实质。经济实质则是一项客观判断标准，是对交易的经济效果进行的客观评价。① 与主观的商业目的相对应，客观的经济实质问题询问的是交易是否以非税方式有效地改变纳税人的经济地位。② 如果交易作为一个整体，主要服务于产生净损失、扣除或抵免，以此能够减少税收，则交易不具有经济实质。③

试举英国的 Ramsay 公司诉联邦税务局长规避资本利得税一案予以说明。④ 1982 年，Ramsay 公司（英国国籍）出售农场并获利，应在英国缴纳资本利得税。该公司为了避税，请人设计以公司资本损失抵销资本收益的避税计划，由该公司购买 Caithmead 公司的股票，并于同日发生贷款两笔，金额相同，其中 Ramsay 公司是债权人，Caithmead 公司是债务人，利率均为 11%，合同约定 Ramsay 公司有权减少其中一笔贷款利率，并将减少的利率增加到另一笔贷款上。后来，Ramsay 公司根据合同约定，把其中一笔贷款利率降到 0，同时把另一笔贷款利率增加到 22%。同日 Ramsay 公司出售后笔贷款的债权并获利，并免缴资本所得税。⑤ 后来，Caithmead 公司偿还了 Ramsay 公司的债务。因 Caithmead 公司成为高利贷的债务人，其股价下跌，Ramsay 公司将持有的 Caithmead 公司股票抛售并产生损失，损失与出售债权凭证的收益相等。本案中，Ramsay 公司主张出售股票遭受的损失与出售农场获得的收益抵销，应免缴资本利得税。税务机关认为其交易安排存在避税意图，不同意抵销。案件经英国上议院审理认为，Ramsay 公司采取一系列迂回曲折的"环形交易"，没有任何商业目的，唯一目的在于产生所谓的损失来抵销资本收益即为了避税，上述系列

---

① 汤洁茵：《〈企业所得税法〉一般反避税条款适用要件的审思与确立——基于国外的经验与借鉴》，《现代法学》2012 年第 5 期。

② Jeff Rector, "A Review of the Economic Substance Doctrine", *Stanford Journal of Law*, 2004, 10（1）.

③ David P. Hariton, "When and How Should the Economic Substance Doctrine Be Applied?" *Tax Law Review*, 2006, 60（1）.

④ Ramsay Ltd. v. Commissioners of Internal Revenue, [1982] A. C/300（1981）.

⑤ 依英国税法规定，出售债权证书获得的收益，免缴资本所得税。

交易的税收后果应以整个交易的经济实质为基础[1]，故 Ramsay 公司关于免缴资本利得税的主张不能成立。本案双方争议的焦点在于，Ramsay 公司关于出售农场获得的收益冲抵出售股票受到的损失并免缴资本利得税的主张能否成立，这取决于 Ramsay 公司的一系列安排是否具有商业目的和经济实质。如果不具有商业目的和经济实质，而是出于避税目的，则税务机关的主张成立，Ramsay 公司应当缴纳资本利得税。如果具有商业目的和经济实质，则 Ramsay 公司的主张应得到支持。因此，Ramsay 公司的安排是否具有合理商业目的和经济实质这一争议焦点应成为证明对象，由征纳双方围绕其展开举证活动。

（二）纳税人申报的计税依据明显偏低且无正当理由

纳税人在不具备正当理由时申报的计税依据明显偏低，因违反量能课税原则，为贯彻税收公平，立法通常赋予税务机关核定权。此时，纳税人申报的计税依据存在明显偏低的情形以及不具备正当理由将成为两项证明对象，缺一不可。如果仅证明纳税人申报的计税依据明显偏低，不能证明无正当理由，不能适用税收核定。当税务机关同时证明纳税人申报的计税依据明显偏低且无正当理由后，纳税人如果能够证明不存在申报的计税依据明显偏低，或者虽然存在申报的计税依据明显偏低但具有正当理由的，则税务机关不能行使核定权。

（三）纳税人实施关联交易违反独立交易原则

纳税人利用转让定价（即关联企业之间在转让货物、无形资产或提供劳务、资金信贷等活动中，为一定目的所确定的不同于一般市场价格的内部价格[2]）实施避税已成为世界范围内的普遍避税方法，尤其在跨国集团实施的关联交易活动中，通常采用高税国企业向低税国关联方提供货物、劳务或转让无形资产时制定低价，低税国企业向高税国关联方销售货物、劳务或转让无形资产时制定高价。[3] 为避免由此对税基造成的侵蚀，各国立法通常规定纳税人（包括企业、自然人）实施关联交易违反独立交易原则的，税务机关有权进行合理调整，重新确定纳税人的应纳税额。在税务机关对纳税人的应纳税收入或应纳税额进行调整的

---

① 刘剑文、熊伟、翟继光、汤洁茵：《财税法成案研究》，北京大学出版社 2012 年版，第 235—236 页。

② 刘剑文主编：《财税法学》，高等教育出版社 2012 年版，第 330 页。

③ 同上。

过程中，征纳双方常常对于纳税人实施的关联交易是否违反独立交易原则这一适用条件形成争议，并成为证明对象。如果税务机关能够证明关联交易违反独立交易原则并因此减少纳税义务，则有权实施纳税调整。反之，如果纳税人能够证明关联交易遵循了独立交易原则，则税务机关无权进行纳税调整。

三　税收核定方法选用的合理性

税收核定作为税务机关针对符合特定条件的纳税人，确定其应纳税额的行政行为，核定应纳税额，对于不同的税种，存在不同的核定对象。例如在所得税领域核定应税所得额，首先需要对个人或企业的收入、成本、费用、损失等项目进行核定，才能确定相应税基，此时收入、成本、费用和损失等就成为税收核定的对象。结合各国实践，对不同的核定对象使用的核定方法是不同的，对同一对象也可能存在多种核定方法。以日本为例，在税收核定中，对推定课税的方法通常采用资产增减法、消费额法、银行往来额法、效率法、比率法等。其中，资产负债增减法是在课税期间内，对纳税人的期初和期末的纯资产进行比较，计算出增加数额再推定其所得；对于自然人纳税人，该增加额必须附加课税期间的生活费、其他消费支出；对法人纳税人，除事业年度中资本增减外，应当附加作为利益分配流出的金额。① 消费额法是以课税期间内纳税人实际负担的"所得之消费"的生活费、其他消费支出（如生产的原材料、电气、水、汽油等）作为基础推算核定所得额。② 银行往来额法又称为存款额法，是以纳税人在课税期间的银行往来为基础推算核定其营业额、购进额和所得额等的方法。③ 效率法是对纳税人的用电量、从业人员数量、销售数量等乘以比照同业者进行调查取得的相当于上述指标一个单位的所得金额的平均值（即同业者单位额），对所得金额进行推算核定的方法。④ 比率法是对纳税人所得额计算基础的营业额、生产额、收入额、成本额、支出额等运用一定比率以推算所得额的方法。⑤ 比率法又可划分为所得标准率法、实际调

---

① ［日］金子宏：《日本税法》，战宪斌等译，法律出版社2004年版，第439页。
② ［日］吉良实：《推计课税之适法要件》（上），李英哲译，《植根杂志》1995年第1期。
③ ［日］吉良实：《推计课税之适法要件》（下），李英哲译，《植根杂志》1995年第2期。
④ ［日］金子宏：《日本税法》，战宪斌等译，法律出版社2004年版，第440页。
⑤ ［日］吉良实：《推计课税之适法要件》（下），李英哲译，《植根杂志》1995年第2期。

查率法、纳税人本人率法以及同业者率法。① 在美国，对于纳税人未申报的所得，同样也可以采用一种或多种间接方法来进行核定，最常见的方法有现金交易法、净资产法、现金支出法、银行存款法。② 在我国，税收核定也存在多种方法可供选择使用。例如我国国务院于 2002 年公布并经 2012 年、2013 年、2016 年三次修订的《税收征管法实施细则》，规定了对纳税人应纳税额核定的三种具体方法，并以其他合理方法作为兜底条款，可以适用其中一种或同时适用两种以上的核定方法。③

针对跨国企业之间利用关联交易转让定价实施利润转移和规避税收的行为，确定公平交易价格也存在多种方法可供选择。1995 年，OECD 成员国在如何确定跨境转让定价方面达成共识，OECD 发布《跨国企业与税务机关转让定价指南》，对适用公平交易原则的传统交易方法④予以补充，指出当传统交易方法不能适用时，使用其他的接近公平交易条件的方法，即交易利润法，包括利润分割法和交易净利润法。⑤ 经过上述补充，在确定跨国企业关联交易的公平交易价格方面存在五种方法，其中，前三种传统交易方法处于同一顺位，后两种方法排序在后。

当存在多种核定方法可供选择时，作出税收核定的税务机关是否可以对核定的方法进行任意选择而不受约束？甚至可以认为税务机关可以选择对纳税人较为不利的核定方法核定其应纳税额，以此惩戒纳税人未履行依法申报纳税或保管账簿、记账凭证等违反税法协助义务的行为或避税行为？税收核定是在特定情形下由税务机关依职权确定纳税人的应纳税额的行政确认行为，其适用条件包括纳税人违反申报等税法义务，或者存在法律规定的特殊情形（火灾、地震等不可抗力致使确定税款依据的账簿等证据资料灭失等）。在主观心理状态上，税收核定既适用于纳税人存在逃避税等主观过错的情形，也适用于纳税人无过失的情形（如不可抗力或法律未规定纳税人相关申报等税法义务）。税收核定的根本目的在于通过税务机关的调查活动和征纳双方的举证活动，准确认

---

① ［日］吉良实：《推计课税之适法要件》（上），李英哲译，《植根杂志》1995 年第 1 期。

② Robert E. Meldman, Richard J. Sideman, *Federal Taxation Practice and Procedure*, Chicago: Christopher Zwirek, 2008, p. 839.

③ 我国《税收征管法实施细则》第 47 条的规定。

④ 传统交易方法包括可比受控价格法、再销售价格法和成本加成法。

⑤ 经济合作与发展组织：《跨国企业与税务机关转让定价指南》，苏晓鲁、姜跃生等编译，中国税务出版社 2006 年版，第 35—48 页。

定纳税人的纳税义务，使税法规定的纳税义务不得因纳税人的主观原因或客观原因而得以免除或减轻，在纳税人之间公平纳税，实现量能课税。

美国学者图若尼（Thuronyi）认为，税收核定方法有可辩驳与不可辩驳、机械的与随意的核定方法之分。[①] 其中，不可辩驳的方法受到法律的约束，应当在法规或者授权的法规中予以明确。而可辩驳的方法在法规中可能有明确的规定，也可能没有作出明确的规定。假如纳税人不同意核定结果，并按常规税收会计原则计算其实际所得，证明比核定方法计算的结果要少，允许纳税人提供更好的数据对税务机关的核定进行辩驳。[②] 机械的与随意的核定方法是根据税务人员处理的随意程度进行区分的，机械的核定方法决不允许税务机关自由处理；反之，随意的核定方法则允许税务机关自由处理。通常，对于随意性程度较大的核定方法，可以由纳税人进行辩驳，理由在于对随意性较大的核定方法，税务机关有太大的裁量权，也就存在潜在的随意行为[③]，为避免纳税人权利受到侵害，赋予纳税人对此类核定方法进行辩驳的权利。

税收核定是税务机关依职权对已经发生的抽象纳税义务的具体确认，税务机关负有依法准确核定的职责，不享有对实际已经发生的纳税义务进行处分的权力，故税收核定是一种羁束行政行为，税务机关没有对纳税义务自由裁量的空间。否则，税收核定权的行使将侵害纳税人的权利，背离权力授予的目的。在日本和我国台湾地区，对税收核定使用的方法都有一定限制。日本理论界认为，当税收核定的方法存在两种以上时，税务机关应当选择适用更能反映"实额近似值课税"的核定方法。[④] 换句话说，税务机关在选择核定方法时，应注重方法本身选用的合理性。何谓"合理"？应以最能接近纳税人实额的方法作为判断标准，且对被推定课税的纳税人有显著特殊情形的，在推定课税等税收核定时，应将特殊情况加以考虑。[⑤] 当合理的推计方法有数个并存时，依据该纳税人的状况予以考

---

① ［美］V. 图若尼：《推定税收》，载 V. 图若尼主编《税法的起草与设计》（第一卷），国际货币基金组织、国家税务总局政策法规司译，中国税务出版社 2004 年版，第 416—417 页。

② 同上书，第 416 页。

③ 同上书，第 417 页。

④ ［日］吉良实：《推计课税之适法要件》（下），李英哲译，《植根杂志》1995 年第 2 期。

⑤ ［日］金子宏：《日本税法》，战宪斌等译，法律出版社 2004 年版，第 441 页。

虑，应采用其中较合理的，即符合实额的盖然性较高的推计方法；至于其他的推计方法，纵然就该案件也有大致的合理性，也不应采用作为认定所得的根据。[①] 在我国台湾地区，1987 年 8 月 14 日大法官会议释字第 218 号解释也明确："推计核定方法估计所得额时，应力求客观、合理，使与纳税人之实际所得相当，以维护租税公平原则。"

归纳起来，在税收核定中，如果存在数种核定方法可供选择时，税务机关应当选择与纳税人实际应纳税额最为接近的方法适用到具体个案中，并充分考虑案件中的特殊情况，这样才能保证税收核定结果的客观性和合理性。否则，税收核定的税额就会大大地偏离纳税人本应承担的纳税义务，造成纳税人承担的税额与纳税人的实际税负能力不一致，违反量能课税原则。在偏离实额较大的情况下，不外乎出现两种情形：一种情形是纳税人承担的纳税义务比实额少得多，会使纳税人因此获取额外的税收利益，不利于提高纳税人对税法的遵从度，反而会助长其违法动机，同时还会打击守法的纳税人。另一种情形是纳税人承担的纳税义务远远大于实额，这对纳税人会形成不公平，对于主观上无任何过错的纳税人更是加剧了这种不公平。对于主观上存在过错，比如违反税法上的协助义务的纳税人或主观存在逃避税意图的纳税人，税法通常规定了相应的法律责任，不必通过课以较高的税收来实施对其违法行为的处罚。再者，从税务机关的职责看，税务机关作为公益受托人，对符合法定税收构成要件的纳税人依法征税，如果过分偏离实额征税，将违反税收法定原则，与税务机关的职责发生冲突。

综上，无论从税收法定原则、公平原则还是量能原则出发，抑或从税务机关的职责考虑，税务机关在税收核定过程中，都应当选择最能接近纳税人实额的合理方法进行核定。如果纳税人对税务机关的核定方法提出辩驳，认为税务机关适用的核定方法过于随意，存在与实额更为接近的合理方法，则税收核定选用的核定方法应作为争议焦点，纳入税收核定的证明对象范围，允许征纳双方对各自主张提出相应证据予以证明，以寻求最佳的核定方法，使得税收核定的应纳税额更加接近纳税人的实额。

---

① ［日］吉良实：《推计课税之适法要件》（下），李英哲译，《植根杂志》1995 年第 2 期。

本章小结

　　税收核定的证明对象即税收核定程序中的待证事实，是指对税务机关作出核定处分起着决定作用的，须由征纳双方运用证据进行证明的案件事实。只有界定了具体的证明对象，才能进一步明确证明责任在征纳双方之间如何分配，以及证明达到何种标准，方可对待证事实作出认定，因此，税收核定的证明对象是研究税收核定证明责任的初始环节。实践中，并非所有对核定决定的作出有影响的事实都可以成为证明对象，为提高税收核定程序中证明活动的效率，只有符合基本条件的事实，才能够成为税收核定的证明对象。税收核定的证明对象必须是对纳税人应纳税额的认定具有法律意义的、在征纳双方之间存在争议的、处于真伪不明状态的并且必须运用证据加以证明的事实，才符合税收核定证明对象的基本条件。根据该条件，税收核定的证明对象在范围上，主要包括税收构成要件、税收核定的适用条件和核定方法选用的合理性等内容。其中，税收构成要件包括纳税主体、纳税客体及其归属、税基、税率、税收特别措施。税收核定的适用条件主要包括纳税人实施不具有合理商业目的和经济实质的安排、纳税人申报的计税依据明显偏低且无正当理由、纳税人实施关联交易违反独立交易原则。当纳税人对税务机关选用的核定方法提出异议并与税务机关对此形成争议的，核定方法选用的合理性便成为税收核定的证明对象。

第三章

税收核定的证明责任分配

"适当的、明智的证明责任分配属于法律制度最为必要的或最值得追求的内容。"[1] 税收核定的证明责任分配，即对税收核定行政决定赖以存在的课税要件事实，应由税务机关还是纳税人承担提供证据予以证明并承担课税要件事实真伪不明产生的不利后果。它直接关系到税务机关在课税要件事实无法查清时如何认定案件事实，以及对纳税主体纳税义务是否成立和应纳税额的具体确定。税收核定程序中，针对待证的课税要件事实，只有在明确证明责任的划分后，才能由承担证明责任的主体根据证明标准的要求，对待证事实提供证据证明并说服作为"事实裁判者"的税务机关，故税收核定证明责任分配同时构成证明标准适用的前提基础。可见，税收核定证明责任的分配，是整个税收核定证明责任体系中最为核心的内容。大陆法系和英美法系在长期的发展过程中，由于历史文化传统和法律制度的差异，各自形成了不同特色的证明责任规则和体系，对税收核定证明责任的分配有着重要影响。大陆法系以"规范有利说"为基础，而英美法系奉行"谁主张，谁举证"并以"公定力说"为基础，在此前提下形成和发展了不同的税收核定证明责任分配规则，但二者都结合证据法上的"证据距离""证明妨碍"等基本法理，在证明责任的公平配置以及立法技术上，对税收核定证明责任的一般规则和特殊规则的处理等方面，又存在有相似之处。本章通过对两大法系的国家和地区关于税收核定证明责任分配的立法规定、司法实践和理论探讨的考察，以法治国家依法行政原则和纳税人基本权的保障为侧重点，结合证据法基本理论和税收核

---

[1] ［德］莱奥·罗森贝克：《证明责任论——以德国民法典和民事诉讼法典为基础撰写》（第四版），庄敬华译，中国法制出版社 2002 年版，第 97 页。

定的特点，对各种冲突的价值进行利益平衡、从经济分析法的角度进行比较和选择，吸收、借鉴它们关于税收核定证明责任分配规则中的科学和合理的经验做法，总结出一套较为合理的税收核定证明责任的分配规则，为完善我国税收核定证明责任的分配提供可行性选择。

第一节　职权调查原则下的征纳协同主义

现代法治国家要求税务机关在税收核定行政程序中必须依法行政，坚持职权调查原则，对核定纳税人应纳税额所依据的课税事实负有阐明义务。在税收核定过程中，与纳税义务相关的课税事实证据资料多由纳税人管领，为克服税务机关职权调查面临的困境，提高税收核课的行政效率，各国普遍赋予纳税人相应的协助义务，采用税务行政职权调查原则下的征纳协同主义。税法上的协助义务是与税收核定证明责任密切相关的范畴，分析税法上协助义务的具体内容，并对它与税收核定证明责任进行比较辨析，有助于把握二者的根本区别。

一　职权调查原则

各国在行政程序中普遍遵循职权调查原则。例如，《德国行政程序法》第 24 条规定：行政机关依职权调查事实，由行政机关决定调查的方式和范围，不受参与人提供的证据和证明要求的限制；第 26 条规定：行政机关可使用其根据合目的性裁量，认为对调查事实为必要的证明方法。《德国租税通则》第 88 条规定：税务机关依职权调查事实，决定调查的方法和范围，不受当事人陈述和申请调查证据的约束，其义务范围依个案情形确定，并应斟酌一切对个案有重要性的情形（包括对当事人有利的情形在内）。我国台湾地区"行政程序法"第 36 条规定：行政机关应当依职权调查证据，注意对当事人有利和不利的事项，不受当事人主张的拘束。《奥地利普通行政程序法》第 39 条规定：官署应依职权决定调查程序的步骤，行政法规另有规定的除外。《葡萄牙行政程序法》第 56 条规定，即使程序由利害关系人主动提起，行政机关仍可采取能够方便调查的适当措施；第 87 条规定，知悉某些事实有助于对程序作出公正及迅速的决定，则有权限的机关应设法调查相关事实，并可为调查该事实使用法律许可的一切证据方法。税收核定程序作为行政程序的一种，理应遵循行政程序职权调查原则。

（一）职权调查原则的内涵及要求

税收核定程序中的职权调查原则，是指税务机关在核定纳税人应纳税额的过程中，有义务依照职权调查课税事实真相并负有阐明事实的责任，调查证据的方法、范围、程序不受当事人陈述和申请调查证据的拘束，对当事人有利和不利的事项一律注意，并审酌个案中的一切情况，以发现实质的真实，作成税收核定行政处分。① 税务机关如何进行调查以及应当调查何种事实到何种程度，取决于税务机关的合义务裁量，即税务机关依其专业判断并承担责任，尽所能采取的可期待的合理措施和方法，收集作为判断基础的必要事实，并向纳税人或第三方请求提供必要的资讯，谨慎进行调查以发现课税事实真相。② 职权调查原则的目的在于追求实质真实，避免真实发现受制于纳税人的行为，以免违反法治国原则并损及公益。③ 税务机关应采自由心证原则，根据论理法则和经验法则，判断证据的证明力和事实的真伪，并将税收核定的理由告知纳税人。

职权调查原则的实质，可以从积极面和消极面两个角度作出界定。从消极面的角度看，税务机关在税收核定程序中负有依职权对课税事实调查的义务，不受纳税人提出证据或申请调查证据的限制。从积极面的角度看，税务机关在税收核定程序中，基于税收核课和人民基本权利保障的公共利益，对税收债务发生的积极要件和消极要件的事实与认定有关的证据，均有义务进行调查并一律给予注意。④ 即职权调查原则要求税务机关作为公益受托人，依职权对课税事实相关的证据资料展开全面调查，对纳税人有利和不利的事实一并注意，阐明课税事实以达到保障纳税人权益并确保依法课税的合法性。

然而，税务机关的职权调查并非毫无限制。由于职权调查会侵入纳税人的私领域，对纳税人的自由权、资讯权等造成不当干预，为保障纳税人基本权，职权调查应受比例原则限制。例如，我国台湾地区"行政程序

---

① 林石猛、邱基峻：《行政程序法在税务争讼之运用》，元照出版公司 2011 年版，第 247 页。

② 张文郁：《论行政程序上之事实调查》（上），《月旦法学杂志》2014 年第 4 期。

③ 葛克昌：《税捐稽征之正当法律程序之违反及其效力》，中国财税法学研究会 2014 年年会暨第 21 届海峡两岸财税法学术研讨会论文，武汉，2014 年 10 月，第 751 页。

④ 黄茂荣：《职权调查原则及合作原则与税务证据方法之提出时限》，载葛克昌、刘剑文、吴德丰主编《税捐证据法制探讨暨台湾 2012 最佳税法判决》，台湾财团法人资诚教育基金会 2013 年版，第 38—39 页。

法"对行政行为采取的方法作出规制，要求它必须有助于达成目的，行政机关应选择对人民权益造成损害最小的方法，且造成的损害和拟达成目的的利益相当。[①] 比例原则在税收核定的职权调查中具体表现为，在职权调查拟实现的核课税收的目的与纳税人自由权干预二者之间需维持合理的关系，禁止过度；职权调查的方法应有利于课税事实的查明，对课税原因事实不相关的事实不应进行调查；在调查过程中，应遵循最小损害原则，选择对纳税人造成损害最小的方式进行。职权调查应以具有期待可能性作为界限，当职权调查需要耗费大量行政资源，或者调查出现巨大困难并欠缺期待可能性的，可不再作进一步的调查。

（二）职权调查原则的理论基础

税务机关依职权调查是法治国家依法行政的必然要求，同时也是保障纳税人基本权的内在要求。社会契约论认为，国家起源于人们从自然状态向社会状态过渡时缔结的契约，通过达成合意，人们将自己的部分权利让渡给契约国家这一公共管理机构，形成包括征税权在内的国家权力。[②] 在现代税法学中，纳税人权利是课税权产生的根源。[③] 税收作为无对待给付的公法债务，人民并不能直接从缴纳的税收中获得直接的对价或现实利益。税收对于纳税人而言，是一种财产权利的牺牲，这种牺牲的目的在于国家能够为纳税人的生存和发展提供公共服务。同时，税收具有强制性的特点，属典型的侵益行政。税收涉及纳税人的基本权，其基本构成要件应由法律明确作出规定，纳税人只在法律范围内承担纳税义务。

税务机关系作为纳税人共同体的受托人和公共利益代表人，其任务不在于保障国库收入，而在于根据法治国家原则，依法平等核定征收公法债务，实现纳税人之间的负担公平，对纳税人有利和不利的情形一律注意。税收核定行政决定属于羁束行政，税务机关应当依法核定征收，无权自由处分核定和征收权，也没有不作为的裁量余地。[④] 税务机关的税收核定不得与法律相抵触，也不得在无法律依据的情况下使相对人负担义务或侵害

---

① 我国台湾地区"行政程序法"第 7 条规定。

② ［法］卢梭：《社会契约论》，何兆武译，商务印书馆 1996 年版，第 22—26 页。

③ 李刚：《现代税法学要论》，厦门大学出版社 2014 年版，第 354 页。

④ 葛克昌：《行政程序与纳税人基本权》，北京大学出版社 2005 年版，第 7 页。

其权利。[①] 税务机关的税收核定作为税务机关的一项行政职责,是税务机关在行使其职权过程中依法必须履行的义务,具有义务性、法定性和强制性的特征,要求税务机关在进行税收核定时必须重事实证据,正确适用法律,遵守法定程序并不得滥用职权。[②]

此外,税收核定作为公法上的单方行为,直接对纳税人产生法律效果[③],以牺牲纳税人相应的财产利益为代价,对纳税人的权利义务产生影响,故应遵循法治国家依法行政原则。具体而言,包括两项基本原则:一项是法律优位原则,是指一切行政权的行使,不问其为权力的或非权力的作用,均应受现行法律的约束,不得有违反法律的处置,属于消极意义层面。另一项是法律保留原则,属于积极意义层面,是指行政权的行使必须有法律的授权根据,才可行使行政权[④],意味着对相对人基本权利义务产生重要影响的行政行为,法律依据必须确定化。[⑤]

在宪法上,职权调查原则属于法治国家原则的延伸。法治国家原则把对人民基本权的保障作为核心,经由税务机关的职权调查,满足正当程序的要求,符合法律的公益并确保税收核定行政处分的实质正当性,实现对纳税人基本权的保障。[⑥] 核定处分会影响到纳税人权利义务,应公正作出并说明理由,只有经过职权调查,以免于税务机关受到来自纳税人错误信息的干扰,全面获取课税信息,查明课税要件事实,在此基础上作出核定处分,才能满足依法行政要求的先取证后裁决的正当程序。同时,对于税收核定处分,税务机关应当说明理由,便于纳税人明白自己基于何种事实和证据被课以相应税收,如果不服的,可寻求相应救济。

二 征纳协同主义

(一) 征纳协同主义的内涵

征纳协同主义是指在税收法律关系中,税务机关与纳税人形成合作伙

---

① 林纪东:《行政法》,三民书局 1988 年版,第 73—75 页。

② 胡建淼:《行政法学》,法律出版社 2003 年版,第 154—155 页。

③ 翁岳生:《行政法与现代法治国家》,台湾大学法学丛书编辑委员会 1982 年版,第 13、29 页。

④ 翁岳生编:《行政法》,元照出版公司 2006 年版,第 146 页。

⑤ 叶必丰:《行政法学》,武汉大学出版社 2003 年版,第 106 页。

⑥ 洪家殷:《论行政调查中职权调查之概念及范围——以行政程序相关规定为中心》,《东吴法律学报》2010 年第 3 期。

伴关系，共同分工，阐明课税事实。[1] 纳税人对其管领范围内的课税事实证据资料，应当真实并完整地提供。在征纳协同主义下，纳税人申报等协助义务的履行，对于税务机关准确核定税收有重要作用。值得注意的是，征纳协同应以职权调查原则作为前提，是职权调查原则的补充和效率化。[2] 纳税人负有的协助参与事实调查的义务，并不能取代税务机关的职权调查义务。纳税人的协助义务仅仅是税务机关职权调查的一种证据方法，除法律明确规定外，纳税人的协助义务不构成形式证明责任，纳税人违反协助义务也不会导致证明责任的转移。税务机关作为公共利益受托人，对阐明课税原因事实负有主要责任。[3] 如果纳税人违反协助义务，税务机关没有义务在超出期待可能的界限之外，采取进一步的调查措施，故税务机关的调查义务因此减轻，可以认定税务机关已尽到职权调查义务，不需继续进行调查。反之，虽然纳税人违反协助义务，税务机关仍可通过其他途径展开调查并获得课税事实的证据资料时，则税务机关不能停止职权调查活动，否则可能构成违法。如果税务机关在未尽到职权调查原则的情况下，直接对处于真伪不明的课税事实适用证明责任分配规则，属于违法。

（二）征纳协同主义的正当性基础

任何法律及其实务运作中出现的问题，欲探明其定位和问题产生的根源，必须回归宪法这一根本大法，以及法律建构的法秩序下找寻其体系上的定位，方能找到合理的解决办法。[4] 赋予纳税人税法上的协助义务，无疑会增加纳税人对税法的奉行成本，必须有合理根据作为支撑。要探寻纳税人协助义务产生的法理基础，应当从相应的宪法原则和税法基本原则中寻找其合理根据。

1. 税务机关调查课税事实面临的困境

在宪法的法治国家原则之下，纳税人可以要求税务机关必须遵循税法规定，在税收构成要件满足时并且只能在税收构成要件满足时，依据法律

---

① Tipke, Lang, Seer. Steuerrecht, Köln: Dr. Otto Schmidt, 2010, Rz. 172；葛克昌：《行政程序与纳税人基本权》，北京大学出版社 2005 年版，第 9 页。

② 葛克昌：《税捐稽征之正当法律程序之违反及其效力》，中国财税法学研究会 2014 年年会暨第 21 届海峡两岸财税法学术研讨会论文，武汉，2014 年 10 月，第 756 页。

③ 同上。

④ 柯格钟：《税捐稽征协力义务与推计课税》，硕士学位论文，台湾大学，1998 年。

规定的程序和方法，核课并征收税款。作为法定的税收主管部门，税务机关担负着依法课征、保障国家税款及时入库的重要职能，以及对纳税人公平、平等地适用税法，以查明的课税要件事实作为征税依据，这是法治国家原则对税务机关依法行政提出的必然要求。原则上，税务机关作为公共利益的受托人，对课税原因事实负有最终阐明责任。① 然而，税务行政不同于一般行政。税收覆盖到社会生活的各个方面，税务案件本身具有大量性，且证明纳税义务的课税资料大都属于纳税人一方管领，税务机关本身并不直接掌握这些证据，如果完全由税务机关承担阐明课税要件事实的证明责任，势必产生巨大的行政成本，过度侵害纳税人自由权②，且可能因税收核定时效届满不能查明课税要件事实而无法征税③，导致税法的目的不能实现。

在宪法的平等原则之下，要求对相同的事物作相同处理，对不同的事物作不同处理。表现在税法上，应贯彻实质上的平等，即按照不同的给付能力为相异的税收。④ 经济能力较强的主体，其税收负担能力较强，应承担较多税收；反之，经济能力较弱的主体，税收负担能力较弱，应负担较少税收。这就是量能课税原则，是依据宪法平等原则具体化的税收正义的基础原则。⑤ 税务机关在税务行政执法过程中，应当平等对待处于相同地位的纳税主体，不得恣意地对相同地位的主体进行无合法根据的差别对待，否则会违反法律的平等适用和税收公平原则。如果因税务机关在职权调查过程中存在取证困难，放弃对部分纳税人征税，有违税法的公平原则。再者，税务机关作为法定税收主管职能部门和公益受托人，依法核课税收是法定职责的体现，税务机关无权放弃征税。因此，需要通过立法制度的特别设计，消除或缓解税务机关在课税事实调查中面临的困境。

2. 税法上的协助义务是解决税务调查困境的最佳选择

解决税务机关对课税事实的调查困境，存在以下两种解决方法可供

---

① Tipke，Lang，Seer，Steuerrecht，Köln：Dr. Otto Schmidt，2010，Rz. 2.

② 简均俏：《论税捐法定主义下协力义务之研究》，硕士学位论文，台湾中正大学，2007 年。

③ 很多国家都规定了税收核定时效，例如《德国租税通则》第 169 条规定，消费税为 1 年，进口税和出口税为 4 年，逃漏税收时为 10 年，在重大过失短漏税收时为 5 年。参见陈敏《德国租税通则》，台湾"司法院"2013 年版，第 313—314 页。

④ 陈清秀：《税法总论》，元照出版公司 2010 年版，第 47 页。

⑤ 同上书，第 26 页。

选择：

第一种方法是依据"管领理论"，考虑课税事实的证据资料多由纳税人一方管领的特点，将税务机关对课税要件事实的证明责任进行倒置，转换由纳税人承担证明责任。其优势在于能够使税务机关行政执法成本最小化，有效缓解税务机关职权调查原则在实际运作中的困境。但是，纳税人须承担课税要件事实不清的不利后果，即在课税要件事实不能查清的前提下，认定课税要件事实成立并由纳税人承担纳税风险。这必然存在"自证其罪"之嫌，严重背离法治国家税收法定主义的要求和人民基本权有效保障的精神。① 这种方法虽然降低了税务机关征管成本，但以严重侵害纳税人基本权为代价，不符合民主法治国家的内在要求，不足为取。

第二种方法是在职权调查原则下采取"征纳协同主义"，赋予纳税人协助义务。针对税务行政大量性特征，调整与人民权利保护之间的衡平，是首要的税务行政程序问题。② 因课税事实的证据资料偏在于纳税人一方，致使税务机关调查困难并欠缺期待可能性，为确保税务行政行为的正确性与合法性，赋予税务机关对职权课税事实有调查义务的同时，在适度范围内设定纳税人在税法上的协助义务。征纳协同主义是德国税收实务和理论上所称的透过职权调查和协助义务以阐明课税事实的机制。③ 在税务机关的职权调查过程中，辅之以协助义务才有价值，纳税主体有主动参与税务行政程序的权利和义务，征纳双方就课税事实的阐明，形成责任分工的共同体，纳税主体对其管领范围内的课税重要性事实和证据方法，有真实、完整地提出的义务，税务机关正确核定税款，尤其依赖于纳税人诚实的申报。④ 透过征纳双方相互间合作阐明课税事实，可避免举证紧张的状况。⑤

---

① 黄凤娇：《租税法上之协力义务与举证责任》，硕士学位论文，台湾中正大学，2009 年；盛子龙：《租税法上举证责任、证明度与类型化方法之研究——以赠与税课征要件上赠与合意之证明为中心》，《东吴法律学报》2012 年第 1 期。

② 简均俯：《论税捐法定主义下协力义务之研究》，硕士学位论文，台湾中正大学，2007 年。

③ 黄凤娇：《租税法上之协力义务与举证责任》，硕士学位论文，台湾中正大学，2009 年。

④ Tipke, Lang, Seer, Steuerrecht, Köln: Dr. Otto Schmidt, 2010, Rz. 170.

⑤ ［德］Moris Lehner, Stefanie Nasdala：《德国课税程序中之协力义务与举证责任》，谢如兰译，载葛克昌、刘剑文、吴德丰主编《税捐证据法制探讨暨台湾 2012 最佳税法判决》，台湾财团法人资诚教育基金会 2013 年版，第 592 页。

从法经济学的角度分析，规定纳税人在税法上的协助义务，管领课税事实证据资料的一方只需付出较小的经济成本，就能够极大地提高税务机关执法效率，使税务机关较为容易达到对课税要件事实的掌握和依法公平课税的目的。如果缺少纳税人的协助，税务机关则需要费尽周折，耗费大量人力、财力和时间成本才可能获得课税事实的证据资料，在经济成本上比起纳税人因履行协助义务付出的经济成本，要放大若干倍，且达到的效果往往不尽如人意。相比二者的花费的经济成本和达到的法律效果，规定纳税人的协助义务显然对资源的合理配置起到了较好的作用，并由此获得正当性基础。故有必要通过设置纳税人的协助义务这一法律手段促进资源的最佳配置，促使收益结果发生，即提高行政效率并降低行政成本。①

规定纳税人在税法上的协助义务，也有利于对纳税主体的权利保障。透过履行协助义务，纳税主体公开其财产领域，以保全个人私领域不受税务机关职权调查的侵害，有利于保障纳税人受宪法保障的自由权、隐私权和人性尊严②，同时也发挥着尽量缓和并减轻税务机关公权力介入干扰私经济领域的作用。③ 透过协助义务，肯定纳税人在税务行政程序中的主体地位，而不仅仅将其作为受支配的客体，符合宪法规定的民主国家原则。有利于保障纳税人对税收征管程序的参与权，有利于贯彻民主参与精神与民主纳税的思想④，对于激发纳税人的国家主人翁精神，提升其对税法的遵从度，缓解纳税人与国家的对立紧张关系、建立和谐的征纳关系也有着重要意义。同时，它还能够使每个纳税人的课税基础均符合接近实际的课税事实，与税法上实额纳税要求相一致。

因此，本书认为，选择第二种解决方法，即规定纳税人在税法上的协助义务，采用征纳协同主义，对于降低税务行政成本、提高税收征管效率、保障依法课税和税收公平原则以及保障纳税人权利，都起到非常重要的作用，是解决税务机关职权调查困境的最佳途径，故在职权调查原则之下的征纳协同主义具有正当性的理论根据。

---

① 谢地、杜莉、吕岩峰主编：《法经济学》，科学出版社 2009 年版，第 77 页。

② 黄士洲：《征纳协同主义下税捐调查与协力义务的交互影响关系——兼论制造费用超耗剔除的规定与实务》，《月旦法学杂志》2005 年第 2 期。

③ 黄士洲：《税捐协力义务与推计课税》，载葛克昌主编《纳税人协力义务与行政法院判决》，台湾翰芦图书出版有限公司 2011 年版，第 52 页。

④ 陈清秀：《税法总论》，元照出版公司 2010 年版，第 494 页。

三　税法上的协助义务

税法上的协助义务，是指国家在行使税收征管权的税务行政程序中，课予纳税主体和有助于认定课税事实的第三人协助税务机关探知课税事实或者阐明税收法律关系的义务，借助纳税主体和第三人的协助，真实、完整地提出其管领范围内的课税重要事实和证据方法，使税务机关能够掌握与纳税义务相关的课税事实并达到减轻征管成本和正确课税的目的。[①] 由于税务执法实践中对税法上的协助义务常常形成一种误区，将税法上相关主体承担的协助义务混淆为相应的税收核定证明责任，进而作出不利于纳税主体的课税事实认定和税收核定，严重侵害纳税主体的基本权利。为克服这一现象，应当对税法上协助义务具体内容进行分析，在此基础上对税法上的协助义务与税收核定的证明责任进行比较，厘清二者概念和内涵上的区别，有助于我们更好地把握征纳协同主义的内涵。

（一）税法上协助义务的具体内容

税法上负有协助义务的主体，包括纳税主体和第三人。根据协助义务主体的不同，协助义务的内容也有所差异。一般而言，纳税主体的协助义务内容较多，应当履行税务登记、记账及保存账簿、取得及保存凭证、纳税申报、接受调查的协助义务。作为第三人的机关、团体和个人则负有配合税务机关调查的协助义务。归纳起来，税法上的协助义务主要包括以下几个方面的内容。

1. 税务登记义务

税务登记即纳税登记，是税收征收管理程序的首要环节，是指纳税主体对其开业、变动、歇业和生产经营范围依法向税务机关进行登记的义务，包括设立登记、变更登记、注销登记、停业和复业登记、外出报验登记、扣缴税款登记等。[②] 通过履行税务登记义务，纳税主体在最初设立或开展经营活动之初，须将其情况向税务机关办理登记手续，便于税务机关掌握其基本情况，了解税源的分布，有利于控制税源。税务登记的意义在于对税收法律关系的主体资格予以确认、建立规范的征纳关系、增强纳税

---

① 本书对税法上协助义务的概念界定，借鉴了我国台湾地区中正大学简均俏在其硕士学位论文《论税捐法定主义下协力义务之研究》的定义，并在此基础上扩大协助义务的主体范围。参见简均俏《论税捐法定主义下协力义务之研究》，硕士学位论文，台湾中正大学，2007 年。

② 陈少英：《税法学教程》，北京大学出版社 2011 年版，第 351—354 页。

主体的纳税意识，并有助于税务机关建立对税收的监控系统。①

2. 记账及保存账簿、取得及保存凭证义务

账簿即账册，是以会计凭证为根据，由相互联系并具备一定格式的账页组成的簿册，真实、全面且连续地记载纳税人的生产经营活动。② 它主要包括总账、明细、日记账和其他辅助性账簿。凭证即会计凭证，包括原始凭证和记账凭证，是纳税人记录生产经营活动，明确经济责任的证明，是进行账簿登记的依据。③ 账簿的设置和登记，可以把分散在会计凭证上的大量的反映经济活动的资料进行汇总，连续地、全面系统地反映纳税主体经济活动的过程，是进行税源控制和计算应纳税额税重要依据。④ 账簿和凭证是纳税主体记载、核算应纳税额，进行纳税申报的主要数据来源，以及税务机关监督检查纳税人纳税情况的基础环节。⑤ 借助账簿记载事项相互之间勾稽查核，便于税务机关有效防止逃漏税⑥，故税法一般都规定了纳税主体对账簿和凭证的协助义务，要求纳税主体在经济活动中依法取得凭证，并根据合法、有效凭证记账，账簿登记必须真实，不得违法设置账簿，纳税主体应妥善保管账簿、凭证，不得伪造、变造或擅自损毁。纳税主体还应按照相关规定安装、使用税控装置，不得损毁或擅自改动，应按规定报送有关数据和资料。⑦

3. 纳税申报义务

纳税申报是指纳税人在法定期限内通过直接申报、邮寄申报、电子申报、代理申报等方式，就纳税有关事项向税务机关进行报告，是税务机关办理征收业务、核定应纳税款、开具完税凭证、进行税务监督、统计分析以及纳税评估的主要依据。⑧ 负有纳税义务和扣缴义务的单位、个人，均应履行申报义务，通常应填写纳税申报表，根据自己的特定情形，报送相关资料。

---

① 卞耀武：《税收征收管理法概论》，人民法院出版社 2002 年版，第 49 页。
② 张怡主编：《税法学》，法律出版社 2010 年版，第 297 页。
③ 同上。
④ 卞耀武：《税收征收管理法概论》，人民法院出版社 2002 年版，第 67 页。
⑤ 张怡主编：《税法学》，法律出版社 2010 年版，第 297 页。
⑥ 简均侪：《论税捐法定主义下协力义务之研究》，硕士学位论文，台湾中正大学，2007 年。
⑦ 徐孟洲主编：《税法学》，中国人民大学出版社 2005 年版，第 390 页。
⑧ 陈少英：《税法学教程》，北京大学出版社 2011 年版，第 365 页。

4. 调查协助义务

调查协助义务是指在税务机关进行纳税调查过程中，为保障税务机关对应纳税额确定的顺利进行，由纳税主体根据税务机关的要求作出相应说明，提示账册文书等有关证据资料，到指定地点接受询问，或根据案件的具体情况参加勘验、鉴定等。调查协助义务不以纳税主体为限，作为知情的第三人包括工商机关、房屋主管机关、土地主管部门、金融机构、证券交易所等有关机关、团体和个人，也负有依据税务机关的要求提示有关证据资料的协助义务。在涉及境外税务调查①的场合，往往需要根据请求国与被请求国之间签订的《情报交换协议》明确的方式提供调查协助。

（二）税法上的协助义务与税收核定证明责任的区辨

税收核定证明责任的分配是指由征纳双方中的哪一方提供证据证明课税要件事实，以及该事实真伪不明时，由哪一方承担不利益风险。具体而言，是指由税务机关承担由此产生的不征税或者不增加税收的不利后果，还是由纳税人承担纳税或税收不能获得减免的不利后果。② 税法上的协助义务和税收核定的证明责任是与课税要件事实认定以及核定纳税人应纳税额十分紧密的一对范畴，在实务上容易引起混淆。有人认为，税法上的协助义务等同于协助义务主体对税收核定证明责任的承担，即把税收核定的证明责任分配给协助义务主体。③ 实际上，二者是本质不同的范畴。准确把握二者之间的差异性，对税收核定证明责任的具体分配有着极为重要的意义。本书认为，税法上的协助义务与税收核定的证明责任主要存在以下几个方面的区别：

第一，本质和设立目的不同。税法上的协助义务，本质上是纳税主体和第三人共同参与税务机关阐明课税要件事实的手段和方法。其设立目的主要是克服课税事实不明妨碍税收请求权的行使④，解决税务机关在对课税要件事实调查过程中因人力、物力、时间成本等资源不足所面临的困境，降低税务机关调查成本并提高行政效率，有助于税务机关查明课税要件事实并实额课税，贯彻法治原则和税收公平原则，有利于保护纳税主体

---

① 境外税务调查，是指通过申请国税务机关代表参与被请求国税务调查的方式获取纳税信息。参见廖益新主编《国际税法学》，高等教育出版社 2008 年版，第 305 页。

② 罗子武：《租税稽征程序举证责任之研究》，硕士学位论文，台湾中兴大学，1998 年。

③ 这在税务机关的执法实践中较为常见，很多税务工作人员持这种观点。

④ 陈敏：《德国租税通则》，台湾"司法院" 2013 年版，第 160 页。

的权利。税收核定证明责任的分配，本质上是课税要件事实无法查明时，对事实认定的风险和不利后果的分配。其设立目的是法律为解决课税要件事实无法查清状态下对事实的认定问题。具体地讲，税收核定证明责任的分配，包括针对课税要件事实提供证据的责任和说服责任的分配。说服责任是在课税要件事实处于真伪不明的条件下，假定该事实成立或不成立并由税务机关在此基础上明确是否作出税收核定，是对假定事实存在与否作出的相应法律效果的风险分配，以及解决事实真伪不明的法律方法和法律机制。[①] 正是基于证明责任的分配，使得纳税主体或税务机关能够预测到案件事实认定结果，并进一步预测相应税收核定行政决定的不同后果，为避免适用说服责任带来的不利后果，证明责任的承担者往往会积极履行提供证据的责任，以便提出有利于己方的事实，能够获得"事实裁判者"的支持。

第二，适用的范围不同。首先，二者适用的主体范围不同。税法上负有协助义务的主体，包括纳税主体和第三人。第三人本身不承担纳税风险，但基于对课税要件事实知情或课税要件事实的证据资料在其管领控制范围之内，依法承担协助阐明课税要件事实的义务。而税收核定的证明责任，只能在税务机关与纳税人之间进行分配，不能分配给第三人，第三人不应承担相关课税事实认定的不利后果。其次，二者适用的阶段不同。在适用的阶段上，税法上协助义务，适用于税收行政程序各个阶段，不局限于税收核定程序，而税收核定的证明责任仅适用于税收核定程序这一特定阶段，并且只能在税收核定依据的课税要件事实存在真伪不明的前提条件下适用。

第三，违反义务的后果不同。对于税收核定证明责任的承担者，可能是纳税人，也可能是税务机关，如果不能完成相应的证明责任，则在课税要件事实出现真伪不明时，承担纳税义务是否成立及应纳税额的重新核定的相应不利后果。违反税法上的协助义务，在法律后果上视义务主体而有所区别。在协助义务是第三人的场合，因第三人不是税收核定案件本身的当事人，违反义务一般只需承担相应的行政责任，但无须承担证据法上的不利后果。违反协助义务的纳税人则可能需要面临证据法上的不利后果和行政责任。就其在证据法上的不利后果，多数观点认为纳税人未履行税法

---

① 霍海红：《证明责任：一个功能的视角》，《北大法律评论》2005 年第 1 期。

上的协助义务，不影响证明责任的分配和转换，但会产生证明程度的降低。① 由于违反协助义务导致税务机关调查困难或花费过巨，得以推计的方式核定。② 此时如果纳税人对推定的税收存在异议，必须提出反证予以推翻。③ 也有少数观点认为，违反税法上的协助义务，将导致证明责任的倒置。④

第四，是否可以拒绝适用存在不同。税法上的协助义务，不得侵害法治国家基本权的核心领域，也不得逾越比例原则。⑤ 它要求协助的事项应以调查课税事实为必要，协助义务者对履行具有期待可能性⑥，否则相关主体有权拒绝履行协助义务。此外，考虑到某些特殊职业的从业人员与他人之间的特别信赖关系，顾全亲属间的信赖关系和法治国家的道德基础，避免协助义务与亲属间的忠诚义务发生冲突，通常规定第三人有基于职业秘密的原因或亲属关系而拒绝履行协助义务；如果履行协助义务可能导致本人面临受追诉危险时，也可行使拒绝履行的权利。⑦ 税收核定的证明责任作为待证事实无法查明时认定事实的辅助机制，则不得拒绝适用，也不得通过征纳双方协商进行变更或排除适用。

通过上述分析比较，税收法上的协助义务与税收核定的证明责任无论在本质和设立目的、适用的范围、违反义务的后果以及是否可以拒绝适用等方面，均存在诸多不同。在通常情况下，税法上的协助义务尤其是纳税人在接受税务调查过程中履行的协助义务，不构成税收核定证明责任的承担。协助义务要上升为证明责任，必须以法律明确规定为依据。

---

① 柯格钟：《税捐稽征协力义务与推计课税》，硕士学位论文，台湾大学，1998 年。
② Roman Seer, Verständigungen in Steuerverfahren, Köln: Dr. Otto Schmidt, 1996, pp. 176 – 192.
③ 葛克昌：《协力义务与纳税人基本权》，载葛克昌主编《纳税人协力义务与行政法院判决》，台湾翰芦图书出版有限公司 2011 年版，第 10 页。
④ 黄士洲：《税务诉讼的举证责任》，北京大学出版社 2004 年版，第 190—191 页。
⑤ 葛克昌：《协力义务与纳税人基本权》，载葛克昌主编《纳税人协力义务与行政法院判决》，台湾翰芦图书出版有限公司 2011 年版，第 4 页。
⑥ 陈敏：《租税稽征程序之协力义务》，《政大法学评论》1988 年第 37 期。
⑦ 《德国租税通则》第 101 条、第 102 条以及第 103 条对此有专门的立法规定，参见陈敏《德国租税通则》，台湾"司法院"2013 年版，第 185—191 页；陈敏《租税稽征程序之协力义务》，《政大法学评论》1988 年第 37 期。

第二节　税收核定证明责任分配的一般规则

大陆法系和英美法系在税收核定证明责任的分配规则方面，既有一些相似之处，同时基于不同的法律传统和价值取向，又表现出较大的差异性。在税收核定证明责任的分配规则上，大陆法系通常以"规范有利说"为基础，英美法系通常遵循普通法判例并以"公定力说"为基础。通过对不同法系的代表性国家和地区与税收核定证明责任相关的立法、理论、判例进行研究、分析和比较，有助于税收核定证明责任分配的一般规则的科学路径选择。

一　职权调查原则下税收核定有无形式证明责任之争

本书在第一章第二节已明确证明责任有形式意义和实质意义之分。不同法系对其称谓有所差异，但本质上相同。形式证明责任可在双方当事人之间转换，实质证明责任一经确定后，不发生转换，自始至终由一方当事人承担。

英美法系在税收核定争议案件中，引入证明责任分层理论，认为无论是在税收核定行政程序还是税收核定诉讼程序中，证明责任均由提出证据的责任和说服责任两部分构成。在大陆法系国家和地区，对于税收核定是否同时存在主观证明责任和客观证明责任，则存在分歧。多数意见认为，主观证明责任基本上属于辩论主义的产物，与辩论主义密不可分。而在职权调查主义之下，税务行政程序和税务诉讼程序均遵循职权调查原则，即使纳税人没有提供证据，税务机关和法院也负有探明课税事实的义务，应依职权调查案件事实，对课税事实负有阐明责任，除法律另有规定除外，原则上不存在主观证明责任[1]，对税收核定依据的课税事实，纳税人一方没有提供证据予以证明的责任。当待证事实无法查明时，根据客观证明责任的分配确定不利益的归属，故仅有客观证明责任存在。[2] 少数意见则认为，纳税人的主观证明责任只有在职权调查有结果时才得以真正免除[3]，

---

① Wolfgang Jakob, Abgabenordnung , Muenchen：Beck, 2010, Rn. 185.

② 陈敏：《德国租税通则》，台湾"司法院"2013 年版，第 151 页。

③ Tipke, Kruse, Kommentar zur AO und FGO（LFG 117），Köln：Dr. Otto Schmidt, 2007, Tz. 78；Martens, Die eigenartige Beweislast im Steuerrecht, StuW, 1981,（1），p. 326.

如果税务机关调查无结果，对处于真伪不明的课税事实，纳税人仍有可能承受客观证明责任分配引起的不利后果。在此情况下，其主观证明责任并没有真正免除，从这个角度看，主观证明责任并没有在职权调查原则中失去意义，故主观证明责任仍然存在。①

对于职权调查主义下是否存在主观证明责任的意见分歧，本书赞成后者的观点。在职权调查主义下，同样存在主观证明责任（形式证明责任），这是由主观证明责任和客观证明责任的功能配合及当事人最终承担证据风险的后果决定的。② 在税收核定的证明责任中，主观证明责任和客观证明责任作为证明责任不可分割的两个组成部分，各自发挥着不同的作用。客观证明责任具有方法论和责任分配双重功能。其方法论的功能，是指当课税要件事实处于真伪不明的状态下，客观证明责任为裁判者进行事实认定提供规范基础。其另一种责任分配的功能，是指客观证明责任为证明责任的分配提供可预测性的基本规则和对证据风险责任的可预见性。客观证明责任不仅在课税要件事实处于真伪不明时才发生作用，作为一种内定的法定责任，早在诉讼开始前已经预置，并在诉讼开始时决定主观证明责任的初始分配。主观证明责任作为行为责任，回答的是在具体案件中，征纳双方中的哪一方在何种事实上在何阶段应负具体的证明责任。它作为客观证明责任在行政程序或诉讼程序中的投影，目的在于使当事人为避免最终因事实不明产生的不利后果，通过自己的活动对争议事实进行证明。③ 客观证明责任在程序中对主观证明责任产生的影响主要体现在：客观证明责任决定着主观证明责任的初始分配，即决定主观证明责任的起点，但并不决定主观证明责任的具体运行和终点。负有客观证明责任的一方当事人负有首先提供本证的义务。当承担客观证明责任的一方提出本证，并在裁判者的内心形成心证后，对方需要提出反证，以此削弱或动摇裁判者对本证的心证，使裁判者内心作出对己方有利或不利于对方的事实

---

① 黄茂荣：《税法总论（税捐法律关系）》（第三册），植根法学丛书编辑室 2008 年版，第571 页；Seerliger, Beweislast, Bewisverfahren, Beweisarten und Beweiswürdigung im Steuerprozeβ, Berlin: Erich Schmidt Verlag, 1980, p. 28。

② 丁一：《主客观举证责任关系辨析——兼论职权调查主义原则下有无主观举证责任之存在》，载葛克昌、刘剑文、吴德丰主编《税捐证据法制探讨暨台湾 2012 最佳税法判决》，台湾财团法人资诚教育基金会 2013 年版，第 337 页。

③ ［德］汉斯·普维庭：《现代证明责任问题》，吴越译，法律出版社 2006 年版，第 10—11 页。

认定。主观证明责任并非固定由一方当事人承担，它会随着反证的必要而发生转换，根据裁判者的临时心证在双方当事人之间相互转换。承担主观证明责任的一方当事人并不必然承担败诉的不利后果，但会影响到对裁判者的心证，从而对案件的最终处理结果产生影响。

主观证明责任与客观证明责任在各自发挥功能的基础上，寻求更加密切的配合，以实现证明责任的证据法功能。客观证明责任引导着主观证明责任在征纳双方之间不断发生转换。在税收核定行政程序或诉讼程序终结时，如果课税要件事实仍处于真伪不明的状态，则需按照客观证明责任分配不利益的归属，由客观证明责任的承担者负担不利后果。在职权调查主义下，税务机关依职权在税收核定行政程序中对课税事实进行调查，司法机关在诉讼程序中依职权调查课税事实，负有阐明义务，并不等同于负有调查职能的机关因此承担证明责任。职权调查的目的在于对课税事实的调查和认定不受制于纳税人的行为，尽可能客观、全面地掌握课税事实，以达到或尽可能接近实额课税，贯彻依法课税原则。职权调查证据有可能改变证据的来源方式，某些证据可能不是直接来源于当事人提供，而是由税务机关或法院依法调取获得，但并不因此导致证明责任的分配失去意义。①

在税收核定行政程序或诉讼程序中，当税务机关或法院已尽到职权调查义务而待证事实仍无法查清的，应适用客观证明责任的分配确定由一方当事人承担课税事实不明的不利后果。税收核定的客观证明责任是事先预设的，可以预测的。主观证明责任作为客观证明责任的投影，在程序的推进中起着十分重要的作用。如果承担客观证明责任的一方当事人，积极履行提供证据的责任，有助于裁判者对课税要件事实的查明，防止待证事实处于真伪不明的状态，并可有效避免裁判者适用客观证明责任给己方造成的不利后果。反之，如果否定职权调查主义下存在主观证明责任，或者负有客观证明责任的一方当事人不积极履行提供证据的主观证明责任，当税务机关或法院依职权调查证据未果不能获得心证时，该当事人最终将承担事实真伪不明的不利后果，同时也变相承担了主观证明责任带来的证明

---

① 丁一：《主客观举证责任关系辨析——兼论职权调查主义原则下有无主观举证责任之存在》，载葛克昌、刘剑文、吴德丰主编《税捐证据法制探讨暨台湾 2012 最佳税法判决》，台湾财团法人资诚教育基金会 2013 年版，第 354 页。

风险。

在职权调查主义的行政程序或诉讼程序中，一方当事人为追求课税事实的调查向有利于自己的方向推进，会尽可能向税务机关或法院提供证据，这正体现了主观证明责任对客观证明责任的先行效力。因此，无论采取职权调查主义还是辩论主义，课税要件事实真伪不明的最终不利后果只能由一方当事人承担，在结果责任的逼迫之下，主观证明责任必定存在。① 那种认为在职权调查主义下，无主观证明责任存在的观点，忽略了主观证明责任在整个证明责任中发挥的功能和作用，割裂了主观证明责任与客观证明责任的内在联系，是不能成立的。无论在职权调查主义还是辩论主义模式下，都存在税收核定的形式证明责任和实质证明责任。

二　纳税人享有诚实推定权

20 世纪 80 年代以来，对纳税人的权利保护越来越受到世界各国和地区的重视②，很多国家都建立起一整套纳税人的权利体系，纳税人的诚实推定权作为象征纳税人基本人格尊严的权利，已经成为纳税人非常重要的权利组成部分，应当在税收核定的证明责任分配中得到贯彻和维护。可以把纳税人的诚实推定权看作"无罪推定原则"在税法领域纳税人权利体系中的延伸。纳税人的诚实推定权是指，当税务机关在无确切证据证明某一税务违法事实存在的情况下，应认定纳税人是诚实的、值得信赖的、无过错的，直至税务机关有足够证据推翻这一认定。③ 纳税人的诚实推定权在提供的账册和会计记录方面具体表现为：一般情况下，纳税人无须对其提供的账册和会计记录的真实性承担证明责任，纳税人的账册和会计记录通常推定具有真实性，除非税务机关能够提供证据推翻对账册和会计记录真实性的推定。在税收核定证明责任的分配中，纳税人享有的诚实推定权是一项法定权利，纳税人通常不需提供证据证明自己已经诚实地履行纳税申报、缴纳税收、提供真实的账册及会计记录等税法规定的各项义务，便

---

① 丁一：《主客观举证责任关系辩析——兼论职权调查主义原则下有无主观举证责任之存在》，载葛克昌、刘剑文、吴德丰主编《税捐证据法制探讨暨台湾 2012 最佳税法判决》，台湾财团法人资诚教育基金会 2013 年版，第 356 页。

② 汤贡亮：《纳税人权利保护与〈税收征管法〉的修订》，载葛克昌、汤贡亮、吴德丰主编《两岸纳税人权利保护之立法潮流》，台湾财团法人资诚教育基金会 2011 年版，第 9 页。

③ 涂龙力主编：《税收基本法研究》，东北财经大学出版社 1998 年版，第 147—148 页；刘剑文主编：《纳税主体法理研究》，经济管理出版社 2006 年版，第 67 页。

可视为纳税人已诚实履行税法义务。如果要主张纳税人有未诚实进行纳税申报，提供虚假的账册和会计记录或存在逃避税收等欺诈行为，则应由税务机关提供相反的证据证明。在税务机关履行该证明义务之前，纳税人的诚实推定权不被推翻。

许多国家已确立纳税人的诚实推定权。例如，《澳大利亚纳税人宪章》规定，纳税人对纳税事宜的处理和陈述应推定为诚实，提交的资料应推定为完整、准确，税务机关有反证的除外。《加拿大纳税人权利宣言》规定：除相反证据证明外，纳税人享有诚实的认定权。《美国税法典》规定，在涉及请愿人是否意图逃税的欺诈犯罪的任何程序中，由财政部长承担证明责任。[1]《美国联邦税务法院诉讼规则》规定，涉及意图逃税的税务欺诈民事案件中，关于该事实的证明责任由联邦税务局局长证明。[2]《法国税收程序法》第 L192 条规定，税务纠纷或者税收修正由法官审理的，无论情况如何，税务机关对其提及的严重不规范账目有举证责任；第 L195A 条规定，对于直接税、增值税及其他营业税、登记税、土地公开税和印花税，在对纳税人执行的税务罚款提出质疑时，税务机关对不诚信和欺诈行为都负有举证责任。《德国租税通则》在第 158 条"账册制作的证明力"条款中作出有利于纳税人的推定，规定纳税人制作的账册和会计记录，在形式上符合法律规定，其内容即被推定为真实，应当作为税收的课征依据，但是依个案情形有足够怀疑其内容真实性的理由除外。该推定只能以反证推翻，不能以单纯的怀疑否认推定的效力。经证据证明，如果纳税人的账册和会计记录在形式上符合法律规定，但内容不真实的，不得作为课税的依据，此时由税务机关进行推定课税。[3]

三　大陆法系税收核定证明责任分配的一般规则

（一）大陆法系税收核定证明责任分配一般规则的基本内容

在大陆法系职权调查主义的影响下，税务机关依职权调查课税事实，对课税事实负有阐明义务。职权调查受税收稽征经济原则和纳税人基本权保护之限制，调查无期待可能性时，税务机关不再作进一步的调查。如果

---

① I. R. C. §7454（a）.

② Rules of Practice and Procedure of the United States Tax Courts（2012），Rule 142（b）.

③ 陈敏：《德国租税通则》，台湾"司法院"2013 年版，第 287 页。

税务机关已尽到职权调查义务，课税事实仍无法查清，则仍需根据客观证明责任的分配规则，在征纳双方之间对课税事实真伪不明引起的不利后果进行分配。

以德国诉讼法学者莱奥·罗森贝克为代表的"法律规范要件说"（也称"规范说"）在大陆法系国家和地区产生了巨大的影响，成为分配客观证明责任的基本根据。罗森贝克认为，在证明责任分配问题上，当事人的角色对其不产生影响。① 权利主张者必须证明权利产生的事实，即对其请求赖以存在的法律规范的前提条件的事实已经实现进行证明；否定权利者必须对权利妨碍规范、权利消灭规范及权利排除规范的前提条件的事实承担证明责任。② 在此基础上发展的"规范有利说"（Normen begünstigungstheorie），也称"法条受益理论"，成为大陆法系国家和地区处理包含税收核定在内的税务案件证明责任分配实务中公认的基本原则。③ "规范有利说"认为，主张有利于自己的法律效力者，必须提供证据证明联结该法律效力的积极构成要件的要件事实存在，原则上在此范围内他应承担证明责任，除法律另有规定外，对方对该要件事实不承担证明责任。④ 一方当事人依"规范有利说"承担证明责任的依据在于，由于该积极事实的积极要件或消极要件满足时，他将获得权利或者不负担义务，从而获得相应利益。这里的消极要件不同于消极事实，消极要件是对税收债务存续的消极性而言的，消极事实是相对于积极事实而言，通常不宜将消极事实作为证明对象，例如未发生购货行为属于消极事实无须举证。而积极事实则可划分为积极要件和消极要件，因积极要件或消极要件的适用而获得利益一方，应分别对积极要件或消极要件的积极事实承担证明责任。⑤

在德国，实务中引入其民事诉讼法发展出来的"规范有利说"，对争议的课税事实属于税收债权的增加或减少造成的后果进行分析，当存在争议的课税事实引起税收债权的增加，则应由税务机关举证；反之，税收债

---

① ［德］莱奥·罗森贝克：《证明责任论——以德国民法典和民事诉讼法典为基础撰写》（第四版），庄敬华译，中国法制出版社2002年版，第183页。

② 同上书，第111页。

③ 黄茂荣：《税务诉讼上的举证责任》，《植根杂志》2007年第12期。

④ 同上。

⑤ 同上。

权不成立以及造成税收债权减少的课税事实由纳税人举证。[①]在德国税法中，有一些零散的规定能够透视出立法对"规范有利说"的运用。例如，《德国租税通则》第 160 条关于"债权人或给付受领人的说明"规定，经税务机关要求，纳税人不能确实指明债务、营业支出、营业费用和其他支出的债权人或受领人，对该债务、费用、支出通常不予考虑。这里所指的债务、费用和支出，系税收债权减少的事实，属于纳税人证明责任范围。如果纳税人不能指明债权人或受领人，则税务机关不予认定。又如，法国在《税收程序法》第 L191 条中规定：依照税收定额程序确定税收的，申请减征税款的纳税义务有举证的责任；第 L193 规定：在任何实行自动确定税收的情况下，申请减征税款的纳税人都有举证的责任。在日本，同样认为应当以民事诉讼上通用的"法律要件说"作为分配税收核定的证明责任的依据，作为税收债权人的国家或地方政府，应就构成权利发生要件的事实承担证明责任；纳税人作为税收债务人，应当对构成权利障碍要件（例如税收优惠措施的适用要件）以及权利消灭要件的事实承担证明责任。[②]我国台湾地区"行政诉讼法"第 136 条也引入民事诉讼法的"规范有利说"，在"证明责任分配原则"中规定，除该法另有规定外，准用"民事诉讼法"第 277 条规定，即当事人对其主张有利于己的事实承担证明责任，法律另有规定或显失公平的除外。在我国台湾地区的税收核定证明责任实务中，对于税收债务发生和增加的有关构成要件中的积极要件，由税务机关承担客观证明责任，这些要件事实主要包括税收主体资格、课税方法和应适用的税率、税基计算的加项、税率或特种税率的适用要件、营业人申报的进项税额、隐藏的盈余分配或薪资等；纳税人作为税收债务人，对税收债务消灭或减免有关的构成要件中的消极要件承担客观证明责任，这些消极要件事实主要包括税基计算中的成本费用、损失、减免税或扣除事由等减项，遗产及赠与税免于计算的要件事实和税基计算中的免税和扣除事实，营业税的免税要件事实、进项税额和销项税额之间的关联，

---

① ［德］Moris Lephner, Stefanie Nasdala：《德国课税程序中之协力义务与举证责任》，谢如兰译，载葛克昌、刘剑文、吴德丰主编《税捐证据法制探讨暨台湾 2012 最佳税法判决》，台湾财团法人资诚教育基金会 2013 年版，第 595 页。

② ［日］金子宏：《日本税法》，战宪斌等译，法律出版社 2004 年版，第 547—548 页。

适用优惠税率的构成要件事实等。①

关于"规范有利说"在司法实践中的运用，下面以我国台湾地区台北高等行政法院受理的智英科技股份有限公司（以下简称智英科技）诉被告台湾北区国税局（以下简称北区国税局）营利事业所得税核定纠纷行政诉讼案为例予以说明。② 原告智英科技于 2004 年度申报的营利事业所得税中，列报其他费用新台币 2154 万余元，其中 714 万余元是支付给案外人智英实业公司的专利权费用（该笔款项是智英实业公司的权利金收入 750 万元扣除营业税 5% 后的金额，依据专家鉴定公司出具的鉴定报告得出）。北区国税局在税收核定程序中认为，智英科技未提供智英实业公司专利权开发成本的证明文件，且专利权的超额收益预估营业净利大大低于鉴定报告的预估金额，不具实际价值，加之智英科技与智英实业公司的法定代表人相同，智英实业公司近两年处于亏损状态。基于上述因素考虑，北区国税局核定将该笔专利费用剔除。智英科技不服北区国税局的税收核定行政处分，通过复查诉愿程序处理后仍不服，遂向台北高等行政法院提起行政诉讼，主张其实际出价与鉴定报告的数额相当，请求撤销诉愿决定和核定处分关于不予认列其他费用 714 万余元部分。本案争议的焦点在于：原告申报的支付给智英实业公司的专利权费用 714 万余元，被告不准许作为其他费用扣除是否合法？台北高等行政法院认为，对课税处分的要件事实，基于依法行政原则，属权利发生的事实，有关营业事业所得加项的收入，应当由税务机关承担证明责任；有关所得计算基础的减项，即成本和费用，属于权利发生后的消灭事由，故有关成本和费用存在的事实，无论从上述证据掌控或利益归属的角度，均应由主张扣抵的纳税人智英科技承担证明责任。原告列报的其他费用 714 万余元的相关事实如果不明，应由原告承担客观证明责任。智英实业公司在专利权取得期间的营利事业所得税结算申报列支的研发费，仅为 110 万余元，与原告提供的力华资产鉴定股份有限公司出具的鉴定报告书认定的 3410 万余元以及华信资产鉴定股份有限公司出具的无形资产鉴价报告认定的 3414 万余元专利开

---

① 黄茂荣：《税法总论（税捐法律关系）》（第三册），植根法学丛书编辑室 2008 年版，第 598—602 页。

② 台北高等行政法院 97 年度诉字第 3231 号判决，http：//www. rootlaw. com. tw/Book Content. aspx？Page = 1&TOID = 81447&LCode = 57&Year = 97&TWord = % e8% a8% b4&TNumb = 3231&Conj1 = AND&Conj2 = AND&CCode = 57。

发成本相差太远，且原告和智英实业公司两家单位的法定代表人相同，原告又未能提供智英实业公司取得专利期间的专利权价值和开发成本内容、记录和证明材料予以核实，原告的主张难以采纳。按照我国台湾地区营利事业所得税查核准则，智英科技应当对专利权费用支出的合理性承担证明责任并提出确实的证明文件，但该公司提供的资料无法与鉴定报告的内容形成勾稽核对。系争授权的标的物属智英实业公司，智英科技应尽协助义务提供鉴定单位所依据的成本凭证，以及核算系争各项专利计算明细的计算过程资料以供核实，但原告提供的智英实业公司的相关年度的结算申报书和财产目录明细表等资料无法与鉴定报告内容相印证。据此，台北高等行政法院作出 97 年度诉字第 3231 号判决驳回原告起诉。智英科技不服一审判决，上诉至我国台湾地区"最高行政法院"，该院以 101 年度判字第 155 号判决驳回上诉。

本案中，双方对"原告主张的支付给智英实业公司的专利权使用费 714 万余元应否准予列支"形成争议，判定该问题必须先明确原告主张的事实"支付给智英实业公司专业权使用费 714 万余元"是否能够成立。该事实即本案待证事实（证明对象），台北高等行政法院按照"规范有利说"作为分配客观证明责任的根据，因该事实属税收债权消灭的要件事实，应当由主张权利消灭的纳税人智英科技承担证明责任。智英科技虽然提供了两家鉴定公司的鉴定报告，但与专利权人智英实业公司取得专利权期间申报的营业事业所得税结算列报的开发成本 110 万元有巨大差异，北区国税局提出质疑，智英科技并未进一步提出证据证明其主张，未尽到证明责任。最终，当争议事实处于真伪不明的情况下，法院按照客观证明责任的分配规则，将课税事实不能确定的不利后果分配由智英科技承担，即智英科技支付智英实业公司专利权费用 714 万余元不能认定，不能作为其他费用在营利事业所得税的结算申报中予以列支，故原告败诉，北区国税局原作出的核定处分合法。

（二）对大陆法系税收核定证明责任分配一般规则的评价

"规范有利说"主要是包含德国、日本、我国台湾地区等在内的大陆法系国家和地区在税收核定行政程序与税收核定税务诉讼程序中分配证明责任的基本根据，通常与职权调查主义相结合。当职能机关（在税收核定行政程序中主要指税务机关，在诉讼程序中主要指法院）尽到职权调查义务后，对税收核定的课税基础事实仍无法查明时，除法律另有规定除外，将事实真伪不明的不利后果归属于该事实导出有利法律效果的一方当事人承担。在税收核定程序中，税务机关应当对其主张的税收债权成立和增加的事实承担证明责任，与法治国家依法行政原则的要求是一致的。根据依法行政原则的要求，在没有法律授权的情况下，税务机关不能够合法作成包括税收核定行政处分在内的一切行政行为。税收核定行政处分必须具有法律的授权，在满足法定税收构成要件的条件下，税收核定才具有合法性。如果作为课税构成要件的事实不清，税收核定处分不得作出，否则不合法。此时税务机关依法行政原则与证明责任的分配结合在一起，在依法行政原则下，行政行为的合法性和合要件性便成为证明责任的核心问题。[1] 税收的无偿性和强制性决定了税务行政属于侵益行政，为避免税务机关滥用自由裁量权侵害纳税人的基本权，作为税收征收基础的核定决定，必然进行严格的限制。当课税事实无法证明时，不能对纳税人核课税收，故对税收债权成立和增加的事实应当由税务机关承担。如果与之相关的待证事实真伪不明，税务机关不能作出对纳税人不利的税收核定。将税收债权成立和增加的证明责任分配给税务机关，符合税务机关"先取证，后裁决"的税务执法程序，有利于督促税务机关依法行政以及对纳税人权利的保护，与法治国家依法行政原则的要求是一脉相承的。

"规范有利说"作为税收核定证明责任的分配基础，其优越性还体现为，它并非把所有课税事实的证明责任全部分配给作为税收债权人的税务机关承担。对于税收债权的妨碍、消灭和排除的消极要件事实，由税收债务人即纳税人一方承担。这样既保障了税务机关依法行政，又能促使纳税人为获得税收债权不成立、减少或免除的事实认定带来的有利法律后果，对其主张的消极要件事实尽力从事举证活动，充分发挥举证的积极性[2]，且符合一般的社会观念和公平正义的价值理念。[3] 此外，作为税收债权的减项事实通常属于个案中较为特殊的情况，因个案的具体情况存在差异性，并非一般的税收核定案件必然具备的要素，税务机关一般情况下未能掌握这些情况，纳税人则较为知情，由纳税人承担证明责任，有利于降低证明成本并提高举证活动的可行性和功效，实现举证活动的成本最小化和

---

① 黄士洲：《税务诉讼的举证责任》，北京大学出版社 2004 年版，第 55 页。
② 叶自强：《罗森伯格的举证责任分配理论》，《外国法译评》1995 年第 2 期。
③ 陈荣宗：《举证责任之分配》（二），《台大法学论丛》1978 年第 2 期。

收益最大化，贯彻税务机关的稽征经济原则。

此外，"规范有利说"作为税收核定行政程序和诉讼程序中共同遵循的证明责任分配规则，按照要件事实的性质而不是以当事人在不同程序中的法律地位，作为划分证明责任的根据，避免因法律地位的变化引起证明责任出现差异，有利于在不同程序中实现证明责任分配的一致性，增强征纳双方对证明责任分配的可预测性，避免在不同程序中证明责任发生断层给征纳双方造成认识上的错乱，维护法的安定性。

总体而言，"规范有利说"作为税收核定证明责任的分配基础，既是法治国家依法行政原则的体现，又能有效调动征纳双方对于待证事实举证的积极性，有利于课税要件事实的查明，合理兼顾公平与效率价值，并增强征纳双方对证明责任分配的可预见性，是一种较为理想的税收核定证明责任分配规则。正因如此，它成为大陆法系国家和地区税收核定证明责任分配的通说，并长期受到法学界的推崇和司法界的重视。①

四　英美法系税收核定证明责任分配的一般规则

（一）英美法系税收核定证明责任分配一般规则的基本内容

英美法系与大陆法系在证据法领域存在较大差异，表现在税收核定的证明责任分配规则上，二者也各有特色。与大陆法系国家以"规范有利说"作为税收核定行政程序和诉讼程序分配证明责任的基础有所不同，英美法系国家通常遵循"谁主张谁举证"的证明责任分配规则。英美法系国家的政治体制和权力运行机制也不同于大陆法系国家，且在英美法系内部，基于行政程序和司法程序有着不同的目标和内在机制，决定着英美法系国家不仅在税收核定领域的证明责任分配与大陆法系国家存在差异，且英美法系国家的税收核定行政程序和诉讼程序的证明责任分配规则也不尽相同。

在税收核定行政程序中，税务机关担负着依法核定的行政职能，在法律授权的范围内展开对课税原因事实的调查活动，以获取执法活动必需的信息。在行政调查中，税务机关必须遵守立法规定的标准及程序。在行使调查权时往往享有自由裁量的权力，但是调查权只能用于合法的目的，受到宪法的限制，不能滥用自由裁量权。以美国为例，法律授予行政机关的

---

① 叶自强：《罗森伯格的举证责任分配理论》，《外国法译评》1995 年第 2 期。

调查权如果违反宪法，则违反宪法的该项法律会被法院宣告无效。① 美国联邦税务局的税收核定受《美国联邦行政程序法》的约束，在证据规则上适用其中第 556 节（d）款的规定，除法律另行规定外，法规和裁定的提议者应当承担证明责任。在税收核定行政程序中，联邦税务局往往作为"提议人"，根据《美国联邦行政程序法》之规定，承担主要的证明责任，体现了现代法治国家依法行政原则的基本要求。但是，依据《美国联邦行政程序法》第 556 节（d）款的规定，并不意味着只有税务机关才负有证明责任，凡是主张某种事实的人，对其主张的事实也应承担证明责任。总体而言，行政程序法遵循"谁主张，谁举证"的证明责任分配规则，较为原则、抽象，不够明确具体。在税收核定行政程序中，证据责任由提出证据的责任和说服责任组成。证明责任最初由肯定某项事实的一方当事人对其主张的事实提出证据，当其提出的证据形成表面的证明力量，则可假定成立，提出证据的责任转换至对方当事人，由对方提出反证支持其主张的事实，证明他方当事人提供的证据存在错误，不能成立。如果对方当事人提供的反证形成表面的证明力量，开始提供证据的一方当事人有义务继续提供证据，反驳对方的证据。这样，提供证据的责任在双方当事人之间发生转换。② 说服责任是当事人提供的证据具有足够的证明力，能够确定其主张的事实。③ 它自始不发生转换，始终由一方当事人承担。

　　英美法系国家较为注重在程序上对纳税人权利的救济和保障。以美国为例，在税收核定作出后或在作出过程中，纳税人对税收核定或税收认定的应纳税额存在争议的，允许以起诉等方式寻求救济，从而保障其权利的实现。在美国的税收核定程序中，如果联邦税务局发现纳税人存在欠税，需向其签发欠税通知（notice of deficiency），该通知被视为确认或认定，相当于一种预告。欠税通知发出后 90 日内，纳税人可向税务法院起诉，在法院作出裁决前，联邦税务局不能核定税收。如果纳税人不起诉，90 日期满后，联邦税务局可根据欠税通知进行税收核定。④ 税收核定前，纳税人无须缴纳税款即可以欠税争议向税务法院起诉要求确认欠税是否存

---

① 王名扬：《美国行政法》（上），中国法制出版社 2005 年版，第 326 页。
② 同上书，第 468—469 页。
③ 同上书，第 468 页。
④ 熊伟：《美国联邦税收程序》，北京大学出版社 2006 年版，第 99 页。

在。纳税人也可以选择另外的救济途径，如果在税收核定后，纳税人不服核定结果，须先缴纳税款再向联邦索赔法院或联邦地方法院起诉，要求返还溢缴的税款。在税务诉讼中，尤其是在联邦税务局的欠税通知作出后，至税收核定处分最终作出以前，税收核定的行政程序和诉讼程序存在交叉，税务法院在欠税争议诉讼中对证明责任的分配，为征纳双方在行政程序中证明责任的分配提供了重要的参考意义，也为本书研究税收核定程序的证明责任提供了极为重要的价值。

在英美法系国家，对于包括税收核定在内的税务诉讼证明责任分配，受"公定力说"和"谁主张谁举证"的普通法传统影响较大。依据"公定力说"，税务机关在职权范围内作出的欠税通知或核定通知具有"公定力"，被推定为正确，在经过有正当权限的机关依法撤销之前，任何主体不得否定其法律效力。① 纳税人提出反驳的，应当承担相应的证明责任，推翻税务机关作出的欠税认定或税收核定。同时，根据普通法传统，无论诉讼怎样启动，提起诉讼的当事人必须提出证据证明案件事实，但有两种情形除外：一是遵循一般规则显失公平时，法院会减轻原告的证明责任；二是当立法设定了不同的规则，法院必须遵守。② 据此，英美法系国家在税收核定民事诉讼③的证明责任划分上，通常由原告纳税人一方承担证明责任。在税务机关提起要求纳税人缴纳尚欠税款的征收反诉案件中④，税务机关成为反诉原告，纳税人则成为反诉被告，此时税务机关需对其反诉主张依据的事实承担证明责任。

在澳大利亚，依据其《税收管理法》（*Taxation Administration Act*）第14ZZK（b）（i）节和第14ZZO（b）（i）节之规定，纳税人对税收核定的决定不服，申请复议或向法院起诉的，需对税收核定超额或不正确以及正确的应纳税额承担证明义务。纳税人的证明责任包括提出证据的责任和

---

① 翁耀武：《论税收诉讼中举证责任的分配》，《中南财经政法大学研究生学报》2006 年第 4 期。

② George S. Jackson, *The Burden of Proof in Tax Controversies*, http：//www.hysscpa.org/cpa-journal/1999/1099/Features/F221099.HTM.

③ 以美国为例，受普通法传统的影响，不重视区分公法与私法，淡化行政权力，将税务机关和纳税人置于平等地位，没有行政诉讼的称谓，纳税人对税务机关的诉讼纳入民事诉讼，适用民事诉讼法的相关规定。参见熊伟《美国联邦税收程序》，北京大学出版社 2006 年版，第 212 页。

④ 由于案件适用民事诉讼程序，在原告纳税人不服欠税通知或核定通知对于应纳税额的认定，提起重新确认税额的诉讼中，被告税务机关可对纳税人未缴纳的所欠税款提起反诉，要求纳税人缴纳。

说服责任，如果纳税人提出充分数量的证据，提出证据的责任可以转移，但是说服责任在审判程序中不会发生变化。[1] 在最近的司法实践中，对纳税人反驳税务机关（ATO）核定超额的案件中，行政起诉庭（Administrative Appeals Tribunal）依上述法律规定将税款核定超出应承担数额的证明责任分配给纳税人。[2] "超额"意味着核定超过应当承担的数额，应由纳税人承担证明责任。[3] 法院认为，仅仅证明税务机关核定的错误或可能存在错误，是不充分的，纳税人还必须进一步证明正确的应纳税额是多少，或者证明已被核定的数额中依据核定法案不应征收的纳税额。[4] 如果税务机关不能证明纳税人被核定的所得，并不意味着纳税人可以卸除核定超额的证明责任。[5]

在加拿大，早在1925年的Anderson Logging公司案中，最高法院就确立了税务民事案件由纳税人承担证明责任的规则，即纳税人对税收核定有异议的，必须举证反驳税务机关（CRA）作为核定基础的事实；如果不能证明税务机关核定的事实存在错误，纳税人将败诉。[6] 加拿大《所得税法》（*Income Tax Act*）确立并延伸了该规则，规定除纳税人能够证明的以外，税收核定应当被推定有效并具有约束力，即使税收核定或者在与该法案相关的程序中存在错误、瑕疵和遗漏。加拿大把税收核定证明责任分配给纳税人的基本原理在于，纳税人掌握所有的纳税事实而税务机关并不掌握这些事实。[7] 至今，在税务纠纷的诉讼程序中，仍由纳税人承担"税务机关对应纳税额核定错误"的证明责任。税务机关的税收核定被推定为正确，纳税人在加拿大税务法院必须承担"推翻"税务机关核定正确性

---

[1]　Maria Italia, "Taxpayer's in Australia Bear the Burden of Persuasion and Burden of Production", *International Review of Business Research Papers*, 2011, 7 (1).

[2]　Daniel Arnephy Ca., *Australia: Tax Assessments—the Burden of Proof is on You*, http://www.mondaq.com/australia/x/237462/Income + Tax/Tax + assessments + the + burden + of + proof + is + on + you.

[3]　Ibid.

[4]　Ibid.

[5]　Karen Wheel Wright, "Taxpayers' Rights in Australia", *Revenue Law Journal*, 1997, 7 (1).

[6]　Vern Krishna, *Reverse Onus of Proof in Tax Litigaiton*, http://www.google.com.hk/url? url = http://commonlaw.uottawa.ca/15/index.php% 3Foption% 3Dcom _ docman% 26task% 3Ddoc _ download% 26gid% 3D1544&rct = j&frm = 1&q = &esrc = s&sa = U&ved = 0ahUKEwiC9sODyP7JAhUMz2MKHcm9DJIQFggeMAI&usg = AFQjCNEp155EIDpyVRIjBEhMwHCk1iLfHg.

[7]　Ibid.

推定的最初证明责任，直至纳税人完成该证明责任前，税收核定将一直被假定为正确。把最初的证明责任分配给纳税人，意味着纳税人提出适当的文件和可信证据支持其主张是至关重要的。[①] 为推翻税务机关税收核定的正确性假定，纳税人必须至少提出初步证据予以证明。纳税人有三种方法能够建立案件的初步证据：一是证明一个或多个的推定存在错误；二是要证明即使推定正确，它们也不支持税务机关主张的应纳税额的核定；三是证明税务机关对纳税人进行核定时，税务机关工作人员并没有给予纳税人对推定进行抗辩的机会。[②] 如果纳税人建立了案件的初步证据，推翻税务机关核定正确性的推定，提出证据的责任发生转移，由税务机关证明核定的正确性。此时，加拿大税务局必须提出比简单推定更为具体的证据，一旦税务局没有提出进一步的证据，则纳税人会获得胜诉。如果税务局提出进一步的证据，法官必须在征纳双方证据相当的情况下进行权衡，裁决支持纳税人或税务局。[③]

在美国，通常情况下联邦税务局对纳税人的应纳税额作出税收认定并形成欠税通知后，只要履行相关程序依法送达给纳税人后，原则上该通知被推定为正确，形成初步表面可信的证据。纳税人对税收认定存在异议提起诉讼的，由纳税人承担证明责任，提供相反的证据推翻联邦税务局的税收核定或税收认定[④]，并满足优势证据标准。[⑤] 根据证明责任分层理论，证明责任分为提出证据责任和说服责任。提出证据的责任要求纳税人对裁判的争议事实提出初步证据[⑥]，即提出与税务机关的税收核定结论相反的充分证据。[⑦] 仅仅描述税收核定或税收确定具有恣意和武断的特征，或者是对纳税义务的一般否定，都不能充分满足提出证据的责任。通常，当一名理性人基于提出的证据能够裁决支持纳税人，则纳税人完成了提出证据

---

① Pushor Mitchell Lip, *Tax Disputes with the Canada Revenue Agency（CRA）—the Burden of Proof is on You*, http://www.pushormitchell.com/2011/02/tax-disputes-canada-revenue-agency-cra-burden-proof/.

② Ibid.

③ Ibid.

④ Thomas H. Welch v. Helvering, Commissioner of Internal Revenue, 290 U. S. 111（1933）.

⑤ Lawrence M. Hill, "The New Burden of Proof in the Federal Tax Courts", *Journal of Tax Practice & Procedure*, 1999, 1（1）.

⑥ Charles Edward Senter v. Commissioner of Internal Revenue, 70 T. C. M. 54, 56（1995）.

⑦ Erickson v. Commissioner of Internal Revenue, 937 F. 2d 1548, 1551（10th Cir. 1991）.

的责任并建立起案件的初步证据。① 此时，提出证据的责任发生转换，税务机关必须提出反驳证据。说服责任则要求证明责任承担者以优势证据建立起主张的事实。② 在纳税人对税收核定或税收认定提起的税务诉讼程序中，通常由纳税人承担说服责任，说服责任一经分配，自始不发生转换，但提出证据的责任可以在征纳双方之间发生转换。之所以将说服责任分配给纳税人承担，主要是考虑到确定纳税义务的证据资料大多由纳税人掌握，相比联邦税务局而言，纳税人与案件证据的"距离"更近。作为例外的是，如果联邦税务局在欠税通知上确定纳税人有未申报的所得，对未申报的所得不能适用正确性的推定，提出证据的责任转移至联邦税务局承担，联邦税务局必须提出纳税人获得该项所得的实质证据。③ 将该证明责任进行适当调整并分配给联邦税务局的基本原理在于，对纳税人而言要证明自己没有收到特定的所得项目这一消极事实，是不公平的且有时是不可能完成的。④ 在美国，税收核定的证明责任非常复杂。纳税人完成证明联邦税务局的税收认定或税收核定存在错误的证明责任后，税收核定或税收认定的正确性推定即行消失，仍有必要进一步确定纳税人的应纳税额，对此应由税务机关还是纳税人承担证明责任，不同的巡回上诉法院之间尚未形成一致意见。其中，第一、第三巡回上诉法院认为，提出证据的责任转移至联邦税务局，但说服责任始终由纳税人承担。⑤ 其主要理由为：如果由联邦税务局承担证明责任，纳税人则会产生迟延纳税的动机，这会增加政府的征税成本并降低征税效率；证明责任由纳税人承担，会迫使纳税人有动机保留更加准确的记录，以此来证明其应纳税额；为促进提起退税诉讼⑥的纳

---

① Joni Larson, "Burden of Proof in the Tax Court After the IRS Restructuring and Reform Act of 1998 and Shea v. Commissioner", *Gonzaga Law Review*, 2000, 36 (1).

② Rockwell v. Commissioner of Internal Revenue, 512 F. 2d 882 (9th Cir. 1975).

③ Williams v. Commissioner of Internal Revenue, 999 F. 2d 760, 763 - 64 (4th Cir. 1993).

④ Joni Larson, "Burden of Proof in the Tax Court After the IRS Restructuring and Reform Act of 1998 and Shea v. Commissioner", *Gonzaga Law Review*, 2000, 36 (1).

⑤ Delaney v. Commissioner of Internal Revenue, 99 F. 3d 20, 23 (1st Cir. 1996); Geftman v. Commissioner of Internal Revenue, 154 F. 3d 61, 68 (3d Cir. 1998); Joni Larson, "Burden of Proof in the Tax Court After the IRS Restructuring and Reform Act of 1998 and Shea v. Commissioner", *Gonzaga Law Review*, 2000, 36 (1).

⑥ 纳税人如果对税收核定不服的，可先缴纳核定通知上的所欠税款，再向联邦地方法院或联邦索赔法院提起退还税款诉讼。在退税诉讼中，纳税人不仅要证明税收核定存在错误，还要证明实际应当承担的应纳税额。

税人之间的公平，证明责任保留给纳税人，会确保提起退税诉讼前缴清全部所欠税款的纳税人与仅支付部分税款的纳税人承担同样的证明责任。[①]第二、第四、第五、第六、第八、第九巡回上诉法院持另一种观点，认为一旦纳税人证明了欠税通知是恣意的，该通知正确性的推定即消失，故应由联邦税务局承担纳税人欠税数额的证明责任。[②] 以第四巡回上诉法院受理的 Cebollero 诉联邦税务局长案为例，纳税人 Cebollero 与其妻共同所有的一家贩卖酒业的商店为普通合伙，联邦税务局作出纳税人的所得税欠税认定通知。[③] 纳税人不服并提起诉讼，税务法院维持联邦税务局的欠税认定。纳税人遂上诉至第四巡回上诉法院，其中的一项上诉理由是认为税务法院对本案的证明责任分配错误。第四巡回上诉法院认为，在欠税诉讼的第一阶段，焦点是欠税认定属恣意作出，对此由纳税人应以优势证据承担说服责任，证明责任保留给纳税人一方，自始都不会转移给税务机关。但是，如果纳税人证明了欠税认定的恣意，对欠税认定的正确性推定消失，审判进入第二阶段，焦点是欠税的正确数额，对此由税务机关承担说服责任，提出证据证明欠税认定的合理性证据。然而，在税务机关承担该证明责任以前，纳税人首先必须完成第一阶段的证明负担，以优势证据说服法院税收核定是恣意作出并超额，推翻对税收核定的正确性推定。因纳税人在本案中并未提供证据建立起"欠税认定错误"，未完成第一阶段的证明责任，故税务法院所持的提出证据责任和说服责任都不会转移给税务机关的观点正确，纳税人主张的由税务机关承担证明责任的上诉理由不能成立，二审法院维持了税务法院的一审判决。

值得一提的是，《美国税法典》第 7491 节关于司法程序证明责任中"满足一定条件时证明责任由纳税人转移至税务机关"的规定，广泛受到英美法系国家的关注，被认为是证明责任分配对保障纳税人权利的重要举

---

① Melissa Ellen Segal, "Who Bears the Burden of Proof in Taxpayer Suits Against the IRS?" *Pittsburge Tax Review*, 2007, 4 (2).

② Joni Larson, "Burden of Proof in the Tax Court after the IRS Restructuring and Reform Act of 1998 and Shea v. Commissioner", *Gonzaga Law Review*, 2000, 36 (1), p. 60.

③ Manuel Cebollero v. Commissioner of Internal Revenue, 967 F. 2d. 986 (4th Cir. 1992).

措和科学立法。① 美国处理税务案件的证明责任分配上遵循普通法传统，纳税人反驳税收核定的，除极少数情况外，通常由纳税人承担税收核定存在错误的证明责任。在长期的税收行政执法实践中，出现较多的是联邦税务局滥用税收自由裁量权侵害纳税人权利，纳税人权利保护呼声越来越高。1998 年美国《联邦税务局重构和改革法案》（*Internal Revenue Service Restructuring and Reform Act* of 1998）规定在满足一定条件时，证明责任由纳税人转移至联邦税务局承担。之后《美国税法典》增加的第 7491 节引入该规定，并以 1998 年 7 月 22 日为分界线，满足下列条件时证明责任由联邦税务局承担：第一，适用的税种局限于所得税、遗产和赠与税、特定类型的消费税。第二，在诉讼程序中，纳税人对确定纳税义务相关的事实争点提出"可信证据"（credible evidence）。可信证据是指证据的质，经过关键性分析后，如果没有相反的证据提交，足以成为法院裁判的基础。② 如果纳税人仅仅提出违反经验法则的事实主张、毫无理由的法律主张，或者是税收抗议式的争论，都不能视为纳税人提出可信证据；如果法院不能确信证据是值得信赖的，则提出的证据不能满足"可信"标准。③ 第三，纳税人已经遵循相关要求，证实与纳税义务相关的任意项目。④ 第四，纳税人已保存要求的所有记录，并对联邦税务局关于证人、信息、文件、会议及接见的合理要求进行通力合作。⑤ 这里所指的"合作"（corporation），既包括在一段合理期间内，提供、获得和审查纳税人控制范围内的证人、信息和文件；也包括为了获得和审查不在纳税人控制范围内的证人、信息或文件（包括国外的证人、信息或文件），由纳税人向联邦税务

---

① 加拿大、澳大利亚等英美法系国家的学者撰文予以肯定并希望得到其所在国家的借鉴。See Vern Krishna, *Reverse Onus of Proof in Tax Litigaiton*, http：//www. google. com. hk/url? url = http：//commonlaw. uottawa. ca/15/index. php%3Foption%3Dcom_ docman%26task%3Ddoc_ download%26gid%3D1544&rct = j&frm = 1&q = &esrc = s&sa = U&ved = 0ahUKEwiC9sODy P7JAh UMz2 MKHcm9DJIQFggeMAI&usg = AFQjCNEp155EIDpyVRIjBEhMwHCk1iLfHg; See also Maria Italia, "Taxpayer's in Australia Bear the Burden of Persuasion and Burden of Production", *International Review of Business Research Papers*, 2011, 7 (1)。

② U. S. Senate Committee, Senate Committee Report, S. REP. NO. 105 - 174, http：//thomas. loc. gov/cgi-bin/cpquery/? &dbname = cp105&sid = cp1052kIPg&refer = &r_ n = sr174. 105&item = &sel = TOC_ 68761&.

③ Ibid.

④ I. R. C. §7491 (a) (2) .

⑤ Ibid.

局提供合理的协助。① 与联邦税务局合作的一个必需要素是，纳税人用尽行政救济手段，包括联邦税务局规定的复议权。② 第五，当纳税人是合伙企业、公司或者信托的情况下，其净资产不超过 700 万美元。③ 增加设定上述证明责任转移的条件，主要是立法过程中考虑到个人和小企业纳税人被迫起诉联邦税务局时，经常处于不利地位，正是以往的证明责任规则导致这种不利情形的发生。在所有其他因素相同的情况下，与联邦税务局合作并满足相关记录保持和证实要求的纳税人所主张的事实应当被接受。④ 在这种情形下转移证明责任至联邦税务局，不是鼓励纳税人避税，而是为在税务局和纳税人之间创建一个更好的平衡。⑤ 需要特别指出，上述关于证明责任转移的几个条件，是构成证明责任分配给联邦税务局的必要先决条件，需要由纳税人提供证据证明已同时满足各项条件，证明责任才能发生转移。⑥ 如果上述几个条件不能同时具备，则包括税收核定在内的税务诉讼案件的证明责任仍由纳税人承担。

（二）对英美法系税收核定证明责任分配一般规则的评价

1. 注重对证明责任分层理论的运用并有利于提高税务行政效率

英美法系国家将证据法上的证明责任分层理论贯穿到税收核定的证明责任分配中，认为无论是在税务行政程序还是税务诉讼程序中均存在提出证据责任和说服责任，它们构成税收核定证明责任不可分割的组成部分，各自发挥着不同的功能和作用，充分揭示了证明责任的本质、相互关系及内在逻辑。英美法系国家的法官在诉讼程序中注重征纳双方提出证据责任和说服责任的区别与联系，强调提出证据的责任对说服责任产生的影响以及在整个证明责任体系中发挥的作用。在税务诉讼中与辩论主义相结合，有效发挥纳税人提出证据责任对案件事实认定的重要作用。为避免承担课税要件事实最终不能说服的风险和不利后果，承担说服责任的纳税人一方总是积极履行提出证据的责任，举证的积极性得到充分发挥。借助于纳税

① I. R. C. §7491 (a) (2) .

② Ibid.

③ I. R. C. §7491 (a) (2) . §7430 (c) (4) (A) (ⅱ) .

④ U. S. Senate Committee, Senate Committee Report, S. REP. NO. 105 – 174 , http: //thomas. loc. gov/cgi-bin/ cpquery/? &dbname = cp105&sid = cp1052kIPg&refer = &r_ n = sr174. 105&item = &sel = TOC_ 68761&.

⑤ Ibid.

⑥ Ibid.

人提出证据义务的履行，有利于课税要件事实的查明，大大降低行政程序中和诉讼程序中职能机关的调查成本，并提高税务行政和税务司法的效率，有效缓解税收大量性特点与有限的税务资源和司法资源之间的冲突。而大陆法系国家强调职权调查主义，通说认为职权调查主义下不存在主观证明责任，税务机关在税收核定行政程序中依职权调查课税事实，不受纳税人主张的事实和证据调查申请的限制，纳税人原则上无主观证明责任；在税收核定争议的诉讼程序中，法院依职权调查案件事实，当事人也无主观证明责任。在职权调查主义下，税务机关和法院分别在行政程序和诉讼程序中对课税事实负有最终的阐明义务，纳税人的主观能动性不能被有效激发。尤其在税收核定行政程序中，会导致行政效率低下，与税收大量性的特点形成冲突，税务机关有限的行政资源难以满足课税要件事实调查义务的内在需求。二者相比之下，强调纳税人提出证据的责任，是一种更佳的选择。

2. 对税收核定行政程序和诉讼程序的证明责任评价及路径选择

在税务行政程序中，除法律另行规定外，法规和裁定的提议者应当承担证明责任。税务机关作出税收核定的行政决定，理应承担证明责任，应在法律授权范围内对确定纳税人纳税义务的课税要件事实进行调查，并遵循正当程序原则，强调依法行政。在该程序中，纳税人如果提出相应主张，对其主张的事实也需承担提出证据的责任，注重发挥纳税人的举证作用。

税收核定引起的诉讼，证明责任的分配遵循普通法传统和"公定力说"，在税收核定或欠税认定被推定为正确的前提下，原告纳税人应当承担推翻其正确性推定的证明责任，否则将败诉，遭受财产权、自由权等基本权利的侵害。正因如此，很多学者认为税收核定正确性的推定与"无罪推定"的人权保障原则相背离，直到证明"无罪"以前纳税人都会被认为"有罪"，意味着纳税人面临强大的任务来证明其"无罪"。① 而且，由纳税人首先承担证明责任，不利于发挥司法权对税务机关依法行政的监督，可能导致行政自由裁量权被滥用。然而，该制度的设置有其背后的内在原因和价值取向。英美法系国家对纳税人诉权的保护力度较大，例如美

---

① Paul J. Lee, *Don't Let Burden of Proof Shift to the Taxpayer*, http：//ijbssnet. com/journals/Vol_ 3_ No_ 23_ December_ 2012/24. pdf；See also Lawrence M. Hell, "The New Burden of Proof in the Federal Tax Courts", *Journal of Tax Practice & Procedure*, 1999, 1 (1) .

国的纳税人对税收核定或欠税认定不服的，可通过多种途径向法院起诉。在加强对纳税人救济权保障的同时，极有可能导致税收核定争议诉讼案件大幅度增加。税收大量行政的特点已经使得税务机关有限的行政资源显得不足，如果再让税务机关面临每一件税收核定争议诉讼，都必须证明作出核定依据的课税事实，势必会造成税务机关资源严重不足、效率低下，甚至可能导致税务机关课征工作不能正常运转，从而放任大量偷逃税款行为的发生，间接导致纳税人之间的不公平纳税，损害税收的法定、公平和效率原则。因此，坚持"公定力说"不仅能有效维护法的安定性，体现司法机关对税务机关课税事实认定专业性判断的尊重，还结合了税务案件的特点，有其存在的合理性。

《美国税法典》第 7491 节规定在一定条件下证明责任由纳税人转移至税务机关，结合不同类型纳税人的举证能力大小，充分发挥履行协助义务的积极性，可谓立法的一大进步，值得肯定。但也饱受诟病，有很多学者认为这种证明责任的转移形式大于实质，不少学者从实证角度作出分析，经过统计发现其对司法裁决的结果影响不大。① 也有学者指出是否履行协助义务取决于税务机关的主观判断，很难把握，容易引起争议。② 加之证明责任的转移需满足一定条件，对纳税人的净资产规模、适用的税种也有所限制，其适用范围较窄。③ 即便如此，本书认为，在纳税人对税收核定不服提起诉讼时，遵循判例法传统需承担证明责任的情况下，为证明责任的转移创造了条件，在一定程度上减轻纳税人的证明责任，并提供一种灵活处理证明责任的立法技术和方法，充分考虑不同规模和经济类型的纳税人举证能力的差异性，通过立法矫正举证能力差异带来的先天不公平，在实质上体现了公平原则，也为证明责任转移给税务机关提供了方向和路径，有着极为重要的意义。如果纳税人通过积极履行协助义务，并在

---

① Janene R. Finley, Allan Karnes, "An Empirical Study of the Change in the Burden of Proof in the United States Tax Court", *Pittsburgh Tax Review*, 2008, 6 (1); See also Janene R. Finley, *An Empirical Study of the Effect of the Change in the Burden of Proof in the Internal Revenue Service Restructuring and Reform Act of 1998 on the United States Tax Court* (Ph. D.), Carbondale: School of Accountancy in the Graduate School Southern Illionois University, 2007.

② John A. Lynch, "Burden of Proof in Tax Litigation Under I. R. C. § 7491—Chicken Little Was Wrong", *Pittsburgh Tax Review*, 2007, 5 (1).

③ 纳税人是合伙企业、公司或信托的，限制净资产不超过 700 万美元。税种局限于所得税、遗产和赠与税、特定类型的消费税。

同时符合相应条件下，即使未能举证推翻税收核定或税收认定的正确性推定，也存在由税务机关负担证明责任的可能性，在一定程度上兼顾了效率与公平价值。

基于"公定力说"对税收核定正确性的推定只是一种程序上的安排和设置，纳税人可以提供证据推翻这种推定。一旦纳税人推翻该推定，证明责任的分配仍然面临两种选择：是将证明责任始终分配给纳税人还是转由税务机关承担证明责任？认为证明责任始终分配给纳税人的观点，理由主要是：一是基于证据距离的考虑①，由纳税人举证更为方便，且能克服证据距离导致的征纳双方武器不平等；二是基于政策上的考虑，有利于纳税人保存准确的记录，避免纳税人迟延纳税，提高税务机关的征税效率。② 在税务案件中纳税资料的相关证据主要由纳税人掌握无可争议，税务机关与纳税人距离证据的远近不同，纳税人似乎对举证更有优势，实际并非完全如此。基于行政权的优益性，通过立法的授权，税务机关享有履行职能的各种职务上或物质上的优益条件。例如行使调查权、采取税务保全措施等。随着科技不断进步，电子计算机的普遍推广，税务机关拥有先进的纳税管理软件系统，且纳税人和银行、工商机关、房屋登记管理机关等第三方已普遍被立法明确赋予协助义务。加之国际税务情报交换机制的推广，税务机关可以通过多种途径获取纳税人的纳税信息，并可以通过对各纳税人提交的纳税申报信息进行勾稽比对分析，发现纳税人纳税申报表中存在的遗漏和不实之处。③ 这些都能有效克服证据距离给税务机关税收核定带来的先天不利，在很大程度上改变征纳双方对纳税信息资料掌握不对称形成的武器不平等。如果税收核定本身的正确性推定已消失，仍需由纳税人对应纳税额承担证明责任，意味着税务机关可以在无证据的情况下

---

① Vern Krishna, *Reverse Onus of Proof in Tax Litigaiton*, http：//www. google. com. hk/url? url = http：//commonlaw. uottawa. ca/15/index. php%3Foption%3Dcom_ docman%26task%3Ddoc_ download%26gid%3D1544&rct = j&frm = 1&q = &esrc = s&sa = U&ved = 0ahUKEwiC9sODyP7 JAhUMz2 MKHcm9DJIQFggeMAI&usg = AFQjCNEp155EIDpyVRIjBEhMwHCk1iLfHg.

② Milissa Ellen Segal, "Who Bears the Burden of Proof in Taxpayer Suits Against the IRS?" *Pittsburge Tax Review*, 2007, 4 (2).

③ Vern Krishna, *Reverse Onus of Proof in Tax Litigaiton*, http：//www. google. com. hk/url? url = http：//commonlaw. uottawa. ca/15/index. php%3Foption%3Dcom_ docman%26task%3Ddoc_ download% 26gid%3D1544&rct = j&frm = 1&q = &esrc = s&sa = U&ved = 0ahUKEwiC9sODyP7JAhUMz2MKHcm9DJIQFggeMAI&usg = AFQjCNEp155EIDpyVRIjBEhMwHCk1iLfHg.

作出税收核定，有悖于现代法治国家依法行政原则和正当程序原则的内在要求，容易导致税务机关滥用自由裁量权损害纳税人利益，且与行政程序中由税务机关对税收核定承担证明责任不相符，形成证明责任分配在不同程序中的断层，不利于征纳双方对证明责任的预测。认为证明责任应始终保留给纳税人的第二个理由，从政策上考虑到税务机关的征税效率和征税成本。然而，征税权本身来源于纳税人通过立法作出的授权①，应服务于对纳税人权利的保障，当各种利益和价值发生冲突时，纳税人的权利保障应置于首要地位，高于其他价值，不应单纯为了国家税收利益，在没有法理根据的前提下过分加重纳税人的证明责任，这种以牺牲纳税人权利为代价所追求的利益，显然违背了纳税人授权的目的，与现代民主法治国家的基本精神相违背。因此，一旦纳税人推翻税收核定正确性的推定后，由税务机关对核定的应纳税额承担证明责任，有利于解决上述矛盾。而且，当税收核定正确性的推定消失后，相当于回复到核定作出前的行政程序，应按照法治国家依法行政的要求和证据法的基本原理，由税务机关承担证明责任。这与税收核定行政程序的证明责任要求一致，既尊重了法的安定性，又有利于贯彻依法行政，防止自由裁量权滥用，贯彻实质意义上的公平与法定原则，值得推崇，是一种较为理想的选择模式。

　　3. 与大陆法系税收核定证明责任分配规则的比较

　　基于不同的历史渊源、政治体制、证据制度、理论学说、价值取向，不同法系甚至同一法系内部的不同国家和地区在税收核定证明责任分配规则上的差异是客观存在的。两大法系的税收核定证明责任分配规则，在利益平衡上对价值取舍各有侧重。英美法系国家注重行政效率原则，大陆法系国家彰显法治原则和权利保护原则。英美法系国家以当事人地位（如在诉讼程序中，区分担任原告还是被告；在行政程序中，区分是否为法规的提议者）决定税收核定证明责任的分配，而当事人地位是发生变化的，会导致税收核定证明责任的分配也随之变化，行政程序中多由作为法规和裁定的提议者税务机关承担证明责任，而诉讼程序中多由纳税人负证明责任。英美法系税收核定行政程序与诉讼程序的两套证据规则，会造成法律适用的断层现象，不利于征纳双方遵守。大陆法系国家以"规范有利说"作为证明责任划分根据，无论征纳双方的法律地位如何变化，案件争议的

---

① 李刚：《现代税法学要论》，厦门大学出版社 2014 年版，第 354 页。

要件事实性质本身是相对稳定的，证明责任一经确定后，始终不变，便于征纳双方对举证行为与案件处理结果的预测和对法的遵从，并有利于发挥司法对行政的监督作用。尤其是英美法系国家认为纳税人始终在税务诉讼程序中承担证明责任的观点，难以有效防控税收自由裁量权被滥用，置纳税人于非常不利的状态，违背了现代法治国家和权利保障精神。故本书认为，在证明责任分配规则的稳定性及对纳税人的权利保护方面，英美法系对税收核定证明责任的分配规则不及大陆法系，后者在总体上更为科学。

第三节　税收核定证明责任分配的特殊规则

税收核定证明责任分配的一般规则，普遍适用于税收核定程序中。但是，存在"特别证据距离"和"证明妨碍"等特殊情形下，征纳双方的举证难度发生变化，如果仍坚持通常的证明责任分配规则，可能导致征纳双方在武器上的严重不对等和实质不公正，不利于课税事实的查明和税法基本原则的贯彻落实，税法的目的和国家相关政策也将落空。为有效矫正由此产生的负面影响，应当结合征纳双方的举证能力，利用法律推定、法律拟制等立法技术，对税收核定证明责任分配的一般规则进行修正，设置特殊规则。

一　设置税收核定证明责任分配特殊规则的必要性

（一）实现征纳双方举证上武器平等和发现课税事实所必需

在税收核定证明责任的分配上，除考虑一般情形外，还需结合征纳双方在证据领域的特殊情形进行综合考虑。这些特殊情形包括：

第一，特别证据距离造成征纳双方在举证难度方面的差异性。根据证明责任分配的一般规则，本应由税务机关承担证明责任的，如果证据与纳税人之间存在特别距离，纳税人极易取得这些证据。反之，税务机关距离该证据较远，极难获取该证据，如果仍由税务机关负证明责任，会导致税务机关花费大量的时间、物力和财力等行政资源，降低行政效率，且往往会出现举证困难，在征纳双方之间形成严重的武器不对等和实质不公平，也不利于案件事实的查明。在此情形下，如果能够通过证明责任倒置等特殊证明规则予以调整，可以有效解决该问题。

第二，在税收核定程序的证明活动中，因一方当事人（通常为纳税人）的证明妨碍行为，包括故意实施的积极妨碍活动以及过失导致的消极妨碍活动，造成承担证明责任的一方当事人（通常为税务机关）在实施举证活动时发生困难或陷于不能①，难以完成证明责任，从而使待证事实难以查明。实施证明妨碍活动的一方当事人，违反诚实信用原则的行为造成对方举证不能，导致税收核定课税事实认定的效率降低，并打破了证明责任分配考虑因素相互之间的平衡，引起征纳双方实质不公平。对其产生的负面影响，应尽量通过修正证明责任分配的一般规则予以消除，可对妨碍证明的主体科以一定的不利益。②

　　就税收核定证明责任分配的功能而言，并非阻碍征纳双方争议的课税事实得以真实呈现③，而是在兼顾公平与效率价值的基础上，对案件事实的查明起到有利推动作用。当出现特别证明距离和证明妨碍情形时，对征纳双方在获得证据和使用证据方面存在的重大差异，引起的实质不公正，引起事实发现困难，阻碍公正和效率价值的实现，立法有必要作出回应④，对证明责任分配的一般规则作出修正，以便进行有效矫正。武器平等原则作为矫正征纳双方证明责任实质不公正的重要工具和制度装置，对于矫正征纳双方由于主观因素和客观因素发生的实质不对等有着极为重要的作用⑤，应当引入税收核定证明责任分配中。通过设置税收核定证明责任分配的特殊规则，矫正征纳双方在"证据"上的武器不平等，实现双方的"平等武装"，是解决上述问题的根本途径。⑥

　　（二）贯彻落实税法基本原则和国家政策所必需

　　法律作为国家上层建筑的组成部分，体现着国家的意志和利益。税收核定证明责任的分配既是程序法的重要内容，同时又担负着保障税收实体法贯彻落实的任务，体现国家政策的价值取向。在现代民主法治租税国家，税收法定原则、公平原则和效率原则作为税法的基本原则，在税收核

---

　　① 这种证明困难有时表现为唯一的证据灭失，致使对争议的待证事实无证据可用，致使待证事实存在与否真伪不明。参见陈荣宗《举证责任分配与民事程序法》（第二册），台湾大学法学丛书编辑委员会 1979 年版，第 66—67 页。

　　② 占善刚：《证明妨害论——以德国为中心的考察》，《中国法学》2010 年第 3 期。

　　③ 李浩：《民事证明责任研究》，法律出版社 2003 年版，第 130 页。

　　④ 杨锦炎：《武器平等原则在民事证据法的展开》，中国政法大学出版社 2013 年版，第 5—6 页。

　　⑤ 同上书，第 3—13 页。

　　⑥ 同上书，第 18 页。

定证明责任的分配中也应得到贯彻。对于纳税人实施的避税案件，通常的证明责任分配规则难以实现对避税案件的事实调查以及对避税行为的有力打击，保障纳税人之间的公平纳税。为实现量能课税并有效保障国家税收利益，需考虑对证明责任的配置作出特殊设置，以实现税法基本原则的贯彻落实和国家政策的需要。

二　协助义务的违反与推定课税

在职权调查原则下，纳税人的协助义务是税务机关阐明课税事实的重要方法。实行征纳协同主义，通过税务机关和纳税人相互之间合作阐明课税事实，力图依据直接证据进行实额课税，是确认纳税人应纳税额的一种理想状态。然而，实务中常常因纳税人出于逃避税收或管理不善等原因，纳税人未依法设置、保管账簿、未依法进行纳税申报、未按税务机关要求提示账簿、提示相应证据资料等违反协助义务的情形，构成证据法上的证明妨碍。所谓"证明妨碍"，是指不负证明责任的一方当事人，通过特定行为（包括作为和不作为），阻碍负有证明责任的一方当事人对其事实主张的证明。[1] 税收核定程序中，负有协助义务的纳税人，不按照税务机关要求提出证据方法等行为，从根本上妨害了税务机关实施的调查活动。在主观上，纳税人对妨害行为存在故意或过失，具有可归责性。并且，纳税人妨害税务机关证明活动的行为和课税事实不能查明之间存在因果关系，因此，纳税人违反协助义务的行为完全符合证明妨害的构成要件。[2] 从期待可能性理论分析，征纳双方对课税事实的证明责任划分以证明具有期待可能性为前提[3]，税务机关的调查应以课税事实具有期待可能性为限。如果由于纳税人的证明妨害行为，致使税务机关对课税事实的调查无期待可能性时，则税务机关已尽其调查义务，没有继续调查的必要性，应以查得的证据对课税事实作出认定。从诚实信用原则出发，因不负证明责任的纳税人妨害税务机关的调查举证，致使税务机关对课税事实陷入证明困难，其行为应当受到立法的否定性评价，法律不应允许实施证明妨害活动的纳税人因此获得不当利益，实施妨害的纳税人应当承担课税事实无法查明的

---

① 张卫平主编：《民事证据制度研究》，清华大学出版社 2004 年版，第 285 页。
② 占善刚：《证据协力义务之比较法研究》，中国社会科学出版社 2009 年版，第 277—285 页。
③ 包冰锋：《民事诉讼证明妨碍制度研究》，厦门大学出版社 2011 年版，第 14 页。

不利后果，才符合公平正义原则①，否则等于法律鼓励纳税人利用证明妨害的不法手段获得合法利益。因此，应当沿用证据法上的证明妨碍制度，在对课税事实的认定上作出对被妨碍的税务机关有利的调整，从而恢复原本在征纳双方之间因纳税人妨害行为引起的武器失衡状态。

对于纳税人违反协助义务的法律后果，主要存在两种分歧意见。一种认为因纳税人违反协助义务，致使税务机关无法查明课税事实，本应由税务机关承担的证明责任发生倒置，由纳税人承担。另一种认为纳税人违反协助义务致使税务机关的调查无期待可能性时，减轻税务机关的证明程度，可依查得的事实推定课税。本书赞成后一种观点，理由在于：因证明责任的分配和转换涉及纳税人程序上的权利和义务事项，与其实体上的权利和义务紧密相关，涉及纳税人的基本权，依据法律保留原则和重要性理论，属于法律保留的重要事项，应以法律予以规定。② 在没有法律明文规定的情况下，不能以课税事实证据资料属于纳税人管领范围为由，擅自将协助义务视为证明责任的承担。违反协助义务并不影响客观证明责任分配。要将协助义务上升为证明责任，须有法律的明确规定。鉴于课税事实真伪不明，无法实现依直接证据进行实额课税，如果因此放弃税收债权，有损于依法课税和公平课税原则。而且，导致课税事实不明是由于纳税人违反协助义务的行为所致，课税基础不确定的不利后果理应归由违反协助义务的纳税人承担。此外，基于征纳协同主义，纳税人和税务机关负有共同阐明事实的责任，在纳税人违反协助义务的情况下，税务机关没有义务在超出期待可能的界限外采取进一步的调查措施，故课税事实的证明程度因此降低，允许税务机关以查得的资料对财产、收入、费用、利润等课税事实进行推定课税，是符合税收效率原则的。③ 如果纳税人能够提供反证推翻推定的应纳税额，纳税人的权利仍可以通过举证得到保障。该观点已得到诸多国家立法的采纳。例如，《德国租税通则》第 162 条"课税基础的推计"中第 2 项规定，纳税人对申报的事项不能充分说明，或拒绝为进一步陈述，或拒绝为代替宣誓的保证，或违反相应协助义务的，应当对

① 包冰锋：《民事诉讼证明妨碍制度研究》，厦门大学出版社 2011 年版，第 17 页。
② 罗子武：《租税稽征程序举证责任之研究》，硕士学位论文，台湾中兴大学，1998 年；葛克昌：《所得税与宪法》，北京大学出版社 2004 年版，第 121 页。
③ 黄士洲：《征纳协同主义下税捐调查与协力义务的交互影响关系——兼论制造费用超耗剔除的规定与实务》，《月旦法学杂志》2005 年第 2 期。

课税基础进行推定。我国台湾地区"所得税法"第 83 条规定，税务机关进行调查或复查时，纳税人应当提示证明所得额的账簿、文据等有关的各种证据资料；未提示者，税务机关得依查得的资料或同业利润标准核定其所得额。日本通说认为，存在下列情形的，可以适用推定课税：纳税人未设立账簿、凭证等导致无法依直接资料查明收支情况的；纳税人虽然设立账簿但记载错误较多，或与同行相比所得率偏低，或纳税人设有两套账簿等，记载内容错误，缺乏可信性的；纳税人或交易关系方违反协助调查义务，导致无法取得直接资料的。①

因推定课税属利用间接证据资料对纳税人的课税基础所做的推定，并非实额课税，与税收法定原则有一定差距。为保障纳税人权利，应容许纳税人提出相反证据。如果纳税人提供反证，经查明属实的，可以按照纳税人提供的证据确定纳税义务。在适用推定课税时，如果存在两种或两种以上的推定方法，税务机关应适用何种方法计算纳税人的应纳税额？对推定方法选用的科学性和合理性，由税务机关还是纳税人承担证明责任？经考察各国立法，通常对此没有明确规定。本书认为，如果存在多种推定方法可供选择时，根据量能课税原则，税务机关并不能任意选择推定方法，而是应当采用最符合纳税义务实际应纳税额的推定方法，包括一种或多种推定方法的并用。鉴于税务行政资源的有限性，为贯彻税收效率原则，原则上税务机关对推定方法选用的合理性无须承担证明责任。但是，税务机关应告知纳税人核定中使用的推定方法。如果纳税人对推定方法提出异议并与税务机关对此形成争议，应由纳税义务人对推定方法的选用不具有合理性承担证明责任。如果纳税人能够提供证据证明存在更加符合实额的其他推定方法，则提供证据的责任发生转移，应由税务机关对其采用推定方法的合理性承担形式证明责任。在此情况下，如果税务机关不能完成提供证据责任，可以认定纳税人关于推定方法不合理的主张成立，税务机关作出的推定课税被推翻。

三　法律推定

在税收核定的证明责任分配中，为克服特别证据距离造成证明责任承担者一方在举证上的困难，可引入"法律推定"的证据法则。法律推定，

---

① ［日］金子宏：《日本税法》，战宪斌等译，法律出版社 2004 年版，第 438 页。

又称为形式类型化，作为证据法上推定的一种类型，是指根据法律的特殊规定对某些行为或事实作出的推定，属法律明文规定的推定。① 它是指法律规定从已知的"基础事实"推断出未知的"推定事实"的存在，并允许提出相反证据推翻的证据法则。② 具体而言，如果甲事实（基础事实）一经确立，在无相反的证据提出之前，必须假定乙事实（推定事实）成立。③ 其创设理由在于公正分配证明责任，因争议的某种课税要件事实相关的证据处于纳税人控制，税务机关无法取得这些证据，但它是税务机关证明纳税人的纳税义务所必需的。如果不能对其进行证明，可能导致纳税人本应承担的纳税义务落空，损害国家税收债权并导致纳税人之间纳税不公平。在税务机关举证活动陷入困境，必须证明某一课税事实却无法证明时，出于公平正义和效率因素考虑，引入推定将某些特定的证明责任进行倒置，有效缓解税务机关在举证上发生的困难，有利于贯彻立法者期望实现的政策和目标。④ 可以说，在税收核定依据的课税要件事实真伪不明时，法律推定法则的引入，能够有效避免推定事实因证据缺乏产生的程序上的艰难局面⑤，纠正纳税人一方更容易证明引起的征纳双方举证不平衡⑥，衡平征纳双方的举证能力，避免案件举证不能导致的长久僵局，是推动发现案件事实的措施和加速装置。⑦

　　法律推定，意味着主张推定事实的一方只需证明基础事实，无须对推定的事实进行证明，客观上减轻了主张推定事实一方的证明责任。反之，对方否定推定事实的，需承担推定事实不存在的证明责任。通过证明责任分配规则在法律装置上的特殊设计，将原本应承担推定事实一方的证明责任转移给否定推定事实的一方承担，属于证明责任的转移或倒置。对于推定的效力，究竟倒置的是形式证明责任还是实质证明责任，在理论界存在争议。摩根的"说服负担转移理论"认为，推定同时转移提出证据责任

---

① 宋英辉、汤维建主编：《证据法学研究述评》，中国人民公安大学出版社 2006 年版，第 388 页。

② 江伟：《证据法学》，法律出版社 1999 年版，第 124 页。

③ 李学灯：《证据法比较研究》，台湾五南图书出版有限公司 1992 年版，第 252 页。

④ 李浩：《民事证明责任研究》，法律出版社 2003 年版，第 197—198 页。

⑤ ［美］摩根：《证据法之基本问题》，李学灯译，台湾世界书局 1960 年版，第 58 页。

⑥ ［美］约翰·W. 斯特龙主编：《麦考密克论证据》，汤维建等译，中国政法大学出版社 2004 年版，第 663 页。

⑦ 焦鹏：《诉讼证明中的推定研究》，法律出版社 2012 年版，第 92 页。

和说服责任；以塞耶为代表的传统理论则认为，在否定推定事实的一方当事人提出足够的反驳证据后，推定的效力完全消失，故推定仅转移提出证据责任，不转移说服责任。[①] 对于两者之间的分歧，从《美国联邦证据规则》之规则 301 关于民事案件推定的一般规定中明确的"在民事案件中，除联邦立法或规则另有规定外，否定推定的一方当事人直接承担提出证据反驳该推定的责任。但是，本规则未转移说服责任，该责任仍保留给原来承担的一方当事人"之内容中[②]，反映出立法对塞耶观点的采纳，即推定的效力仅转移提出证据的责任，说服责任不受影响。

　　关于法律推定，在税法上已有相应的立法例可供参考。在遵循"规范有利说"作为税收核定证明责任分配的一般规则之下，大陆法系国家和地区结合特别证据距离、征纳双方举证能力的强弱，将法律推定技术运用到税收立法中对证明责任分配规则作出调整，使证明责任的分配不因过于机械而有失公平。例如《德国租税通则》第 159 条关于"信托关系之证明"规定，主张其名义上的所有权或所占用物，仅以受托人、代理人或者质权人的身份而所有或占有之人，经要求应当证明该权利或物的归属之人，否则通常以该权利或物归属之。[③] 该条款属于法律上的事实推定，从纳税人对某种权利或物的所有或占有的形式外观这一表象作出相应权利归属的推定，税务机关只需证明当事人对权利或物享有名义上的所有权或享有占有权这一基础事实，无须直接证明当事人是权利或物的实际归属者即可推定该事实成立。因该事实推定承受不利益的一方主体，如果不能提出反证推翻该推定事实，则以该物或权利在形式上的归属者作为纳税人核课税收。依据"规范有利说"，通常情况下，税务机关对其主张的税收债权成立的事实，应当承担证明责任，纳税人没有相应的证明责任。本条款结合纳税人与证据之间的特别距离对证明责任的一般分配规则进行修正，考虑到当事人主张自己仅仅是以信托关系的受托人、代理关系的代理人或者是质押关系的质权人的身份对某种权利或物进行占有，他应当知晓谁是真正的信托人、被代理人或出质人，税务机关往往无从得知谁是真正的权利人，由税务机关承担证明责任会陷入证明困境；反之，由纳税人承担证

---

① 王进喜：《美国〈联邦证据规则〉（2011 年重塑版）条解》，中国法制出版社 2012 年版，第 46 页。

② Federal Rules of Evidence 2014，Rule 301.

③ 《德国租税通则》第 159 条第 1 款规定。

明责任符合公平和效率原则，更有利于课税事实的查明。因此，通过法律推定的特殊立法设计，税务机关只需证明当事人是名义上的所有人或占有人的这一比较容易证明的基础事实，无须证明谁是真正的权利人，减轻了税务机关证明责任，名义上的权利人否定推定事实的须承担证明责任，从而达到证明责任倒置的效果，有效缓解税务机关在证明权利或物的实际归属者问题上的困境。

《德国租税通则》第 161 条关于"盘存的短缺额"的规定同样利用了法律推定对证明责任的分配进行特殊设置。根据该条款内容，税务机关依职权对纳税人的存货进行盘点时，发现应课征消费税的存货短少的，如果纳税人不能释明该短缺额的原因，税务机关可按照存货的短缺额核课征收消费税。① 依据该条款规定，税务机关只需证明应征收消费税的存货发生短缺额这一基础事实，即可依法推定存货的短缺额部分应当承担消费税的事实成立。只有在受不利推定的纳税人能够提供反证证明存货的短缺额是基于被盗窃、灭失、毁损等原因导致，则可否定推定的效力。立法之所以设定推定，将盘存的短缺额作为证明责任的例外情形，是由于纳税人作为存货的所有人或管理人，对存货应当尽到一般管理义务，知晓存货的去留，距离存货短缺的证据更为接近②，对纳税人作出不利的推定，有利于使具有独特方法接触事实证据的一方，向"裁判者"提出其证据③，有利于减轻税务机关在调查和核定程序中的负担，并有利于客观事实的查明。

四　法律拟制

法律拟制，在大陆法系称为实质类型化，英美法系称为决定性的推定，是指对于税法上构成要件事实是否存在，不容争执地以拟制的方式认定其存在或不存在，且不允许纳税人提供反证予以推翻，无论反证的证明力如何均不予考虑。④ 法律拟制的方法较早出现在德国的帝国财务法院，通过忽略从典型事实形态偏离出的非典型状态，对于非典型的事实以及证

---

① 《德国租税通则》第 161 条规定。
② 陈敏：《德国租税通则》，台湾"司法院"2013 年版，第 291 页。
③ ［美］摩根：《证据法之基本问题》，李学灯译，台湾世界书局 1960 年版，第 59 页。
④ 黄源浩：《税法上的类型化方法——以合宪性为中心》，硕士学位论文，台湾大学，1999 年。

明该事实的证据一概视为不重要，对非典型的不一致不予承认。[①] 也即，当法律事实具备一定特征时，即可将其定性为一定的法律事实存在。[②] 法律拟制是根据实际需要把甲事实当作乙事实，使甲事实与乙事实发生同一的法律效果。[③] 法律拟制与法律推定最大的区别在于，是否允许通过反证推翻，法律推定允许否定推定事实的一方以反证推翻类型化的事实，但法律拟制不允许以反证推翻。法律拟制的效力在于，税务机关应当以拟制的事实作为课税基础[④]，禁止以反证推翻法律拟制的事实，从而达到免除或移转证明责任的功效，以减少税务机关的调查活动、有效缓解举证困难、降低征税成本[⑤]，提高行政效率。

以我国台湾地区立法为例。其"所得税法"第 14 条对租赁所得规定：财产出租，收取押金或类似押金款项的，或者以财产出典取得典价的，对该款项应按当地银行业通行的一年期存款利率计算租赁收入。[⑥] 税务机关只需证明存在土地所有人收取押金或典价的积极要件事实，对于实际产生的押金或典价的具体金额在所不问，即拟制存在租赁收入（计算标准为当地银行业通行一年期存款利率）。本条还规定，将财产借给他人使用，除经查明系无偿且并非提供营业或执行业务者使用外，应参照当地一般租金情况计算租赁收入并缴纳所得税。[⑦] 根据该规定，税务机关只需证明存在财产所有人把财产借给他人使用这一积极要件事实，该财产的所有人必须对财产属无偿借用且并非提供给营业或执行业务者使用承担客观证明责任。如果财产的所有人不能对此证明，则他应按照当地一般租金情况计缴租赁收入的所得税。该法第 14 条同时还规定，财产出租约定的租金显著低于当地一般租金的，税务机关得参照当地的一般租金调整计算租赁收入。[⑧] 该规定的意义在于，税务机关就最低租金享有调整的裁量权，

---

① ［德］Reinhard Muβgnug：《税捐稽征程序中事实阐明及举证责任》，张娴安译，《辅仁法学》1994 年第 13 期。

② 黄茂荣：《税务诉讼上的举证责任》，《植根杂志》2007 年第 12 期。

③ 毕玉谦主编：《证据法要义》，法律出版社 2003 年版，第 502 页。

④ 盛子龙：《租税法上举证责任、证明度与类型化方法之研究——以赠与税课征要件上赠与合意之证明为中心》，《东吴法律学报》2012 年第 1 期。

⑤ 闫海：《税收事实认定的困境及出路》，《税务研究》2010 年第 3 期；陈清秀：《税法总论》，元照出版公司 2014 年版，第 244 页。

⑥ 我国台湾地区"所得税法"第 14 条第 5 类第 3 款规定。

⑦ 我国台湾地区"所得税法"第 14 条第 5 类第 4 款规定。

⑧ 我国台湾地区"所得税法"第 14 条第 5 类第 5 款规定。

对财产出租的租金收入的计税基础，应按照应有收入而不是实际收入进行确定。税务机关只需要证明存在租赁的事实，而不必证明存在不低于法定最低租赁收入的事实，即可拟制出租方的租金数额。此类利用法律拟制免除证明责任的情形，常常在立法中采用"视为"的表述方式，例如我国台湾地区"遗产及赠与税法"第 5 条规定，财产之转移存在所列"在请求权时效内无偿免除或承担债务者，其免除或承担的债务"等情形之一的，视为赠与并依法课征赠与税。①

五　反避税案件的证明责任分配

避税是世界各国普遍存在的现象。纳税人出于规避税收的目的，通常滥用法律关系的形成自由，避免利用通常达到一定经济结果的法律行为，从事的法律行为相对于引起的经济结果，不符合常规的方法，即手段与目的不相当。② 也即，纳税人采取间接、迂回的交易方式，使交易的形式与实质相背离，从而避免税收或减少税负。避税行为直接侵害国家税收利益，且破坏税收法定和税收公平原则。因此，对于反避税案件中税收核定的证明责任分配，尤其值得我们关注并重视。在反避税案件中，究竟由税务机关还是纳税人负证明责任更为科学合理？

要回答这个问题，应当考虑以下几个因素：第一，纳税人应享有诚实纳税推定权。这是事关纳税人人格尊严的一项基本权利，为避免税务机关滥用自由裁量权任意臆断纳税人避税，反避税案件中应当贯彻和保障纳税人的这项基本权利。除非税务机关能够提供足够证据推翻纳税人诚实的推定。第二，根据"规范有利说"，税务机关认为纳税人的行为成立避税并作出纳税调整或重新核定应纳税额的，客观上意味着纳税人承担的纳税义务即税收债权由此增加，应由税务机关对此负证明责任。这同时也有利于督促税务机关依法行政，防止权力滥用，贯彻法治国家原则。第三，依"要件事实分类说"之"消极事实说"，积极事实的主张者对该事实负证明责任，否定事实之人即消极事实的主张者对该事实不负证明责任。③ 税务机关对其主张的纳税人成立避税的事实应负证明责任，纳税人对自己不

① 我国台湾地区"遗产及赠与税法"第 5 条第 1 款至第 4 款规定。

② 黄茂荣：《税法总论（法学方法与现代税法）》（第一册），植根法学丛书编辑室 2005 年版，第 483 页。

③ 骆永家：《民事举证责任论》，台湾商务印书馆 1981 年版，第 72 页。

存在避税的事实不负证明责任。第四，对于纳税人是否在主观上具有避税动机，属其内心的想法即"内界事实"，依据"外界事实说"，外界事实的主张者有证明责任，内界事实因不能证明，故内界事实的主张者不负证明责任。① 但内界事实可以通过间接证据推知，故在税务机关承担证明责任的前提下，应允许税务机关通过间接证据证明纳税人避税的动机和事实。第五，从征纳双方举证的期待可能性看，如果按照通常的证明要求，因纳税人为实施避税目的，常常采用非常规的交易方式，特别是在国际避税案件中，税务机关的调查工作更加困难，接近和获取证据的可能性较通常的税收核定案件更小。纳税人作为从事经营活动的主导者和避税行为的操纵者，对其经营行为是否具有合理的商业目的和经济实质更加知悉。在此情况，将反避税案件中的部分证明责任分配给纳税人承担，有助于征纳双方举证公平和案件事实的调查。第六，证明责任的分配除作为税收核定待证事实真伪不明时的风险机制外，在功能上承载着保障实质课税这一实体税法基本原则并实现公平正义的功能，而不应当沦为违法者逃避法律制裁的庇护工具。因此，就价值取向而言，在保障税务机关依法行政的前提下，应适当减轻税务机关的证明责任。可考虑将法律推定引入反避税案件中，税务机关应通过提供推定纳税人存在避税动机和成立避税行为的间接证据，包括纳税人采用不相当的法律形式（迂回、复杂、曲折、隐晦、勉强、不实际的方式），以及比较相当的法律形式获取法律未预见的税收利益。如果税务机关能够证明上述两方面的事实，即可以推定纳税人滥用法律形式实施避税的事实成立。如果纳税人对避税的事实予以否认，需对其经营行为具有合理的商业目的和经济实质这一事实予以证明，推翻避税的事实推定。如果纳税人不能够推翻避税推定的，应按照经济观察法，适用实质课税，以保障税收公平原则和量能课税原则。

　　基于上述理由，本书认为在反避税案件证明责任的分配上，《德国租税通则》第 42 条关于反避税案件证明责任的分配是公平合理的，值得我们借鉴。该条款规定，税法不因滥用法律形成的可能性被规避，纳税人存在滥用时，税收请求权依据和经济事件相当的法律形成一样成立；比较相当的法律形成而言，选择不相当的法律形成使纳税人或第三人获取法律未预见的税收利益时，成立滥用；纳税人能够证明选择的法律形成在整体关

---

① 骆永家：《民事举证责任论》，台湾商务印书馆 1981 年版，第 73 页。

联上存在重大非税理由的除外。根据该规定,税务机关首先必须证明交易形式与经济实质不符且存在额外的税收利益,则可根据经验法则推定纳税人滥用法律形成进行避税,按照交易的经济实质进行课税。纳税人如果对推定的事实予以否认,认为不构成滥用法律形成实施避税的,应当对其采用的法律形成承担证明责任,说明基于何种理由采用该法律形成,该理由在经济上如何发生作用①,推翻对其不利的避税推定。该规定紧密结合避税案件特点,有效平衡征纳双方的证明责任,并融入税法实质课税原则,为证明责任的分配提供了有益的借鉴。

本章小结

税收核定的证明责任分配,是指核定纳税义务依据的课税事实,由税务机关还是纳税人提供证据证明,以及课税事实真伪不明时不利后果的归属。它是税收核定证明责任体系中最重要的组成部分。税收核定程序中,应当遵循职权调查原则,只有在税务机关尽到职权调查义务仍无法查明课税事实的,才能适用证明责任的分配规则对课税事实作出认定。鉴于课税事实证据资料多由纳税人管领,为提高税务行政效率并查明课税事实、保障纳税人基本权,立法通常采用征纳协同主义,赋予纳税主体相应协助义务,使征纳双方对程序的进行和课税事实的阐明形成责任分工的共同体。为更好把握征纳协同主义,本章对税法上协助义务的具体内容、协助义务与税收核定证明责任的区别进行深入分析。

税收核定证明责任分配规则包括一般规则和特殊规则。不同法系由于历史渊源和法律制度的区别,形成了不同的证明责任分配规则,体现出不同的价值取向。大陆法系国家和地区通常以"规范有利说"作为证明责任分配的基础,并在税收核定行政程序和诉讼程序中遵循一致的证明责任分配规则,认为税收债权成立和增加的课税事实由税务机关承担证明责任,税收债权减少和免除的课税事实由纳税人负证明责任。英美法系国家受普通法传统影响,遵循"谁主张,谁举证"的证明责任分配规则,在税收核定行政程序和税务诉讼程序中,因主张者不同,举证责任承担者也有所不同。具体而言,税务机关在行政程序中作为法规和裁定的提议者,

---

① 陈敏:《德国租税通则》,台湾"司法院"2013年版,第68页。

通常对课税事实承担证明责任。而在核定争议引起的税务诉讼程序中，证明责任通常由提起诉讼的纳税人承担。在英美法系，依"公定力说"，税务机关作出的税收核定通常被推定正确，纳税人提出异议的，需举证推翻其正确性推定。通过对两大法系在税收核定证明责任分配的分析比较可以发现，大陆法系注重法治原则和纳税人权利保护，英美法系则侧重于行政效率。总体而言，大陆法系在核定行政程序和诉讼程序中遵循一致的证明责任分配规则，较英美法系在不同程序中证明责任分配出现的断层，更为科学合理。另外，考虑到实现征纳双方举证上武器平等并有利于发现课税事实、贯彻落实税法基本原则和国家政策，在证明责任分配的一般规则之外，需结合特殊情形设置证明责任分配的特殊规则，具体包括：纳税人违反协助义务时减轻税务机关的证明责任，适用推定课税；利用法律推定减轻证明责任；采用法律拟制免除证明责任；反避税案件中，减轻税务机关的证明责任。

第四章

税收核定的证明标准

税收核定程序的证明责任体系，由证明对象、证明责任分配和证明标准三部分构成，缺一不可。仅仅依靠证明责任的分配，税务机关还不足以完成对证明对象的认定，必须在证明责任分配的基础上，借助证明标准的具体指引，才能够判断课税事实证明责任承担者提供的证据是否已经达到相应要求，从而认定课税事实这一证明对象能否成立。同时，证明标准对课税事实的证明责任承担者也具有指引作用，征纳双方可根据证明标准的具体要求，判断自己的举证活动是否已经达到相关标准，以决定是否有必要继续进一步的举证活动。可见，税收核定的证明标准无论对"事实裁判者"的税务机关，还是"举证者"的征纳双方，都起着十分重要的作用，构成税收核定证明责任体系必不可少的组成部分。因此，对税收核定证明标准展开研究，设置一套科学合理的证明标准，既有利于提高举证活动的效率，又有利于税务机关认定课税事实，并在此基础上作出正确的税收核定行政决定。

第一节　证明标准的界定及其在税收核定证明
责任体系中的作用

为保障税务机关依法行使核定权，必须对核定权的行使作出严格限制，遵循法律规定的程序和事由。税务机关不能在违反核定事由的前提下作出损害纳税人权利的核定处分。课税事实作为核定依据的前提条件，为保障对其正确认定，税务机关应当积极行使法律赋予的税务行政调查权，主动介入课税事实的调查取证活动，收集与课税事实紧密联系的各种证据。另外，税务机关作为核定案件中课税事实的"裁判者"，依据"自由心证"法则对其调查收集和纳税人提供的各种证据进行甄别，在此基础上形成对课税事实的认定。在税收核定程序中，税务机关既是课税事实证据的调查收集者，又是课税事实认定的"裁判者"。为保障税务机关依法行政，避免违法侵害纳税人的权利，在课税事实的认定上，法律应当作出一系列的限制。其中，证明标准即是税务机关认定课税事实能否成立的衡量尺度。

一　证明标准的界定

证明标准，又被称为证明程度、证明度、证明尺度、证明强度、证明额度。我国台湾地区姜世明教授认为，证明标准即证明程度或量，是裁判者对某事实的存在或不存在形成确信的盖然性所需的量，作为裁判者认定事实的标准和裁判的基础，是最低限度的心证度要求。[①] 日本的仓田卓次法官认为，证明度是裁判者认定事实形成必要心证的最下限，是一种客观尺度。[②] 德国学者普维庭教授认为，证明标准是衡量证明何时成功的尺度，决定着裁判者对某个具体内容的心证，并决定裁判者必须依据什么获得心证。[③] 英国证据法学者彼德·莫非（Peter Murphy）认为，证明标准是卸除证明责任要达到的范围和程度，即证据的质量和说服力应当达到的尺度，是衡量事实裁判者心中证据产生确定性或可能性程度的标尺，是作为证明责任承担者要获得有利事实裁判结果以前，必须通过证据使事实裁判者形成信赖的标准。[④] 澳大利亚学者吉雷斯（Gillies）认为，证明标准是承担证明责任的当事人使其举证的证据应达到具有某种说服力的程度。[⑤]

上述学者分别从裁判者和证明责任承担者的角度对证明标准作出界定，虽然有一定差异，但本质上是同一的。从裁判者的角度出发，证明标准是裁判者判断待证事实成立、获得心证的尺度或需达到的最低程度。只有在证明超过该标准时，裁判者才能认定待证事实为真实，并以此作为裁

---

① 姜世明：《举证责任与证明度》，台湾新学林出版股份有限公司2008年版，第119—123页。

② 田平安：《民事诉讼证据初论》，中国检察出版社2002年版，第96页。

③ ［德］汉斯·普维庭：《现代证明责任问题》，吴越译，法律出版社2006年版，第88页。

④ Peter Murphy, *Murphy on Evidence*, Oxford: Blackstone Press Limited, 2000, p. 119.

⑤ Peter Gillies, *Law of Evidence in Australia*, Sydney: Legal Books International Business Communication Pty Ltd., 1991, p. 64.

判根据。如果证明达不到该标准，产生的法律后果是待证事实不能被认定。从证明责任承担者的角度看，证明标准是证明责任的承担主体对证明对象加以证明应当达到的程度或尺度。[①] 证明标准对判断证明责任是否完成产生影响，如果证明责任承担者的证明达到法定最低标准，则主张的事实能够被认定，即可以认定已完成证明责任，承担的证明责任能够卸除，并能获得有利的裁判结果。

证明标准的概念容易被混淆为证明责任或证明评价。证明标准与证明责任有一定联系，证明责任是否能够完成，必须依赖于证明标准，只有达到证明标准，案件事实被证明，证明责任才能卸除。如果证明责任承担者的证明活动未能达到证明的最低限度要求，则其主张的事实不能被裁判者认定，证明责任不能完成。但是，证明标准和证明责任的本质和目的是不同的。证明标准是裁判者对案件事实形成心证的最低限度，以及对案件事实裁判能否成立的尺度，解决的是在什么样的证明强度下实体法上的要件事实能够被证明的问题，属程序法领域；而证明责任解决的是案件事实真伪不明时由哪一方当事人承担不利后果，是一种案件事实的裁判机制，属于实体法领域。[②] 就证明评价和证明标准而言，证明评价是对证明活动的检验，是裁判者在具体情形下检查某项事实主张是否已获得证明的程序，属动态的过程；而证明标准作为衡量案件是否为真的尺度，是静态的。证明评价离不开证明标准，证明标准是证明评价过程中必须考虑的重要因素，但不能以证明标准取代证明评价，证明评价还需结合证明对象等要素和证据规则综合进行。因此，证明标准虽然与证明责任、证明评价有一定联系，但各自的内涵是不同的，属于不同的范畴，不能将它们混淆。

税收核定的证明标准，作为税收核定证明责任体系的重要组成部分，是证明标准在税收核定程序中的具体运用。它是指税务机关在作出税收核定行政决定以前，衡量课税事实能否成立的尺度，也是税务机关认定课税事实应达到的最低限度。同时，税收核定的证明标准也是对课税事实证明责任的承担者举证要求的最低程度。税收核定程序中，征纳双方中对课税事实负有证明责任的一方，在课税事实存在真伪不明状态时，必须提供相应证据并达到证明标准的要求，才能避免由此产生的不利后果。

---

① 李玉华等：《诉讼证明标准研究》，中国政法大学出版社 2010 年版，第 17 页。
② ［德］汉斯·普维庭：《现代证明责任问题》，吴越译，法律出版社 2006 年版，第 97 页。

二　证明标准在税收核定证明责任体系中的作用

证明标准作为税收核定证明责任体系中不可或缺的重要部分，在核定程序证明过程中，无论对于取证者和举证者，还是认证者均产生重要影响，发挥着巨大的作用。它既是税务机关认定课税事实的尺度，又是衡量证明责任承担者是否完成证明责任的标志，同时还是税收核定证明责任适用的前提。

（一）税收核定证明标准是税务机关认定课税事实的尺度

税收核定必须以相应的课税事实为基础。然而，课税事实通常在税收核定作出以前已发生，几乎不可能完全重新得以再现，要还原课税事实，税务机关必须借助相关证据进行认定。税务机关工作人员对证据和证明的评价，属内心活动，具有主观性，不同的主体对案件事实的把握可能存在不同的认定。究竟提供证据需要达到什么样的程度，才可以得到认定？是"不可能如此""可能如此""大概如此""极有可能如此"，还是"只能如此"？证明评价是税务机关工作人员的主观认识活动，为避免不同主体基于不同认识对课税要件事实认定出现不一致，保障税收核定得以公正、平等作出，贯彻税收法定和公平原则，法律规定课税事实认定统一适用的证明标准，有助于税务机关工作人员对课税事实的认定。证明标准作为认定课税事实成立要求的最低尺度，证明只有达到了该程度，税务机关才能确认课税事实成立。如果证明达不到最低程度的要求，则不能依法认定课税事实成立。因此，税收核定的证明标准，为税务机关认定课税事实提供了指引。

不同的证明标准，对税务机关认定课税事实将产生重要影响。如果证明标准较高，会导致证据难以满足证明标准的要求，使得课税事实不易被认定为真实；如果证明标准较低，比较容易达到证明标准的要求，课税事实相应地更容易被认定为真实。在相同的证据条件下，对课税事实设置不同的证明标准，将会对课税事实认定产生不同的结果。因此，在税收核定证明活动中，证明标准如同一盏明灯，指引着税务机关对课税事实的认定。对于课税事实能否成立，税务机关必须遵循证明标准的要求进行认定。离开证明标准，对课税事实的认定将失去方向，无法保证对课税事实的正确认定。

（二）税收核定证明标准是衡量证明责任是否完成的尺度

在核定程序中，证明标准作为税务机关认定课税事实的根据，它同时也是判断证明责任承担者一方是否已经履行证明责任的标志。对课税事实的认定必须以证据为基础，证明责任的承担者为使自己主张的课税事实被事实的裁判者认定，作为税收核定的依据采用，通常会遵循税收核定的证明责任分配规则，对其主张的事实积极主动地提供证据加以证明，以避免主张的待证事实处于真伪不明时产生不利后果。但是，单纯提供证据并不当然地构成证明责任的履行，只有当提供的证据满足相应的证明标准要求，待证事实获得证明，被事实裁判者认定为真实，才能视为证明责任承担者已完成证明责任。如果证明达不到标准要求，待证事实不能被证明，将视为证明责任承担者举证不力，必须承担待证事实真伪不明的不利风险。因此，税收核定证明标准是衡量证明责任是否完成的尺度。

基于证明标准是税收核定程序中征纳一方当事人卸除证明责任的标志，它有效地指引着征纳双方的取证和举证活动。证明责任分配规则可使征纳双方合理预期哪一方对特定的证明对象承担证明责任，但征纳双方提供的证据需要达到什么程度才视为完成证明责任，需结合证明标准评判。税收核定的证明标准一旦法定化，即可为征纳双方的证明活动提供有效指引，通过对双方提供证据的证明力进行较为精准的分析和权衡，考察是否达到证明标准的要求，预测己方是否能够完成相应的证明责任。对已达到证明标准的待证事实，无须再作进一步的取证和举证活动；反之，对其提供的证据达不到相应证明标准的，可通过继续的取证和举证活动进行补救，从而完成法定证明责任，避免待证事实处于真伪不明时承担不利风险。

（三）税收核定证明标准决定适用实质证明责任的概率

在税收核定中，证明标准的高低与实质证明责任的适用有着内在的逻辑联系。实质证明责任是相对于形式证明责任而言的，它作为结果意义上的证明责任，是待证事实处于真伪不明时，依据证明责任分配规则作出的不利益风险的归属。实质证明责任适用的前提在于待证课税事实真伪不明、难以认定。对课税事实的证明标准设置的高低，直接影响实质证明责任的适用机会。[①] 原因在于，只有证据达到证明标准的要求，税务机关才能认定相关课税事实成立；反之，不能达到证明标准，则待证事实不被税务机关认定，陷于真伪不明状态。税收核定证明标准要求越高，达到该标

---

① 姜世明：《举证责任与证明度》，台湾新学林出版股份有限公司 2008 年版，第 127 页。

准的概率越小，课税事实处于真伪不明的情形会随之增多；相反，证明程度要求降低，达到该标准的可能性越大，则对于待证事实陷于真伪不明的情形便会减少。可见，税收核定证明标准的高低决定课税事实处于真伪不明状态的可能性，进而影响实质证明责任适用的概率。因此，在税收核定程序中，证明标准的高低与案件事实处于真伪不明情形和实质证明责任适用的概率成正比关系。

第二节　税收核定适用的证明标准考察

一个国家或地区对税收核定证明标准的设定，不是凭空产生的，它直接受制于该国或该地区法律体系中证明标准的相关规定，同时结合税收核定案件的特点，体现了相关国家或地区的价值取向。不同国家或地区基于不同的历史文化和法律传统，在法律体系中的证明标准表现出差异性，这种差异性直接影响着税收核定证明标准的不同设定。但是，税收核定本身具有的内在规律性，又使得证明标准的设定表现出一定的共性。本书通过考察美国、德国和我国台湾地区等代表性国家、地区对税收核定证明标准的具体设定，分析其背后蕴藏的深刻原因，有助于我们在税收核定证明责任体系中，探索较为科学合理的证明标准，合理平衡税收核定中征纳双方利益，兼顾国家税收利益和纳税人权利。

一　美国

美国税收核定的行政程序，证明标准需遵循《美国联邦行政程序法》第556节（d）规定的"实质证据"标准，即"任何口头的或书面的证据都可接受，但作为一种政策，机关应规定不接受和案件无关联的、不重要的，或过于重复的证据。除非考虑了全部案卷或其中当事人所引用的部分，并且符合和得到可靠的、有证明力的和实质性证据的支持，否则不得科处制裁、发布法规、作出裁定"①。关于"实质证据"标准，美国法院有不同的解释。美国联邦最高法院1938年在爱迪生联合有限公司诉国家劳动关系委员会一案中认为，实质证据是指依据相关证据，心智正常

———————
① U. S. Administrative Procedure Act § 556 (d).

的人可认为足以支持结论的证据。① 在 1951 年通用相机公司诉国家劳动
关系委员会案和 1969 年 Steacham 航运公司诉 Ahea 案中进一步指出，须
心智正常的人，在考量行政机关提出的证据整体后，认为足以支持结论
的，才符合实质证据标准；当心智正常的人按照行政机关提出的证据，可
获得多项结论时，只要获得的结论属其中一项，即符合实质证据标准。②
有的法院则认为实质证据标准即是民事案件中的"证据优势"标准，行
政机关考虑全部证据后，按照占优势的证据确定事实并据之作出裁决。③
还有法院认为在欺诈行为案件中，实质证据标准是超过证据优势的证明标
准。④ 总体而言，法院对实质证据标准出现的不同解释，根本上源于行政
裁决案件自身的不同性质以及裁决结果对当事人造成的影响不同，从而在
政策上作出不同处理。⑤

　　为更好地把握美国税收核定的证明标准，有必要将视线范围扩大到税
收核定纠纷引起的诉讼案件。美国属普通法国家，不注重公法与私法的划
分，没有行政诉讼的范畴，通常将核定纠纷纳入民事诉讼案件范围，在审
判程序上适用民事诉讼的证明标准。除法律另有规定外，通常遵循"证据
优势"（proponderance of evidence，又称为"盖然性占优势"）的证明标准。
因此，"证据优势"可被认为是美国税收核定案件中最通用的证明标准。至
于什么程度才算达到证据上的优势，在美国法上是一个极其微妙的问题。
在税务案件的审判过程中，法官给出了大致同一但略为存在差异的解释。

　　在田纳西州地方法院审理的布朗夫妇诉美国税额确定纠纷一案中，原
告布朗夫妇在纳税申报表中对相关损失予以抵扣。对此，政府主张原告对
马的饲养和表演是为原告和家庭个人娱乐，并无营利目的，因此原告无权
抵扣所得税申报表中由表演马术引起的经营损失。⑥ 在美国，如果个人从
事仅为自己娱乐消遣或社会荣誉的活动，与从事直接以营利为目的的活动

　　① Consolidated Edison Co. of New Nork v. National Labor Relations Board, 305 U. S. 197（1938）.

　　② Universal Camera Corp. v. National Labor Relations Board, 340 U. S. 474（1951）.

　　③ 李文松：《行政程序证明标准研究》，硕士学位论文，南昌大学，2014 年；徐继敏：《行政程序证据规则研究》，中国政法大学出版社 2010 年版，第 137 页；Charles W. Steadman v. Securities and Exchange Commission, 450 U. S. 91（1981）。

　　④ Collins Securities Corporation and Timothy Collins v. Securities and Exchange Commission, 526 F. 2d 820（1977）.

　　⑤ 王名扬：《美国行政法》（上），中国法制出版社 2005 年版，第 484 页。

　　⑥ Dr. Kenneth P. Brown & Mrs. Mary Lou Brown v. United States of America, 1973 WL 641.

不同，活动的费用不能被扣除。法院认为，原告负有证明责任，应以优势证据证明联邦税务局在案件中对税款的确定是不正确的；适用于确定原告是否具有营利动机的标准，应以优势证据表明，原告真诚地期望营利，即使实际上蒙受了损失，这种期望是他们持续经营的原因。法官指示陪审团，本案中承担证明责任的原告纳税人一方，为了获得胜诉，必须通过提供的证据使陪审团相信，案件事实为真实的可能性大于不真实。[1] 换句话说，纳税人提供的证据比联邦税务局提供证据的证明力更大，当它与相反的证据相比较，被认为具有更加确信的力量，在陪审员的心中相信——原告对马的饲养、繁殖和表演，主要是为营利目的而不是出于个人娱乐消遣。[2] 法官还进一步说明，证据优势意味着，原告布朗夫妇提供的证据相比对方提供的证据而言，必须稍微多一点证明力，这不是由证据的数量决定的，而是在陪审员的内心形成确信的力量。[3] 另外，在科罗拉多州地方法院审理的 Sanbornir 纪念品有限公司案中，法官认为，"证据优势"意味着在案件事实的裁判者心中建立起主张的事实成立，它不是单独由证明特定事实的证据数量决定的，在确定哪一方当事人提供的证据具有证明力或达到优势证据时，必须考虑案件中所有的证据、事实和情况。[4] 具体而言，确定一方当事人的证据具有优势时应考虑诸多因素：（1）证人对"作证的事情"看到和了解的机会；（2）证人在证人席上的行为和举止；（3）证人与诉讼结果有无利害关系；（4）证人陈述的真实可能性或不可能性。[5] 在肯塔基州地方法院审理的 L. W. Credo 案中，法官认为，证明责任要求纳税人以优势证据推翻联邦税务局税收核定的正确性。如果双方的证据是平衡的、相当的，则证据没有优势。缺少优势证据，承担证明责任的一方就不能够以"证据优势"建立起案件的事实。证据优势打破了证明力的平衡，表现在证据证明力上的优势，而不是更多数量的证人或证据。[6] 在威斯康星州地方法院对 H. G. W. Voss 案件作出的裁决中，法院认为，"权衡优势"可能通过三种方式的优势达到：证明力，可靠性，使人确信

---

[1]　Dr. Kenneth P. Brown & Mrs. Mary Lou Brown v. United States of America, 1973 WL 641.

[2]　Ibid.

[3]　Ibid.

[4]　L. Stephen Cash, Thomas L. Dicken, Virginia Ward-Vaughn, "Burden of Proof and the Impact of Code Sec. 7491 in Civil Tax Disputes", *Taxes*, 2002, 80 (1).

[5]　Ibid.

[6]　Ibid.

的力量。① 亚拉巴马州的法院对"证据优势标准"阐述得更为清楚，认为优势证据意味着，如果案件中的原告纳税人有证明责任，为了达到胜诉的目的必须满足的条件是，从案件的所有证据中，能够证明事实比不是事实更为可能。比较相反的证据，它具有更加令人信服的力量，在陪审团的内心相信，寻求被证明的待证事实的真实性比不真实更具可能性。关于优势证据标准如何量化，有学者指出，如果将盖然性从 0%—100% 区分，则证据优势的盖然性，应当在 51%—74% 的区间。②

美国税务案件采用"证据优势"作为通常的证明标准，有以下几个方面的原因：第一，美国属于普通法国家，遵循普通法传统，不区分公法与私法，税务案件适用民事诉讼程序，适用民事案件通常的证据优势标准。第二，体现美国把效率和利益放在首位，强化降低征管成本、提高征管效率的价值追求③，这与税收核定证明责任分配体现的效率价值目标是一致的。证据优势属较低的证明标准，仅要求证明责任承担者在证据上以微弱的证明力优势取胜于对方当事人，较为容易实现，能够充分体现行政效率，节约行政成本，增加经济效益。第三，体现美国法院在司法审查过程中对行政权行使的态度有放宽的趋势。税收核定具有很强的专业性、技术性和复杂性，税务机关工作人员具备相应的专业知识，能够较好地胜任税收核定工作。法院在司法审查中采用证据优势的标准，表现出司法机关尊重税务行政机关利用专业知识对课税事实问题的处理。

在强调行政效率，对税收核定适用"证据优势"的通常证明标准之外，结合特殊情形，《美国税法典》和《美国联邦税务法院诉讼规则》对部分待证事实规定了"清楚且令人确信"证明（clear and convincing evidence，又称"明显说服"证明）的较高标准。"清楚且令人确信"的证明标准，是一种中间标准，低于刑事案件要求的"排除合理怀疑"标准④，高于普通民事案件的"证据优势"标准。该标准是能够确定争议的

① L. Stephen Cash, Thomas L. Dicken, Virginia Ward-Vaughn, "Burden of Proof and the Impact of Code Sec. 7491 in Civil Tax Disputes", *Taxes*, 2002, 80 (1).

② ［德］汉斯·普维庭：《现代证明责任问题》，吴越译，法律出版社 2006 年版，第 104 页。

③ 李文松：《行政程序证明标准研究》，硕士学位论文，南昌大学，2014 年。

④ "排除合理怀疑"（beyond a reseanable doubt）的证明标准，是刑事案件陪审团认定被告人有罪适用的证明标准，要求只有控方提出的证据对被告人有罪事实的证明达到无合理怀疑的确定性程度时，陪审团才可以裁决被告人有罪。参见薛波主编《元照英美法词典》，法律出版社 2003 年版，第 145 页。

基本事实具有合理真实性的一种证明标准,对事实的确认达到一种高度的盖然性①,即事实极有可能如此,类似于大陆法系的"高度盖然性"证明标准。需要说明的是,《美国税法典》的相关规定不仅适用于税收核定民事诉讼案件,而且对行政程序中联邦税务局核定税收的处理决定有直接约束力。适用"清楚且令人确信"证明标准的案件通常是由联邦税务局承担证明责任的案件,主要范围包括:纳税人有意图逃税的税务欺诈民事案件②;联邦税务局认为基金管理人故意违反利益回避原则或进行的违反免税目的之投资,或同意进行应税开支的事实③;联邦税务局认为信托的受托人故意违反利益回避原则,或同意进行应税开支的事实④;联邦税务局认为非营利组织的管理人故意进行政治性支出,或进行违反免税目的的游说支出,或给予内部人过高的报酬的事实。⑤

二　德国

德国通说认为,税收核定程序中课税事实认定的证明标准,与法院诉讼程序中课税事实适用的证明标准是同样的,原则上为通常的证明程度。关于法院在诉讼程序中对课税要件事实适用的证明标准,根据《德国财务法院法》(FGO)第96条第1项之规定,法院应斟酌全辩论意旨和调查证据的结果,以自由心证形成的确信作为裁判基础。据此,税务案件诉讼程序中适用的证明标准为"确信"标准(也称为"真实确信"标准)。根据真实确信理论,"真实确信"的证明标准是指,有关课税要件事实必须使税务机关或法官对事实真实性的心证,达到接近确实的盖然性,才能够认定为真实。⑥要使"裁判者"的内心对"某项特定的事实关系属于真实"获得完全的确信,达到相当高的盖然性,任何有理性并熟悉生活事

---

① 薛波主编:《元照英美法词典》,法律出版社2003年版,第234页。
② Rules of Practice and Procedure of the United States Tax Courts (2012), Rule 142 (b).
③ I. R. C. §7454 (b); Rules of Practice and Procedure of the United States Tax Courts (2012), Rule 142 (c).
④ Ibid.
⑤ Ibid.
⑥ 陈清秀:《税法上之正当法律程序》,中国财税法学研究会2014年年会暨第21届海峡两岸财税法学术研讨会论文,武汉,2014年10月,第779页。

实关系的人不产生怀疑。① 这里所指的确信达到的"真实"程度，是主观认识的可以被视为事实的"相对性的真实"。② 受认识能力限制，税收核定主要针对的是发生了的、已经成为过去的课税事实，税务机关及其工作人员并未亲历该事实过程，重新让已经发生的客观事实得以完全再现，是不可能实现的。因此，确信内容的"真实"并不是完全绝对的客观真实。在此情况下，只要税务工作人员或法官对事实的真实性的心证达到"实际生活中可以运用的确实程度"，就可以认定已经达到"真实确信"的证明标准。即使这种确信还达不到完全能够排除一切怀疑，但可以使怀疑保持沉默③，没有任何一个有理性、清楚通晓生活事实的人会提出合理怀疑，则可认定待证事实被证明。④

　　也有学者指出，由于税务案件的大量性，为兼顾公平执法和课税的合法性，税务机关不必对所有案件的与课税有关的一切事实均达到确信标准，应在结构上确保整体执行课税的公平。⑤ 该主张得到德国立法的认可，《德国租税通则》第 162 条规定：税务机关无法调查或计算课税基础时，采用推定课税，对课税基础进行推定时，应参酌一切具有重要性的情形；纳税人违反法律规定的协助义务以获取必要证据，无法阐明事实时，允许税务机关推定课税。推定课税，作为补充的证据方法，或证据方法不充分时的证据评价，实质是将证明程度予以降低，减轻到最大真实的可能性⑥，亦即达到"优势盖然性"的确信。⑦ 在适用范围上，推定适用于课税基础。依据该条规定，推定课税可以适用于以下两种原因导致的情形：一是归因于税务机关未能正确调查或计算课税基础的原因，二是归因于纳税人未尽协助义务以获得必要证据。

---

　　① Tipke, Kruse, Kommentar zur AO und FGO（LFN 117），Köln：Dr. Otto Schmidt，2007，Tz. 66.

　　② 盛子龙：《租税法上举证责任、证明度与类型化方法之研究——以赠与税课征要件上赠与合意之证明为中心》，《东吴法律学报》2012 年第 1 期。

　　③ 姜世明：《举证责任与证明度》，台湾新学林出版股份有限公司 2008 年版，第 256 页。

　　④ Tipke, Kruse, Kommentar zur AO und FGO（LFN 117），Köln：Dr. Otto Schmidt，2007，Tz. 66.

　　⑤ Tipke, Lang, Seer, Steuerrecht, Köln：Dr. Otto Schmidt，2010，Rz. 204.

　　⑥ 陈敏：《德国租税通则》，台湾"司法院"2013 年版，第 292—294 页。

　　⑦ Huebchmann, Hepp, Spitaler, Kommentar zur Abgabenordnung-Finanzgerichtsordnung（LFG 197），Köln：Dr. Otto Schmidt，2008，Rz. 66.

　　在德国联邦财务法院的实务中，借用《德国民事诉讼法》第 444 条[①]
关于"证明妨碍"的相关法理，从证明妨碍的理论角度，认为纳税人违
反税收行政程序和诉讼程序的协助义务，妨碍课税事实的调查，对课税事
实不能查明具有可归责性，应降低税务机关的证明标准。[②] 理论界学者则
从"范围责任"理论的角度出发，认为职能机关已履行调查职能的情况
下，因纳税人的原因未尽到协助义务，没有提供掌管范围内的证据，应当
降低证明标准。[③]

　　特别值得一提的是，在德国税法学界，学者 Seer 对税法提出一套弹
性证明标准的理论，以真实确信的证明标准为出发点，结合当事人管领范
围内应当承担的风险，决定是否调整通常的证明标准。[④] 详见表 4 - 1。

　　Seer 区分税收债权成立或增加、减少或免除的构成要件事实，并结合
该事实无法查明的原因归责于征纳双方中的哪一方，来决定是否降低证明
标准。经税务机关职权调查，属于税收债权成立或增加的构成要件事实，
仍无法达到真实确信的证明标准时，如果系纳税人未依法履行协助义务导
致，承担证明责任的税务机关不具有可归责性，则可将税务机关的证明标
准减轻至最大可能的盖然性；如果不是纳税人违反协助义务导致，或者是
因为税务机关未尽到职权调查义务所致，则承担证明责任的税务机关具有
可归责性，应由税务机关承担该事实真伪不明的不利后果，不能降低税务
机关的证明标准。[⑤] 对于纳税人承担证明责任的税收债权减少或免除的构
成要件事实，如果不能查明是由于纳税人违反协助义务导致，纳税人具有
可归责性，对该事实的证明标准不能降低；如果无法查明不是由于纳税人
违反协助义务导致，或者属税务机关未尽职能调查义务导致，则承担证明
责任的纳税人不具有可归责性，对该事实可以减轻证明标准。[⑥] Seer 的该
理论将构成要件事实的证明标准能否降低，与承担证明责任的一方当事人

---

　　① 该条文规定，一方当事人意图妨碍对方当事人使用证书而毁损证书或者致使该证书不能
使用的，对方当事人关于证书的性质和内容的主张，视为已经得到证明。

　　② Tipke, Kruse, Kommentar zur AO und FGO（LFG 137），Köln：Dr. Otto Schmidt, 2010,
Tz. 3.

　　③ Roman Seer, Verständigungen in Steuerverfahren, Köln：Dr. Otto Schmidt, 1996, p. 191.

　　④ Ebd.

　　⑤ Ebd.

　　⑥ Tipke, Kruse, Kommentar zur AO und FGO（LFG 117），Köln：Dr. Otto Schmidt, 2007,
Tz. 91.

有无可归责性紧密结合起来，避免负有证明责任一方因主观上的可归责性反而获得证明标准降低带来的不正当利益，考虑了公平原则，是值得借鉴的。

表4-1 　　　　Seer 的税收构成要件事实证明标准弹性调整理论

要件事实	证明责任分配	无法查明的原因	可归责性	证明标准能否降低
税收债权成立或增加的事实	税务机关	纳税人违反协助义务	纳税人	降低证明标准
		纳税人未违反协助义务	税务机关	不能降低证明标准
		税务机关未尽职权调查义务		
税收债权减少或免除的事实	纳税人	纳税人违反协助义务	纳税人	不能降低证明标准
		纳税人未违反协助义务	税务机关	降低证明标准
		税务机关未尽职权调查义务		

三　我国台湾地区

1997 年，我国台湾地区"财政部赋税署"通过台税稽发第 8600292 号函，将"查税过程中征纳双方举证责任分配研议"的研究报告，提供给辖区范围的各国税局、稽征处参照。实务中将不同的课税情形依程度划分为不同的证明标准，具体内容为，参照美国的立法例，对于一般补税案件，适用"优势证据"的证明标准，税务机关须证明课税事实的存在达到表面可信的状态，即优势证据法则。对于税收罚锾案件需达到"明显优势证据"的证明标准。根据该函件内容，税务机关应当基于人类一般生活经验的人数统计，一般系如此的事项。税务刑罚案件则采用"无合理怀疑"的证明标准，即任何正常人，依据日常生活经验法则和论理法则，对于认定的事实不会产生任何合乎逻辑性的怀疑。关于本证与反证是否适用同一证明标准，"财政部赋税署"持肯定意见。[①] 可见，我国台湾地区虽然属于大陆法系，但是关于税收核定的课税要件事实证明标准，引入美国立法例，适用多层次的证明标准，补税案件适用"证据优势"标

---

① 参见我国台湾地区"财政部赋税署"1997 年 4 月 7 日台税稽发第 8600292 号函。

准，罚锾案件适用"明显优势证据"标准，即"清楚而令人确信"标准，税务刑事案件适用"排除合理怀疑"标准。对上述内容，学者持部分肯定、部分否定意见。例如黄士洲在《税务诉讼的举证责任》一书中认为，上述 1997 年台税稽发第 8600292 号函区分补税与裁罚案件，适用不同的证明标准，值得赞同。[①] 罗子武则在《租税稽征程序举证责任之研究》一文中，对该函件关于本证与反证持相同证明标准提出质疑，认为反证应达到动摇本证形成的心证即可，反证的证明标准无须达到与本证同一标准。[②]

考虑到纳税人履行协助义务是税务机关阐明课税事实的重要方法，没有纳税人的协助，会造成税务行政资源的巨大浪费，并影响税务机关对纳税人应纳税额的准确认定。我国台湾地区在通常适用的证明标准之外，明确了特殊情形下证明标准的降低。依据其"所得税法"第 83 条之规定，纳税人如果违反协助义务，税务机关可根据查得的资料进行推定课税，或者依据同业利润标准核定所得额。如果经调查发现课税事实证据的，应遵循客观原则，依课税资料反映的纳税额处理。

值得注意的是，我国台湾地区在近年来的税务诉讼司法实务中，对于课税事实的证明标准，要求通常以高度盖然性为原则，适用几近确实的盖然性标准。但对证明标准的具体适用，区别本证与反证有所差异。我国台湾地区"最高行政法院"104 年度判字第 579 号判决明确指出：对于纳税人违反协助义务，致使税务机关调查出现困难，最多减轻税务机关的本证证明标准，不足以倒置课税要件事实的客观证明责任，仅能够容许合理减轻税务机关原本应当承担的证明标准，但最低标准不得低于优势盖然性，即超过 50% 的盖然性或者较强的盖然性，方可认为税务机关已履行证明责任；对于纳税人提供的反证的证明标准，不能与税务机关提供的本证证明标准等量齐观，纳税人因否认本证的证明力而提供的反证，目的在于推翻或削弱本证的证明力，防止法院对于本证达到确信的程度，使得本证的待证事项陷于真伪不明状态即实现举证目的。

对于推定课税的适用，属证明标准的减轻，是否可以运用于税收裁罚案件？对此，我国台湾地区司法界持否认观点。本书以上诉人光发镀

---

① 黄士洲：《税务诉讼的举证责任》，北京大学出版社 2004 年版，第 124 页。
② 罗子武：《租税稽征程序举证责任之研究》，硕士学位论文，台湾中兴大学，1998 年。

金股份有限公司（以下简称光发公司）与被上诉人台湾地区"财政部"北区国税局（以下简称北区国税局）营利事业所得税纠纷税务行政诉讼案（我国台湾地区"最高行政法院"102 年度判字第 816 号判决）为例展开说明。上诉人光发公司是一家金属品表面电镀、钣金、烤漆的制造单位，于 1999 年申报营利事业所得税，列报营业费用——佣金支出 62070000 元新台币，经被上诉人北区国税局初查核定佣金支出为 0 元新台币（本税部分已经我国台湾地区"最高行政法院"其他生效判决确定，双方均不再有争议）。北区国税局重新核定光发公司漏报所得额 62070000 元新台币，并依"所得税法"第 110 条第 1 项规定，按所漏税额 15517500 元新台币的 1 倍处以罚锾。光发公司不服税务机关对于罚锾的处理，提起行政诉讼，经台北高等行政法院再次作出 2013 年诉更三字第 1209 号判决驳回①，上诉人对该判决不服提起上诉，形成本案。上诉人光发公司主张，经香港 YIK 公司引介，1999 年接获多家国际大厂的订单；YIK 公司告知上诉人相关商品讯息，使上诉人及早从事电镀模具研发，YIK 从中居间中介为上诉人引介代工。上诉人提供双方往来函件作为证据，并提供 1999 年 11 月 26 日、2000 年 3 月 3 日、2000 年 6 月 30 日分三次汇款给 YIK 公司的汇款水单以及外汇局 2007 年出具的函件为依据。光发公司认为，即使不足以证明上诉人于 1999 年支付给 YIK 公司的报酬属于佣金性质，也是取得营业资讯费用，属于本业及附属业务相关费用，依《营利事业所得税查核准则》第 67 条第 2 项规定，既有付款的事实，且无虚列费用的故意或过失，应当免予处罚，故请求撤销诉愿决定及原处分（复查决定）。被上诉人北区国税局认为，本案无 YIK 中介事实的记载，经税务机关调查相关单位人员均否认经 YIK 公司引介交易之事，光发公司对 YIK 基本资料不清楚的情况下进行汇款违反常理，支付的事实和对象或许是借款或其他经济事实原因；本案属于光发公司故意以其他不正当方法逃漏税捐，应予补税并处罚；在税收核定过程中，光发公司违反协力义务，应承担罚锾或由税务机关片面核定等不利益后果，从而减轻被上诉人的证明标准。原审法院以光发公司向 YIK 汇款并不能表明属于对 YIK 公司中介劳务费报酬的佣金支出或取得交易资讯的对价为由，判决光发公司败诉。本案中，争议

---

① 此前台北高等法院三次判决驳回，并经我国台湾地区"最高行政法院"三次发回重审。

焦点在于，因纳税人未履行协助义务导致对本税课税事实部分的推定课税，即证明标准的降低，能否适用于罚锾部分的推定处罚？我国台湾地区"最高行政法院"认为，本案中有上诉人光发公司付款给 YIK 公司的事实，仅因账证不全或有疑义，致使无法有效证明该项支出与申报科目一致，或系其他本业或附属业务所需者，可予剔除并依法补税；本案并非查明确无支付的事实，难以援引"所得税法"第 110 条第 1 项规定实施处罚；税收征收处分属国家行使课税高权的结果，直接影响人民财产权，其证明程度应以高度盖然性为原则，亦即要求适用几近于确实的盖然性作为诉讼上的证明标准，基于税务案件所具有的大量性与课税资料为纳税人所掌握的事物本质，法院应视个案情形及纳税人是否恪尽协力义务，适当调整证明标准，以实现公平课税的要求；税收裁罚处分属于国家行使处罚权的结果，与课税平等或稽征便利无关，且与刑事罚类似，基于行政诉讼法保障人民权益，确保国家行政权合法行使的宗旨，其证明标准应达到使法院完全的确信，才能予以维持；区别补税罚锾处分所需事实基础的证明标准，对于营利事业办理所得税结算申报，剔除其费用或损失而增加课税所得额的核定，并不要求达到"确无支付事实"的强度，但对于漏报课税所得额的处罚，应达到"查明确无支付的事实而系虚列费用或损失逃税"的强度，包括根本无此笔金额支出，或虽有此笔支出，但完全与其本业或附属业务无关；对于"确无支付的事实而系虚列费用或损失逃税者"的要件事实，应由税务机关承担客观证明责任，在法院对于光发公司虚列佣金支出实施逃漏税收这一待证事实无法形成完全确信时，税务机关的对该事实的证据未达到证明标准，应承担不利后果，不能对光发公司处于罚锾。据此，我国台湾地区"最高行政法院"对原判予以改判。

第三节 税收核定证明标准设置的路径选择

在税收核定程序中，证明标准的科学设置，有利于税务机关正确认定课税事实并依法作出税收核定行政决定、防止税收核定权滥用，同时能够指引征纳双方为完成证明责任，及时有效地从事证据的调查、收集和提供。准确把握税收核定证明标准应当考虑的基本要素，合理平衡征纳双方利益，贯彻公平与效率原则，结合案件的性质和具体情形，在比较各国、地区现有税收核定证明标准的基础上，选择科学的证明标准路径，有助于更好地发挥证明标准在税收核定证明责任体系中的功能和作用。

一　税收核定证明标准的确定依据

（一）课税要件事实以法律真实为目标

对税收核定证明标准的选择，很大程度上取决于税收核定中证明任务的确定，即在税收核定程序中，究竟以客观真实还是法律真实作为证明的目标。如果把客观真实作为证明任务，要求核定程序中认定的案件事实应与客观实际发生的事实完全一致，决定着税收核定证明标准只能是"绝对确实"（absolute certainty）的证明，作为事实裁判者的税务机关对待证事实的存在或不存在形成百分之百的绝对确信，无丝毫怀疑。然而，追求客观真实是几乎不可能的。税收核定依据的课税要件事实绝大部分已经在过去发生，不能在核定程序中重现，税务机关在客观上无法将核定程序中认定的事实与实际发生的课税要件事实进行比对。"所有的证据都是盖然性的，并不存在形而上学的绝对真实。"① 通过证据还原的课税要件事实与实际已经发生的课税要件事实不可能完全吻合。人们受认识能力和事实发现能力的限制，以及受制于发现客观事实的主观路径，例如调查取证的权限、时限和采取的技术手段等，决定了税收核定中客观真实的证明目标无法达成，只能将事实发现的目标定位于实现追求客观真实与其他价值目标的和谐，以及法律上客观真实的绝对性与相对性之间的衡平。②

将课税要件事实的法律真实作为税收核定的证明任务，并不意味着完全客观真实无关紧要。③ 法律真实是核定程序中，建构在法律程序之上的，税务机关通过征纳双方提供的证据并遵循证据规则还原的事实。它虽然与客观真实存在一定程度的差异，但应以客观真实作为指引目标，力求接近客观真实。根据法律认定的课税要件事实与客观真实的接近程度，可

---

① Richard A. Posner, "An Economic Approach to the Law of Evidence", *Stanford Law Review*, 1999, 51 (6).

② ［美］理查德·A. 波斯纳：《证据法的经济分析》，徐昕、徐昀译，中国法制出版社2004年版，第5页。

③ 江伟主编：《民事诉讼法》，高等教育出版社2007年版，第19页。

以将证明标准划分为多种层次：可能性、证据优势、清楚而令人信服（明显证据优势）、无合理怀疑等，各个层次的证明标准之间依次由低至高。是否证明标准越高越好，不能简单下结论，还需结合其他因素综合权衡。

（二）注重行政成本与课税要件事实的准确性相结合

美国法律经济学家理查德·A. 波斯纳（Richard A. Posner）在其《证据法的经济分析》一文中指出，证据法的经济分析，最重要的是关注准确性和成本。[①] 在税收核定程序中，从证明标准与课税要件事实的准确性和行政成本的关系看，证明标准的高低制约着课税要件事实认定的准确性。证明标准越高，课税要件事实的准确性越高；证明标准越低，课税要件事实的准确性越难以保障。同时，证明标准作为卸除证明责任应达到的范围和程度[②]，证明标准越高，意味着证明责任越难以完成，证明责任越重[③]，履行证明责任产生的税务行政成本越高，相应地行政效率就越低。证明标准越低，证明责任越容易实现，证明责任显得越轻，履行证明责任产生的税务行政成本就越低，行政效率也越高。可以说，税收核定课税要件事实认定的准确性，与证明标准的高低以及履行证明责任的行政成本是成正比例关系的。追求课税要件事实的准确性是以增加行政成本为代价的，准确性的高低影响着行政成本的高低。[④]

税收核定程序中，对课税要件事实证明标准的确定，应综合考虑实现证明标准所需的成本，使行政成本和错误成本之和达到最小化。图4-1显示了税收核定证明标准与成本（包括行政成本和错误成本）之间的内在联系。

从法经济学角度看，证明标准的使用，目标在于引起的错误成本与行政成本之和实现最小化。[⑤] 可以通过错误成本和行政成本的不同，设定多元化的证明标准。图4-1中所示，横轴表示税收核定中对课税要件事实要求的证明标准，由左到右表示证明标准由低至高。证明标准是税务机关

---

①　Richard A. Posner, "An Economic Approach to the Law of Evidence", *Stanford Law Review*, 1999, 51 (6).

②　Peter Murphy, *Murphy on Evidence*, Oxford: Blackstone Press Limited, 1997, p. 109.

③　段后省：《证明责任、证明标准和证明评价的实践互动与制度协调》，《南京师大学报》（社会科学版）2007年第3期。

④　［美］理查德·A. 波斯纳：《证据法的经济分析》，徐昕、徐昀译，中国法制出版社2004年版，第5页。

⑤　Richard A. Posner, *Economic Analysis of Law*, New York: Aspen Publishers, 1998, p. 599.

认定课税要件事实依据的信息充分程度的重要工具。[1] 纵轴表示适用相应证明标准所需的成本。曲线 C 表示错误成本，曲线 B 表示税务行政成本，曲线 A 表示税务行政成本与错误成本之和。C 向下倾斜，表明在税收核定证明标准不断提升的同时，错误成本逐步变小。这是因为税收核定的证明标准越高，税务机关工作人员在作出税收核定时获取的信息量越大，对案件事实认定发生错误的概率越小，错误成本就越低。同时，随着税收核定证明标准的提高，认定案件课税要件事实所需的信息量增大，税务机关为满足相应证明标准而进行的调查收集证据等活动花费的时间成本、人力资源成本、物力成本等越大，税务行政成本越高。曲线 B 不断上升，反映了证明标准的提高会导致税务行政成本的增加。对于曲线 B 与 C，则呈现出相反趋势，表明二者间的反比例关系，税务行政成本越高，错误成本越低；税务行政成本越低，则错误成本越高。在 M 点，边际成本等于边际收益。也就是说，税收核定的证明标准不必达到"绝对确实"的证明程度，原因在于达到这一程度需要的边际成本已超过边际收益。[2]

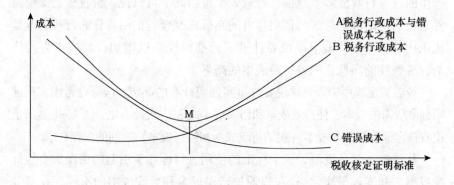

图 4 - 1　税收核定证明标准与行政成本、错误成本的关系[3]

（三）兼顾公平与效率

公平与效率是人们共同追求的价值目标，在税收核定程序中也不例

---

① Matthew C. Stephenson, "Evidentiary Standards and Information Acquisition in Public Law", *American Law and Economics Review*, 2008, 10 (2).

② 张卿：《证明标准的经济学分析》，《比较法研究》2013 年第 4 期。

③ 图 4 - 1 借鉴了张卿《证明标准的经济学分析》一文中的表 5.1，并在此基础上加工而成。参见张卿《证明标准的经济学分析》，《比较法研究》2013 年第 4 期。

外。对税收核定证明标准的设定，应考虑税收核定的性质和具体情形，根据核定决定对纳税人权利义务影响程度的大小进行科学界定。税收核定的适用范围包括预约定价、定期定额核定、纳税调整、税务和解等，不同的适用情形体现出税收核定权介入的强弱程度有所区别。在税务和解与预约定价中，虽然以税务机关的核定权为主导，同时在一定程度上介入了纳税人的意志，是征纳双方共同意志的结果。纳税调整作为一种典型的反避税措施，出发点在于税务机关打击避税行为、保障国家税收利益和纳税人公平纳税，体现了行使税收核定权的单方意志，对课税要件事实要求的准确性和证明标准要求更高。

从核定的内容看，税收核定主要是针对纳税人的应纳税额作出的行政决定，但在纳税调整等场合，核定的行政决定中还包括税务机关对纳税人违反协助义务实施的行政处罚，例如罚款、罚锾、滞纳金等，在性质上体现了行政权对违法行为的制裁，属于较为严厉的行政处分，对纳税人的权利义务造成的影响较大，通常应适用较高的证明标准。为实现公平，在税收核定证明标准的设定上，还应考虑证明的难易程度。例如，课税资料证据因火灾等不可抗力或其他不可归责于征纳双方的原因灭失，导致证明难度明显增大的情形下，可考虑调低相应的证明标准。另外，如果因一方当事人故意实施证明妨碍活动时，不予提供其管领范围内的证据，造成对方举证困难，为公平起见，通过对证明标准的调整，降低对方当事人对相关事实的证明标准，使得归因于一方当事人的原因造成的武器不平等，恢复到正常的状态，有利于实现征纳双方的实质公平，并有利于提高案件处理的效率。

（四）注重法律体系的统一性

税收核定的证明标准不是凭空产生的，也不是孤立存在的。核定的证明标准，涉及证据法、税法和行政法几个方面的内容，与特定国家、地区的现存立法密不可分，共同构成法律体系的组成部分，统一体现了立法者的意志和价值取向。它作为法律体系的组成内容，需充分吸收证据法上证明责任体系中证明标准的经验。例如，美国在税务案件中的证明标准主要参照了民事诉讼的证明标准，德国则主要参照了三大诉讼体系中通用的证明标准。各类证明标准有一定的共同性，背后蕴含着一套通用的理论，同时又根据自身的特点表现出一定的特殊性。由于税收核定是税务机关履行税收核定行政职权的重要体现，必须遵循行政法的基本理论和制度，秉承行政法依法行政、效率原则、比例原则等基本原则和理念。此外，税收核定的对象是纳税人的应纳税额，还需考虑税收的特点，遵循税法的基本原则和内在规律。因此，在税收核定证明标准的设定上，需立足现有立法制度，不能脱离孕育的土壤凭空产生，否则会失去依托，背离相关的立法内容，引起法律体系内部价值体系和秩序的混乱。

在税收核定程序的证明标准设定上，除借鉴一国证据法和行政法的基本制度外，尤其应注重借鉴税务诉讼中的证明标准。理由在于，税收核定行政程序与税务诉讼程序之间是前后衔接的关系。纳税人如果对税收行政程序中的核定处分不服，税务诉讼则是其重要的救济途径，税收核定行政决定将纳入法院司法审查的范围。税收核定行政程序发生在税务诉讼程序之前，构成税务诉讼程序的基础。两种程序在证明标准的适用上基本是一致的。因此，在现有税收核定行政程序证明标准的研究相对较少的情况下，着重研究税务诉讼中对核定决定审理时适用的证明标准，有利于为税收核定程序证明标准的研究提供重要的借鉴意义。

（五）区分本证与反证

本证与反证是根据证据与证明责任承担者之间的关系所作的划分。① 本证是指对于待证事实承担证明责任的一方提出的证据，反证则是对于待证事实不负担证明责任的一方提出的证据。本证和反证的作用是不同的，本证是证明责任承担者为使其主张的待证事实被税务机关或法院认定为真实的目的而提供，它应当达到证明标准的基本要求，否则该事实不能被认定为真实。反证的提供者本身不是证明责任承担者，提供反证的目的仅仅在于使裁判者对本证已形成的确信发生动摇，使待证事实处于真伪不明即获得成功，不必使裁判者对反证证明的对象形成确信。② 因此，本证与反证适用的证明标准是有差别的，本证的证明标准应高于反证。具体在税收核定程序中，应区分待证事实的证明责任承担者是税务机关还是纳税人，对其提供的证据的证明标准作出区别对待。

---

① 张建伟：《证据法要义》，北京大学出版社 2009 年版，第 143 页。
② 姜世明：《举证责任与证明度》，台湾新学林出版股份有限公司 2008 年版，第 126 页。

二　税收核定证明标准的具体设置

（一）税收核定证明标准应当在较高标准的基础上实现多元化

1. 采用多元化的证明标准

大多数国家和地区对税收核定证明标准的设置，通常立足于该国或地区现有法律体系框架，采用与现有领域较为接近的证明标准作为基础，并依据税收核定自身的特点进行调整。比较具有代表性的是美国和德国，在通常的证明标准基础上，以提高或降低的方式予以调整，呈现出证明标准多元化的特点。在美国，税收核定一方面遵循《美国联邦行政程序法》的"实质证据"标准[①]，为避免适用的模糊性和不确定性，在诉讼中对"实质证据"标准进行具体化解释。美国作为普通法国家，将税收核定纠纷归入民事诉讼范围，适用民事诉讼程序，通常采用证据优势的证明标准。在此基础上，立法针对欺诈等特殊性质案件，将证明标准调整为"清楚而令人信服"的较高标准。[②] 在德国，以各类诉讼中通用的"真实确信"标准作为税收核定的证明标准[③]，特殊情况下降低至最大真实的可能性。[④] 在我国台湾地区，税收核定通常采用"高度盖然性"的证明标准，特殊情况下降低至"优势盖然性"标准。在税收核定程序中，采用多元化的证明标准，有助于区分不同的案件性质，根据案件对当事人权利义务影响大小的法律后果以及证明的难易程度设置不同程度的证明标准，既有助于贯彻公平原则，兼顾行政效率与纳税人权利保护，也利于达成相应的行政目标。如果只是机械、僵硬地规定单一的税收核定证明标准，既不能适应特殊情形下对证明标准变通的需要，也不利于对课税要件事实的正确认定，最终不利于实现征纳双方之间的公平和纳税人之间的公平。

2. 通常情况下适用"高度盖然性"的证明标准

从相关国家、地区的立法与实践看，通常情况下税收核定多采用"证据优势"或"真实确信"的证明标准，除刑事案件外，基本上排除了"绝对确实""无合理怀疑"的更高标准，同时也未采用低于优势证据的

---

① U. S. Administrative Procedure Act § 556（d）.

② Rules of Practice and Procedure of the United States Tax Courts（2012），Rule 142（b）.

③ 《德国财务法院法》第 96 条第 1 项。

④ 《德国租税通则》第 162 条。

"可能性"等较低标准。"可能性"的证明标准，要求对主张的事实仅存在一定程度的概率，不要求具有更高的优势盖然性，证明标准过低，无法保证对课税要件事实的正确认定，难以实现公平正义，不宜作为税收核定的证明标准。"绝对确实"的证明标准要求法律真实与客观真实达到百分之百的吻合，不具有现实性，也有违税收效率原则，应予排除。如果采用"无合理怀疑"作为通常的核定证明标准，不符合税务行政大量性、反复性的特点及对行政效率的内在需求，且可能因过高的证明标准致使课税要件事实无法认定，造成国家税款的大量流失，并损害到纳税人之间的税收公平。因此，"无合理怀疑"也不宜采纳为税收核定通常的证明标准。

以美国、德国和我国台湾地区为代表，在世界范围内较多采用的"证据优势"和"高度盖然性"的证明标准，哪种更适合税收核定程序？本书认为，需要结合税收核定的法律性质予以考虑。税收的无偿性和强制性决定其侵益性，税收核定作为税务机关依据法律规定行使税收核定权确定纳税人税收债务的单方行政行为，核定的结果通常表现为核定行政处分，属确认处分和下命令处分。① 核定处分一经形成即具有确定力，对纳税人的权利义务将产生影响，尤其对跨国企业转让定价、非居民间接转让股权等反避税纳税调整等税收核定处分，属对纳税人财产权的重度侵害，对纳税人的财产权将产生重大影响，甚至影响到纳税人的生存权、自由权和发展权等基本权。为更好地保护纳税人免受税收核定错误造成的侵害和损失，并对税务机关在核定过程中的自由裁量权进行有效的约束，核定程序的证明标准应当选择既能兼顾行政成本又能保障课税要件事实准确性的"高度盖然性"（即"明显证据优势"）的标准，使得引起的错误成本与行政成本之和达到最小化。通常情况下，税收核定不宜以证据的微弱优势（即证据优势）作为证明标准。虽然实现证据优势标准的行政成本较小，但错误成本会成倍放大（有时甚至会造成纳税人毁灭性的损害），错误成本和行政成本之和不能实现最小化，不是通常情况下税收核定证明标准的最佳选择。需指出的是，税收核定行政处分中往往一并包含了税务机关对纳税人违反税法义务的行为实施的裁罚（例如罚款、罚锾、滞纳金、加征金等），从保障纳税人权利考虑，应按照"疑则有利于纳税人"的原

---

① 葛克昌：《核课（行政）处分之法律性质》，《月旦法学教室》2010 年第 2 期。

则，虽然对纳税人的违法事实不必要求达到刑事案件"无合理怀疑"的证明标准，但为防止税务机关恣意裁罚，对裁罚依据的违法事实应至少达到高度盖然性的标准。[1]

3. 反证的证明标准低于本证的证明标准

反证是与本证相对立而存在的，其地位和作用不同于本证，反证的提供者本身对于待证事实不承担证明责任，其提供证据的目的仅在于动摇和削弱本证在"事实裁判者"心中形成的心证，故反证的证明标准应低于本证的证明标准。以"规范有利说"为例，税务机关对税收债权成立、增加的课税事实负有举证责任，对该事实提供的本证需达到高度盖然性的标准，使一般具有理性并熟悉生活事实的人不应怀疑地高度确信，如果进行量化，至少达到70%的确信程度[2]，才能卸除证明责任。对于不负担证明责任的纳税人一方提供的反证，为避免不利的核定处分，所提供的反证，只要能够动摇或削弱事实裁判者内心对税收债权成立或增加的事实已形成的确信，使其陷入真伪不明状态即为成功。这是因为，对于税收债权成立或增加的课税事实，一旦陷入真伪不明，由此产生的不利风险将根据证明责任分配规则由税务机关承担，而不是由纳税人承担。同理，对于税收债权减少、免除的课税事实，应由纳税人承担证明责任。纳税人针对该事实提供的本证，也应达到高度盖然性证明标准。如果纳税人提供的本证在事实裁判者的内心形成确信，则税务机关需进一步提供反证，但反证仅需使税收债权减少或免除的待证事实处于真伪不明状态，即可按证明责任分配规则将由此产生的不利益归属于纳税人，使纳税人主张的税收债权减少或免除的主张不能成立。因此，对税收债权减少或免除的事实，不必要求税务机关提供的反证达到高度盖然性的证明标准。

（二）特殊情况下采用推定课税降低证明标准

相对而言，对税收核定要求的"高度盖然性"标准是一种相对较高程度的证明标准。虽然本书主张以其作为税收核定程序中通常适用的标准，但在特殊情况不能依据直接证据资料进行核定时，为更好地体现公平与效率原则，需对证明标准进行调整并予以适当降低，采用推定课税，运

---

[1] 黄士洲：《税务诉讼的举证责任》，北京大学出版社2004年版，第129页。

[2] 纪淑美：《税务诉讼举证责任之探讨——以营业税与营利事业所得税为中心》，硕士学位论文，台湾中原大学，2010年。

用各种间接证据资料确定纳税人的应纳税额。

1. 推定课税的适用情形

（1）不可归因于征纳双方的事由导致课税事实无法查明

实践中有时会出现这样一种情形，纳税人已经按照税法规定履行了相应协助义务，妥善制作并保管账簿凭证等课税资料，但由于出现水灾、火灾、地震、台风等不可抗力事由，导致课税资料毁损、灭失。虽然税务机关已履行职权调查义务，但仍无法查明课税事实。征纳双方对纳税人存在纳税义务的事实均无异议，仅是无法确定具体的应纳税额。如果税务机关由此放弃对纳税人进行课税，有悖于税收公平原则和量能课税原则。考虑到税务机关已尽职权调查义务仍未查明课税事实，或虽可查清课税事实但需耗费巨大成本，因行政权的行使应遵循行政法的效率原则和比例原则，从公平和效率出发，应当采用推定课税，运用各种间接证据确定课税要件事实，并综合案件的全部证据进行综合考虑，将通常的证明标准降低至最大可能的盖然性即证据优势标准，包括应由税务机关承担证明责任的税收债权成立及增加的课税事实，以及应由纳税人承担证明责任的税收债权减少及免除的课税事实。根据现有证据资料，能够表明相关课税事实存在较大的可能性时，即可认定其成立。

需要特别指出的是，在此种情形下，税务机关已遵循职权调查原则，纳税义务人已履行协助义务，征纳双方对课税事实无法查明均无过错，只是基于案件的特殊情形出现证明困境从而降低证明标准并适用推定课税。因降低证明标准可能会影响税收债权成立、增加、减少或免除的相关课税事实认定，并进一步影响到国家税收利益或纳税人的基本权，为防止税务行政执法过程中，征纳双方以出现证明困境为由，滥用权力或权利，恣意降低证明标准，损害税收法定原则和公平原则，应当明确，在无法律基础的前提下，课税事实存在证明困境，不足以构成降低税收核定证明标准的正当化理由。① 出现证明困境时进行推定课税，应以法律的明确规定为前提。例如《德国租税通则》第 162 条中关于"税务机关无法调查或计算课税基础时，应进行推定课税"的规定，即通过立法对出现证明困境时推定课税提供了合法根据。如果缺乏立法依据，即使发生证明困境，仍不

---

① Tipke, Kruse, Kommentar zur AO und FGO（LFG 117），Köln：Dr. Otto Schmidt, 2007, Tz. 74.

得降低课税事实的证明标准而适用推定课税。

（2）可归责于征纳一方的事由导致课税事实无法查明

如果课税事实出现证明困境是由于征纳一方当事人的原因导致，具有可归责性，根据"证明妨碍"理论，从公平原则出发，实施证明妨碍活动的违法者一方不得因此获得有利的地位和不正当的利益。因此，为更好地发挥征纳双方在证明活动中的主观能动性并提高对税法的遵从度，结合证明妨碍理论和范围理论，综合考虑是否可以降低证明标准，适用推定课税，有着较为重要的意义。在此，德国学者Seer针对税收核定要件事实证明标准提出的弹性调整理论有很好的借鉴意义。根据"规范有利说"，对于税务机关证明责任范围内的税收债权成立和增加的事实，如果无法查明的原因可归责于税务机关，不得降低税务机关对该事实的证明标准；如果该事实无法查明的原因可归责于纳税人，可以降低税务机关对该事实的证明标准。另外，对于纳税人证明责任范围内的税收债权减少、免除的课税事实，如果无法查明的原因可归责于税务机关，可以降低纳税人对该事实的证明标准；如果无法查明该事实的原因可归责于纳税人，不应降低纳税人对该事实的证明标准。

2. 推定课税的适用对象

通说认为，推定课税只能针对课税基础作出，即提高税收债权的、与收入相关的事实，以及减少税收债权的、与成本费用相关的事实[1]，具体包括所得额、营业额、销售额、财产价值、盈余、营业费用、特别支出等计税基础。可以被估价计算的，才可能成为推定课税的适用对象，不限于所得税的所得，只要是税收客体，就会有数量化的问题，作为推定课税的对象包括财产税的财产或行为税的交易、消费等。[2] 推定课税的适用对象仅限于课税基础的数量，不包括课税基础事实的发生。单纯作为课税原因的"基础事实关系"和应纳税额本身，不属于课税基础，不作为推定对象[3]，否则有违禁止对课税的臆测。该观点已得到相关立法的采纳，例如《德国租税通则》第162条、我国台湾地区"所得税法"第83条之规定。

---

① 陈清秀：《税法总论》，元照出版公司2014年版，第538页。

② 柯格钟：《税捐稽征协力义务与推计课税》，硕士学位论文，台湾大学，1998年。

③ Klaus Tipke, Joachimlang, Steuerrecht, Köln: Dr. Otto Schmidt, 1989, p. 668.

关于税收核定包含的裁罚是否可以适用推定课税？税收裁罚的行政处分，属国家行使税务行政处罚权的行为，与纳税人之间的税收平等以及税收效率原则无关，类似于刑事处罚，基于法治国家行政权应合法行使的宗旨，对于纳税人被实施处罚的违法行为，证明标准应达到高度的盖然性。纳税人有权要求毫无疑义地确认其税收债务的范围，应以确实的漏税事实作为对处罚的根据，如果存在疑义，应遵循"疑则有利于纳税人"的原则，作出相应处理。故在证明标准上，对纳税人违法事实仍应维持通常的标准，而不应予降低。如果纳税人违章漏税的事实缺乏确切的证据证明，不得实施相应裁罚。[①] 即使在同一税收核定处分中存在对课税基础的推定，作为裁罚依据的违法事实，仍然不应受课税基础推定的影响，应当采取独立的高度盖然性的证明标准。

本章小结

税收核定的证明标准，是证明标准在税收核定程序中的具体运用。它是税务机关认定课税事实的尺度，也是衡量证明责任是否完成的标志，决定税收核定程序中实质证明责任适用的概率。它在税收核定程序中发挥着重要作用，是税收核定证明责任体系的重要组成部分。本章对美国、德国和我国台湾地区的税收核定证明标准进行考察。美国的税收核定通常遵循证据优势标准，在税务欺诈民事案件等特殊情况下采用清楚而令人信服的证明标准。德国则以真实确信作为税收核定的基本标准，在特殊情况下可以减轻至优势盖然性的证明标准。在我国台湾地区司法实践中，对于课税事实通常要求高度盖然性的证明标准，但对本证与反证有所区别，如果纳税人违反协助义务，税务机关可以适用推定课税，将证明标准降低至优势盖然性，但对税收罚锾则应达到完全确信的程度。本章还分析了税收核定证明标准的确定依据，认为对课税要件事实应以法律真实为目标，注重行政成本与课税要件事实准确性相结合，兼顾公平与效率，注重法律体系的统一性，并区分本证与反证的证明标准。在此基础上，提出税收核定证明标准应当在高度盖然性的较高标准基础上实现多元化，对反证适用的证明

---

① 陈清秀：《税法上之正当法律程序》，中国财税法学研究会 2014 年年会暨第 21 届海峡两岸财税法学术研讨会论文，武汉，2014 年 10 月，第 786—788 页。

标准应低于本证的证明标准。在特殊情况下可降低证明标准，具体表现为：由于不可归因于征纳双方的事由致课税事实无法查明的，可将通常的高度盖然性标准降低至最大可能的盖然性；如果是可归责于征纳一方的事由导致课税事实无法查明的，适用德国学者 Seer 的证明标准弹性调整理论，决定是否可以减轻证明标准。对于税收裁罚的核定处分，属于税务机关对纳税人的违法行为实施行政处罚的性质，其证明标准始终不得降低。

第五章

我国税收核定证明责任的反思与完善构想

我国法制建设起步较晚，总体水平不高，税收核定证明责任的立法位阶低且内容较为零散，尚未真正建构完整的税收核定证明责任体系。本书对税收核定证明责任的研究，目的在于通过借鉴发达国家和地区的先进立法制度和实践中的科学经验，结合我国的实际情况，提出相应的完善建议，建立一套适用于我国的税收核定证明责任规则体系。围绕这一研究目的，本章通过对我国税收核定及其证明责任的立法现状进行梳理，反思税收核定证明责任存在的问题，并在此基础上提出我国税收核定证明责任立法的完善构想。

第一节　我国税收核定及其证明
责任的立法现状

税收核定的证明责任不是孤立存在的，它与税收核定的适用条件、具体核定方法等内容形成有机的整体，相互关联并互相作用，共同构成税收核定的完整体系。因此，我国税收核定的整体立法状况，是研究税收核定证明责任的前提。在此基础上，对税收核定证明责任的立法现状进行全方位的把握，有利于全面梳理并总结我国税收核定证明责任立法存在的不足。

一　我国关于税收核定程序立法的整体状况

总体上讲，我国在整个税法体系中对税收核定的重视程度远远不够，与税收核定在税收征管程序中的应有地位不相匹配。对税收核定的规定在税收专门立法中也表现得很零散，立法层次较低，内容上不成体系。相关规定散见于《税收征管法》及其实施细则、《企业所得税法》及其实施条例、《个人所得税法》及其实施条例、《增值税暂行条例》、《消费税暂行条例》以及国家税务总局（以下简称国税总局）制定的《企业所得税核定征收办法（试行）》《股权转让所得个人所得税管理办法（试行）》《一般反避税管理办法（试行）》等法律、行政法规、部门规章和其他规范性文件中，大部分立法位阶较低。就内容而言，对税收核定的程序规定不够明确，缺乏系统性的规定。尤其是《税收征管法》把税收核定程序的制定权授权给国税总局①，从而使得国税总局担任规则的制定者兼实施者，违背了程序公正的基本标准。②

　　为加强对反避税的打击力度和规范操作指引，在国税总局制定的《特别纳税调整实施办法（试行）》和《一般反避税管理办法（试行）》中，对核定采用的特别纳税调整形式的具体程序作出相应的规定。现有立法规定更多着眼于税务机关有权适用税收核定的条件或情形，以及核定方法的选用。其中，对税收核定的适用情形主要包括以下规定：《税收征管法》第35条第1款、第36条和第37条③；《税收征管法实施细则》第54条④；

---

　　①　《税收征管法》第35条第2款规定，税务机关核定应纳税额的具体程序和方法由国务院税务主管部门规定。

　　②　［美］马丁·P.戈尔丁：《法律哲学》，齐海滨译，生活·读书·新知三联书店1987年版，第240页。

　　③　《税收征管法》第35条第1款规定，纳税人有下列情形之一的，税务机关有权核定其应纳税额：依照法律、行政法规的规定可以不设置账簿的；依照法律、行政法规的规定应当设置账簿但未设置的；擅自销毁账簿或者拒不提供纳税资料的；虽设置账簿，但账目混乱或者成本资料、收入凭证、费用凭证残缺不全，难以查账的；发生纳税义务，未按照规定的期限办理纳税申报，经税务机关责令限期申报，逾期仍不申报的；纳税人申报的计税依据明显偏低，又无正当理由的。第36条规定，企业或者外国企业在中国境内设立的从事生产、经营的机构、场所与其关联企业之间的业务往来，不按照独立企业之间的业务往来收取或者支付价款、费用，而减少其应纳税的收入或者所得额的，税务机关有权进行合理调整。第37条规定，对未按照规定办理税务登记的从事生产、经营的纳税人以及临时从事经营的纳税人，由税务机关核定其应纳税额。

　　④　《税收征管法实施细则》第54条规定，纳税人与其关联企业之间的业务往来有下列情形之一的，税务机关可以调整其应纳税额：购销业务未按照独立企业之间的业务往来作价；融通资金所支付或者收取的利息超过或者低于没有关联关系的企业之间所能同意的数额，或者利率超过或者低于同类业务的正常利率；提供劳务，未按照独立企业之间业务往来收取或者支付劳务费用；转让财产、提供财产使用权等业务往来，未按照独立企业之间业务往来作价或者收取、支付费用；未按照独立企业之间业务往来作价的其他情形。

《企业所得税法》第 41 条第 1 款、第 44 条和第 47 条①；《个人所得税法》第 8 条第 1 款②；《个人所得税法实施条例》第 8 条、第 15 条第 3 款和第 16 条第 3 款③；《增值税暂行条例》第 7 条④；《增值税暂行条例实施细则》第 6 条和第 7 条⑤；《消费税暂行条例》第 10 条⑥；《股权转让所得个人所得税管理办法（试行）》第 11 条和第 17 条⑦；《企业所得税核定征收办

---

① 《企业所得税法》第 41 条第 1 款规定，企业与其关联方之间的业务往来，不符合独立交易原则而减少企业或者其关联方应纳税收入或者所得额的，税务机关有权按照合理方法调整。第 44 条规定，企业不提供与其关联方之间业务往来资料，或者提供虚假、不完整资料，未能真实反映其关联业务往来情况的，税务机关有权依法核定其应纳税所得额。第 47 条规定，企业实施其他不具有合理商业目的的安排而减少其应纳税收入或者所得额的，税务机关有权按照合理方法调整。

② 《个人所得税法》第 8 条第 1 款规定，有下列情形之一的，税务机关有权按照合理方法纳税调整：一是个人与其关联方之间的业务往来不符合独立交易原则而减少本人或其关联方应纳税额且无正当理由的；二是居民个人控制的或者居民个人和居民企业共同控制的设立在实际税负明显偏低的国家（地区）的企业，无合理经营需要对应归属于居民个人的利润不作分配或减少分配；三是个人实施其他不具有合理商业目的的安排而获得不当税收利益的。

③ 《个人所得税实施条例》第 8 条规定，个人的所得的形式为实物的，应当按照取得的凭证上所注明的价格计算应纳税所得额；无凭证的实物或者凭证上所注明的价格明显偏低的，参照市场价格核定应纳税所得额。所得为有价证券的，根据票面价格和市场价格核定应纳税所得额。所得为其他形式的经济利益的，参照市场价格核定应纳税所得额。第 15 条第 3 款规定，从事生产、经营活动未提供完整、准确的纳税资料，不能正确计算应纳税所得额的，由主管税务机关核定其应纳税所得额。第 16 条第 3 款规定，纳税人未提供完整、准确的财产原值凭证，不能正确确定财产原值的，由主管税务机关核定其财产原值。

④ 《增值税暂行条例》第 7 条规定，纳税人发生应税销售行为的价格明显偏低并无正当理由的，由主管税务机关核定其销售额。

⑤ 《增值税暂行条例实施细则》第 6 条规定，纳税人销售自产货物并同时提供建筑业劳务，以及财政部、国税总局规定的其他情形的混合销售行为，应当分别核算货物的销售额和非增值税应税劳务的营业额，并根据其销售货物的销售额计算缴纳增值税，非增值税应税劳务的营业额不缴纳增值税；未分别核算的，由主管税务机关核定其货物的销售额。第 7 条规定，纳税人兼营非增值税应税项目的，未分别核算货物或者应税劳务的销售额和非增值税应税项目的营业额，由主管税务机关核定货物或者应税劳务的销售额。

⑥ 《消费税暂行条例》第 10 条规定，纳税人应税消费品的计税价格明显偏低并无正当理由的，由主管税务机关核定其计税价格。

⑦ 《股权转让所得个人所得税管理办法（试行）》第 11 条规定，符合下列情形之一的，主管税务机关可以核定股权转让收入：申报的股权转让收入明显偏低且无正当理由的；未按照规定期限办理纳税申报，经税务机关责令限期申报，逾期仍不申报的；转让方无法提供或拒不提供股权转让收入的有关资料；其他应核定股权转让收入的情形。第 17 条规定，个人转让股权未提供完整、准确的股权原值凭证，不能正确计算股权原值的，由主管税务机关核定其股权原值。

法（试行）》第 3 条和第 4 条①;《契税暂行条例》第 4 条第 2 款②;《土地增值税暂行条例》第 9 条③;《车辆购置税法》第 7 条④,等等。

　　归纳起来,税收核定主要适用于以下三类情形:第一类是纳税人依法可以不设置账簿的情形。在这种情形下,税法本身未设定纳税人设置账簿的协助义务,纳税人不存在违反协助义务的问题,主观上并无过错,核定是税法出于税收效率原则的特殊考虑作出的设置。第二类是纳税人违反依法设置账簿、提供纳税资料、纳税申报等税法上的协助义务,在主观上存在过错,导致税收核定。第三类是税法基于防范避税行为所作的规定,对于这种类型,纳税人主观上可能存在过错,也可能并无过错。例如纳税人涉及的关联交易违反独立交易原则而获得不当税收利益的,税务机关有权进行合理调整。虽然此时立法对税务机关行使的权力表述为"调整权"而不是"核定权",但从性质上看,税务机关进行纳税调整时所行使的调整权,是税务机关依据税务行政管理职权单方依法确定纳税人的应纳税额,因而属于核定权的范畴。此时该种核定建立在纳税人提供的纳税申报资料之上,以此为基础按照无关联关系的独立主体业务往来的公平交易价格进行作价调整,以体现公平交易原则。第三类还包括计税依据明显偏低且无正当理由,例如广州德发房产建设有限公司与广州市地方税务局第一稽查局税务处理决定行政纠纷案件⑤;设立在实际税负明显偏低的国家（地区）的企业,无合理经营需要对利润不作分配或者减少分配等。

---

　　① 《企业所得税核定征收办法（试行）》第 3 条规定,纳税人具有下列情形之一的,核定征收企业所得税:依照法律、行政法规的规定可以不设置账簿的;依照法律、行政法规的规定应当设置但未设置账簿的;擅自销毁账簿或者拒不提供纳税资料的;虽设置账簿,但账目混乱或成本资料、收入凭证、费用凭证残缺不全,难以查账的;发生纳税义务,未按照规定的期限办理纳税申报,经税务机关责令限期申报,逾期仍不申报的;申报的计税依据明显偏低,又无正当理由的。特殊行业、特殊类型的纳税人和一定规模以上的纳税人不适用本办法。第 4 条规定了税务机关核定应税所得率或者核定应纳所得税额的适用情形。

　　② 《契税暂行条例》第 4 条第 2 款规定,契税的计税依据明显低于市场价格并且无正当理由的,或者所交换土地使用权、房屋的价格的差额明显不合理并且无正当理由的,由征收机关参照市场价格核定。

　　③ 《土地增值税暂行条例》第 9 条规定,纳税人存在隐瞒、虚报房地产成交价格的,提供扣除项目金额不实的,转让房地产的成交价格低于房地产评估价格又无正当理由的,按照房地产评估价格计算征收。

　　④ 《车辆购置税法》第 7 条规定,纳税人申报的应税车辆计税价格明显偏低又无正当理由的,税务机关按照《税收征管法》的规定核定其应纳税额。

　　⑤ 参见最高人民法院（2015）行提字第 13 号行政判决书。

关于税收核定采用的方法，体现在我国《税收征管法实施细则》第 47 条和第 55 条①，《企业所得税法实施条例》第 111 条和第 115 条②，《个人所得税法实施条例》第 8 条，《股权转让所得个人所得税管理办法（试行）》第 14 条③，《企业所得税核定征收办法（试行）》第 5 条④等行政法规、部门规章和其他规范性文件中。只有《增值税暂行条例实施细则》第 16 条⑤，《资源税暂行条例实施细则》第 7 条⑥，《股权转让所得个人所得税管理办法（试行）》第 14 条，《进出口关税条例》第

---

① 《税收征管法实施细则》第 47 条规定，纳税人有税收征管法第 35 条或者第 37 条所列情形之一的，税务机关有权采用下列任何一种方法核定其应纳税额：参照当地同类行业或者类似行业中经营规模和收入水平相近的纳税人的税负水平核定；按照营业收入或者成本加合理的费用和利润的方法核定；按照耗用的原材料、燃料、动力等推算或者测算核定；按照其他合理方法核定。采用前款所列一种方法不足以正确核定应纳税额时，可以同时采用两种以上的方法核定。第 55 条规定：纳税人有本细则第 54 条所列的未按照独立企业之间业务往来作价的情形之一的，税务机关可以按照下列方法调整计税收入额或者所得额：按照独立企业之间进行的相同或者类似业务活动的价格；按照再销售给无关联关系的第三者的价格所应取得的收入和利润水平；按照成本加合理的费用和利润；按照其他合理的方法。

② 《企业所得税法实施条例》第 111 条规定，企业与其关联方之间的业务往来，不符合独立交易原则而减少企业或者其关联方应纳税收入或者所得额的，税务机关有权进行调整所使用的合理方法包括：可比非受控价格法、再销售价格法、成本加成法、交易净利润法、利润分割法以及其他符合独立交易原则的方法。第 115 条规定，企业不提供与其关联方之间业务往来资料，或者提供虚假、不完整资料，未能真实反映其关联业务往来情况的，税务机关有权依法核定其应纳税所得额时，可以采用下列方法：参照同类或者类似企业的利润率水平核定；按照企业成本加合理的费用和利润的方法核定；按照关联企业集团整体利润的合理比例核定；按照其他合理方法核定。

③ 《股权转让所得个人所得税管理办法（试行）》第 14 条规定，主管税务机关应依次按照下列方法核定股权转让收入：净资产核定法、类比法、其他合理方法。

④ 《企业所得税核定征收办法（试行）》第 5 条规定，税务机关采用下列方法核定征收企业所得税：参照当地同类行业或者类似行业中经营规模和收入水平相近的纳税人的税负水平核定；按照应税收入额或成本费用支出额定率核定；按照耗用的原材料、燃料、动力等推算或测算核定；按照其他合理方法核定。采用前款所列一种方法不足以正确核定应纳税所得额或应纳税额的，可以同时采用两种以上的方法核定。采用两种以上方法测算的应纳税额不一致时，可按测算的应纳税额从高核定。

⑤ 《增值税暂行条例实施细则》第 16 条规定，纳税人发生应税销售行为的价格明显偏低并无正当理由的，或者有视同销售货物行为而无销售额者，按下列顺序确定销售额：纳税人最近时期同类货物的平均销售价格；其他纳税人最近时期同类货物的平均销售价格；组成计税价格。

⑥ 《资源税暂行条例实施细则》第 7 条规定，纳税人申报的应税产品销售额明显偏低并且无正当理由的、有视同销售应税产品行为而无销售额的，除财政部、国税总局另有规定外，按下列顺序确定销售额：按纳税人最近时期同类产品的平均销售价格确定；按其他纳税人最近时期同类产品的平均销售价格确定；按组成计税价格确定。

21 条①等少数条文对核定方法的适用顺序作出明确。在大多数情况下，立法赋予税务机关较大的自由裁量权，由税务机关在规定的核定方法中自由选择，甚至可以采用其他"合理方法"。但是，立法并未对于什么是合理方法作出具体明确。例如《税收征管法实施细则》第 47 条和第 55 条之规定。多数情况下，我国立法仅规定税务机关可以任意选定核定方法，但是并未要求选用的核定方法在客观上更加接近实额，税务机关可在相应的方法中自由选择。更有甚者，核定方法的选用有时还体现惩罚性质。例如《企业所得税核定征收办法（试行）》第 5 条规定，税务机关可在采用不同方法出现不同应纳税额时，从高核定。

二　我国关于税收核定证明责任的立法现状

我国关于税收核定证明责任的立法包括一般法和税收特别法的规定。其中，税收特别法是指作为税收基本程序法的《税收征管法》及其实施细则，以及《企业所得税法》等税收单行立法。一般法是指普遍适用于具体行政行为的立法，包括《行政复议法》和《行政诉讼法》等。税收核定作为税务机关行政执法过程中作出的具体行政行为或行政处分，在处于同位阶层次的立法上，应先适用税收特别法之规定。当特别法无明确规定的，适用一般法之规定。

（一）税收特别法的规定

对于税收核定的证明责任，在我国税收特别法中仅有极少数零散的规定含糊其辞地涉及有关内容，例如《税收征管法》第 57 条②，《税收征管

---

① 《进出口关税条例》第 21 条规定，进口货物的成交价格不符合本条例第 18 第 3 款规定条件的，或者成交价格不能确定的，海关经了解有关情况，并与纳税义务人进行价格磋商后，依次以下列价格估定该货物的完税价格：（一）与该货物同时或者大约同时向中华人民共和国境内销售的相同货物的成交价格。（二）与该货物同时或者大约同时向中华人民共和国境内销售的类似货物的成交价格。（三）与该货物进口的同时或者大约同时，将该进口货物、相同或者类似进口货物在第一级销售环节销售给无特殊关系买方最大销售总量的单位价格，但应当扣除本条例第 22 条规定的项目。（四）按照下列各项总和计算的价格：生产该货物所使用的料件成本和加工费用，向中华人民共和国境内销售同等级或者同种类货物通常的利润和一般费用，该货物运抵境内输入地点起卸前的运输及其相关费用、保险费。（五）以合理方法估定的价格。纳税义务人向海关提供有关资料后，可以提出申请，颠倒前款第（三）项和第（四）项的适用次序。

② 《税收征管法》第 57 条规定，税务机关依法进行税务检查时，有权向有关单位和个人调查纳税人、扣缴义务人和其他当事人与纳税或者代扣代缴、代收代缴税款有关的情况，有关单位和个人有义务向税务机关如实提供有关资料及证明材料。

法实施细则》第 47 条第 3 款①,《企业所得税法》第 43 条②,《企业所得税法实施条例》第 114 条第 3 款和第 115 条第 2 款③,《特别纳税调整实施办法(试行)》第 95 条、第 96 条,《一般反避税管理办法(试行)》第 11 条第 1 款、第 12 条、第 13 条④,《企业所得税核定征收办法(试行)》第 12 条第 2 款⑤以及《个体工商户税收定期定额征收管理办法》第 22 条第 1 款⑥等规定。相关条款中由纳税人提供证据或资料的表述在三种意义上使用:第一种是纳税人的调查协助义务,即对于税务调查或检查,纳税人或有关主体应当提供资料;第二种是纳税人对税务机关的核定有异议的,应当提供证据,目的在于重新核定;第三种存在于反避税案件中,对具有合理商业目的或安排不属于避税,应当由纳税人提供资料证明,否则将面临核定。可见,上述规定中虽然在文字上使用提供证据或资料的表述,但在适用情形、性质和产生的法律后果方面是不同的。正因如此,经常在实务中引起认识上的分歧。此外,《税务行政复议规则》作为规范税务行政复议案件的部门规章,明确规定在行政复议中由被申请人对其作出的

---

① 《税收征管法实施细则》第 47 条第 3 款规定,纳税人对税务机关采取的方法核定的应纳税额有异议的,应当提供相关证据,经税务机关认定后,调整应纳税额。

② 《企业所得税法》第 43 条,企业向税务机关报送年度企业所得税纳税申报表时,应当就其与关联方之间的业务往来,附送年度关联业务往来报告表。税务机关在进行关联业务调查时,企业及其关联方,以及与关联业务调查有关的其他企业,应当按照规定提供相关资料。

③ 《企业所得税法实施条例》第 114 条第 3 款规定,企业应当在税务机关规定的期限内提供与关联业务往来有关的价格、费用的制定标准、计算方法和说明等资料。关联方以及与关联业务调查有关的其他企业应当在税务机关与其约定的期限内提供相关资料。第 115 条第 2 款规定,企业对税务机关按照前款规定的方法核定的应纳税额有异议的,应当提供相关证据,经税务机关认定后,调整核定的在纳税所得额。

④ 《一般反避税管理办法(试行)》第 11 条第 1 款、第 12 条规定,被调查企业认为其安排不属于本办法所称避税安排的,应当自收到《税务检查通知书》之日起 60 内提供可以证明其安排不属于避税安排的相关资料以及税务机关认为有必要提供的其他资料。企业拒绝提供资料的,主管税务机关可以按照税收征管法第 35 条的规定进行核定。第 13 条规定,主管税务机关实施一般反避税调查时,可以要求为企业筹划安排的单位或者个人提供有关资料及证明材料。

⑤ 《企业所得税核定征收办法(试行)》第 12 条第 2 款规定,纳税人对税务机关确定的企业所得税征收方式、核定的应纳所得税额或应税所得率有异议的,应当提供合法、有效的相关证据,税务机关经核实认定后调整有异议的事项。

⑥ 《个体工商户税收定期定额征收管理办法》第 22 条第 1 款规定,定期定额户对税务机关核定的定额有争议的,可以在接到《核定定额通知书》之日起 30 日内向主管税务机关提出重新核定定额申请,并提供足以说明其生产、经营真实情况的证据,主管税务机关应当自接到申请之日起 30 日内书面答复。

具体行政行为承担举证责任。[①] 值得一提的是，国务院法制办公室 2015 年公布的《税收征管法修订草案（征求意见稿）》（以下简称《征求意见稿》）[②]，在现有的《税收征管法》的基础上，增加的第 57 条、第 130 条和第 131 条与税收核定证明责任的内容有一定关联性。其中第 57 条规定，税务机关进行的税额确认，纳税人对其纳税申报的真实性和合法性应予证明；对税务机关核定的应纳税额存在异议的，纳税人应提供证据。第 130 条规定在复议过程中，被申请人对行政决定的合法性与合理性承担举证责任；申请人对申报事项的真实性与履行协助义务承担举证责任。第 131 条规定按情报交换机制取得的信息，经税务机关审核确认作为确定纳税人税额的依据，纳税人有异议的应当举证。虽然《税收征管法》的本次修订尚未完成，《征求意见稿》并未生效，但在一定程度上反映未来立法发展的动态和趋势，应当值得我们关注。从上述内容看，比较《税收征管法》关于税收核定程序证明责任规定几乎为空白的现状，它在一定程度上明确了征纳双方的证明责任，但尚未形成完整的体系，且对纳税人的权利保护不够。

除上述在全国范围内具有普遍适用效力的规定外，部分省、市的税务机关针对税务证据问题制定了相应的规范性文件，在各自辖区范围内适用。例如，原福建省地方税务局 2004 年制定的《税务案件证据问题暂行规定》，适用范围包括原福建省地税机关在检查取证、审查处理税务案件及税务行政复议案件。[③] 该规定对证据种类、证据收集的原则、非法证据的排除作出规定，尤其是明确规定特定事实应具备的证据，例如认定纳税人伪造、变造账簿、记账凭证偷税的，以及擅自销毁账簿、记账凭证偷税的，应具备哪些证据，作出非常详细的规定。原北京市地方税务局《稽查调查取证实施办法》的内容涉及税务稽查证据的取证方法、证据的签章确认及证据的审核认定等证据规则。[④] 原江苏省地方税务局《税务行政执法证据采集规范》对税务机关及其工作人员采集行政执法证据进行规

[①] 《税务行政复议规则》第 53 条之规定。

[②] 《征求意见稿》由国家税务总局、财政部起草，国务院法制办公室于 2015 年 1 月公布并向社会各界征求意见。

[③] 原福建省地方税务局《关于印发〈税务案件证据问题暂行规定〉的通知》。

[④] 原北京市地方税务局《关于印发〈北京市地方税务局稽查调查取证实施办法〉的通知》。

定，对证据的种类、认定相关事实应采集的证据进行规范。① 遗憾的是，这些规范性文件虽然已经涉及税务证据规则问题，但并未明确税收核定的证明责任分配和证明标准问题，且位阶很低，仅在其辖区范围内适用。

（二）一般法的规定

除税收特别法外，我国《行政复议法》《行政复议法实施条例》《行政诉讼法》及最高人民法院《关于适用〈行政诉讼法〉的解释》（法释〔2018〕1号，以下简称《行诉解释》）的内容涉及行政复议和行政诉讼中具体行政行为的证明责任。基于税收核定行政程序与税务行政复议、税务行政诉讼程序具有前后衔接关系，税收核定行政程序可能因复议和诉讼程序的启动进入复议机关和人民法院的审查，部分税务机关为获得复议机关和人民法院对其作出的核定行政决定的支持，通常在核定行政程序中遵循《行政复议法》及其实施条例、《行政诉讼法》及其司法解释关于举证责任的分配规则和证明标准要求。

对具体行政行为的证明责任，《行政复议法》规定，被申请人应当自收到副本或申请笔录复印件之日起 10 日内提出书面答复，并提交当初作出具体行政行为的证据、依据和其他有关材料。②《行政复议法实施条例》规定，申请原级行政复议的案件，由原承办具体行政行为有关事项的部门或者机构提出书面答复，并提交作出具体行政行为的证据、依据和其他有关材料。③《行政诉讼法》规定，被告对作出的行政行为负有举证责任，应当提供作出该行政行为的证据和所依据的规范性文件。④《行诉解释》规定作出原行政行为的行政机关和复议机关对原行政行为合法性承担举证责任，可以由其中一个机关实施举证行为。复议机关对复议决定的合法性承担举证责任。⑤ 关于具体行政行为的证明标准，《行政复议法》第 28 条规定在行政复议程序中适用"证据确凿"标准。《行政复议法实施条例》第 43 条对具体行政行为的证明标准同样界定为"证据确凿"，并以此作为行政复议机关维持具体行政行为的条件之一。《行政诉讼法》第 69 条

---

① 原江苏省地方税务局《关于印发〈江苏省地方税务局税务行政执法证据采集规范〉的通知》。

② 《行政复议法》第 23 条第 1 款之规定。

③ 《行政复议法实施条例》第 36 条之规定。

④ 《行政诉讼法》第 34 条第 1 款之规定。

⑤ 《行诉解释》第 135 条第 1、2 款之规定。

规定，行政行为证据确凿，适用法律法规正确，符合法定程序的，人民法院驳回原告的诉讼请求。据此，我国在诉讼程序中对证明标准的要求也是"证据确凿"。

第二节　我国税收核定证明责任存在的问题

我国对税收核定证明责任的立法极其不完善，立法位阶低，未贯彻法律保留原则，且在内容上不成体系。未明确纳税人的诚实推定权和税务机关的职权调查原则，以及核定程序中协助义务及其对证明责任的影响。在证明责任分配的一般规则和特殊规则、证明标准的具体设置、推定课税的适用条件及核定方法的选用等方面，均缺乏明确系统的规定。我国在立法上尚未真正建立完整的税收核定证明责任体系，导致征纳双方在实践操作中面临许多困惑，容易引起协助义务与证明责任的混淆，证明责任分配的实践操作混乱等一系列问题。具体而言，我国税收核定的证明责任主要存在以下几个方面的问题。

一　未贯彻法律保留原则

总体上讲，税收核定的地位和作用在我国立法体系中并未受到充分重视，在法律层面对税收核定的规定较少，没有专章或专节的系统性规定。相关立法中，仅《税收征管法》《企业所得税法》《个人所得税法》属法律，立法位阶较高。其余为国务院的行政法规、部门规章和其他规范性文件，立法位阶较低。税收核定作为税务机关行使核定权确定税额的具体行政行为，其结果将影响纳税人的权利义务，特别是其证明责任的分配，涉及税收构成要件等课税事实存在真伪不明时不利后果的归属，与纳税人权利义务事项有重大关联，按照法律保留原则，应当以法律的形式予以确定。[①] 我国的立法显然没有较好地贯彻税收核定证明责任的法律保留原则，尤其是部分省、市的税务机关针对税务案件的证据问题制定的地方规范性文件，效力层级更低，更加有违重要性理论之法律保留原则，且容易造成执法尺度不统一带来的处理结果混乱。而且，立法位阶低意味着相关制度的制定在程序的公正性上很难得到保障，尤其是税务机关制定的规

---

① 罗子武：《租税稽征程序举证责任之研究》，硕士学位论文，台湾中兴大学，1998 年。

则，很可能从自身利益角度出发，作出对纳税人不利的规定，损害纳税人权利。

二　未赋予纳税人诚实推定权

本书第三章第二节已对纳税人诚实推定权的内涵及重要性进行分析。根据诚实推定权，如果税务机关没有提供相反的证据并依据法定程序，不得作出不利于纳税人的不诚实推定。随着纳税人权利保护立法潮流不断向前推进，纳税人权利保护的呼声越来越高，在世界上许多国家的纳税人宪章、纳税人权利宣言或立法中，纳税人的诚实推定权已经广泛地获得确认。

我国受权力本位思想的影响，长期对纳税人权利不够重视，未在立法中赋予纳税人的诚实推定权。基于税收的无偿性和侵益性，税务机关认为纳税人多存在逃避税的动机，在实践中也常常作出纳税人不诚实纳税的假定，为纳税人戴上"逃税者"或"避税者"的头衔。不仅如此，在《征求意见稿》第57条中，要求纳税人证明其纳税申报的真实性和合法性，并对提供的涉税资料记载数据、记录和其他相关事实的真实性、完整性及准确性负责。该内容明显与纳税人诚实推定权的要求背道而驰，虽然《征求意见稿》未生效，但是能够在一定程度上体现未来的立法动态和发展趋势，应当引起我们足够的重视。纳税人在税法中是否享有诚实推定权，对税收核定证明责任的分配将产生重要影响。如果纳税人被赋予诚实推定权，意味着在税收核定中，推定纳税人已诚实履行纳税义务，其提供的纳税申报及其相关证据资料的真实性在法律上应当得到确认，纳税人无须再对其真实性负有证明义务。税务机关认为纳税申报及相关证据资料缺乏真实性或纳税人存在其他违法行为，应由税务机关承担相应的证明责任；当税务机关不能提供反证推翻的，可直接以纳税人提供的纳税申报和相关资料作为认定课税事实的依据，确定纳税人的应纳税额。如果纳税人不享有诚实推定权，当纳税人无法证明自己提供的纳税申报及相关资料的真实性时，将面临税务机关的税收核定，以间接证据推定其应纳税额，进而偏离实额纳税，有违税收法定原则。两种不同的处理方式，对课税要件事实的认定和纳税人应纳税额的确定至关重要。我国在立法上未确定纳税人的诚实推定权，不利于对纳税人权利的保护。

三　未明确税务机关的职权调查原则

职权调查原则是行政机关在行政程序中普遍遵循的原则，是现代法治国家依法行政的内在要求。包括税收核定在内的税务机关的行政执法程序，同样也必须坚持这一原则。根据依法行政的要求，税务机关只有在税收核定据以作出的课税事实得以阐明的基础上，才能决定是否作出税收核定以及核定的具体内容。在税务机关尽到职权调查义务而课税事实仍无法查清的前提下，方可适用税收核定的证明责任，作为课税事实认定的辅助机制。如果税务机关未履行职权调查义务，直接适用证明责任对课税事实作出认定，则属于违法行为。我国大陆地区暂未制定《行政程序法》，既没有关于行政职权调查原则的一般性规定，在《税收征管法》中也没有税务机关职权调查主义的专门规定。而且，现有的立法内容中，对于税务机关有权核定的情形出现时，税务机关可以不经调查，直接适用间接证明方法推定课税[1]，在一定程度上减轻或免除税务机关的职权调查义务，有违职权调查原则的内在要求。由于缺乏职权调查原则的约束，税务机关未充分发挥自身作为社会公益受托人的地位和作用，在税务调查中，对有利于纳税人的课税事实证据资料的调查收集往往重视不够，更多地关注税收债权成立和增加的相关证据，不利于对纳税人权利的保护。

四　纳税人的协助义务与税收核定证明责任的关系不明

结合税务案件的课税事实证据资料大多由纳税人一方管领的特点，各国税法在不同程度上赋予纳税人相应的协助义务，作为税务机关阐明课税事实的证据方法，实行征纳协同主义。我国税法也规定了纳税人的协助义务，但是立法对纳税人的协助义务未以专章或专节的形式集中体现，而是散见于各种层次的税收立法中，即使在同一法律中也是零散地规定在各章节中。部分立法位阶较低，立法技术不高，有时立法仅表述由纳税人提供相应证据，特别是在税务机关进行的税务调查中，纳税人提供账册等证据资料，属于纳税人的调查协助义务还是形式意义上的证明责任，具有一定的模糊性。以《一般反避税管理办法（试行）》为例，其中第 11 条规定，被调查企业认为自己的安排不属于避税的，应当提供相关资料。据此，被

---

[1]　例如，《税收征管法》第 35 条和《税收征管法实施细则》第 47 条之规定。

调查企业提供其安排不属于避税的资料，似乎属于税务机关调查过程中负担的调查协助义务。该办法第 12 条同时规定，企业拒绝提供资料的，税务机关可依法核定。也即，被调查企业如果违反提供资料的义务，将面临税务机关核定的不利后果，意味着被调查企业提供资料的义务是一种形式证明责任。

此外，纳税人违反协助义务对税收核定的证明责任将产生何种法律后果，在法律上没有明确的规定。违反协助义务是导致证明责任的倒置、证明责任的减轻还是不产生任何影响，在认识上容易产生分歧，在税收核定实践中存在不同的操作模式，对于同种情形作出不同处理，从而导致纳税人之间纳税不公平。

五　税收核定证明责任的分配问题

证明责任的分配，本身在证据法上就是一个争议较大的问题，将其运用到税收核定中，需结合核定程序的特点，问题显得更加复杂化。我国立法未区分形式证明责任与实质证明责任，不利于发挥二者的功效。立法对于税收核定证明责任的分配规则内容较为模糊，不利于发挥规则的指导作用。导致税收核定的实务操作中，缺乏统一的执法尺度，对证明责任的分配较为混乱。具体而言，我国税收核定在证明责任的分配上主要存在以下问题。

（一）未区分形式证明责任与实质证明责任

在我国证据法学界，对证明责任的概念已初步达成共识，认为它由形式和实质的证明责任两个部分组成。也有少数观点受历史传统观念的影响，认为证明责任就是提供证据的责任。[①] 从我国的立法上看，由于没有体现证明责任的划分，未区分两种意义上的证明责任，常常导致以形式证明责任替代实质证明责任，不能真正把握证明责任的实质。这种立法上的缺陷，加之征纳双方对证据法基本理论的欠缺，在税收核定证明责任的分配上经常陷入"谁主张，谁举证"的传统认识误区，并以此作为税收核定证明责任的分配规则。然而，这种分配规则是经不起推敲的。在核定程

---

① 很长一段时间，我国《民事诉讼法》等立法和教科书，对证明责任都是从提出证据的责任进行定义的，未从实质证明责任的角度去理解证明责任的含义，且对证明责任的分配规则遵循"谁主张，谁举证"。

序中，征纳双方存在各自不同的"主张"。例如，依据《企业所得税》第47条规定，对于企业实施不具有合理商业目的安排，减少应税收入或应纳税额的，税务机关享有纳税调整权。实践中可能出现以下两种不同的主张：税务机关主张企业的税收安排不具有合理商业目的，可以适用纳税调整；纳税人认为其税收安排具有合理商业目的，税务机关无权进行纳税调整。此时，对于征纳双方各自不同的主张，应由税务机关对其主张的税收安排"不具有合理商业目的"承担证明责任，还是由纳税人对其安排"具有合理商业目的"承担证明责任？当"税收安排是否具有合理的商业目的"这一证明对象无法查明时，是将待证事实不能成立的不利后果分配给税务机关还是纳税人？显然，将"谁主张，谁举证"作为税收核定的证明责任分配规则，容易得出模棱两可的结论，是不可取的。

（二）税收核定证明责任的分配在实践中不统一

由于我国立法未明确税收核定的证明责任如何在征纳双方之间进行分配，导致税务实践中缺乏统一的执法尺度，对证明责任的分配做法不一致。在立法对纳税人提供证据的性质属于协助义务还是形式证明责任难以区分的情况下，税务机关多从保护国家税收利益的立场，在税务执法中凭借手中的税务行政权，作出对己有利的认定，将纳税人提供证据的协助义务，视同纳税人承担的证明责任。这种做法显然加重了纳税人的证明责任，势必对纳税人产生不利后果。一旦纳税人不能提供证据，税务机关将对课税事实作出不利于纳税人的认定，将事实真伪不明的不利后果归属于纳税人，并以此为基础作出对纳税人不利的税收核定。

实践操作中还经常出现另一种截然相反的处理方式，即税务机关忽略协助义务的违反对证明责任产生的不利影响。这主要是因为《税收征管法》及其实施细则等税收特别法未对税收核定的证明责任分配加以明确规定，也未明确违反协助义务将对证明责任产生何种不利影响所导致。部分税务机关工作人员考虑到，如果纳税人对税收核定处分不服，将申请行政复议或提起行政诉讼，从而使税收核定决定纳入行政复议机关或人民法院的审查范围，适用行政复议和行政诉讼中证明责任的分配规则。为避免税收核定行政决定被复议机关或人民法院撤销的风险，部分税务机关在税收核定程序中适用与行政复议程序和诉讼程序相一致的证明责任分配规则，即由税务机关对作出的税收核定行政行为承担证明责任。《行政诉讼法》和《行政复议法》规范的是普通行政行为，而税收核定案件具有自身的特点，核定依据的课税事实证据资料大多数情况在纳税人的管领和控制范围内，纳税人通常应当承担较普通行政案件更高的协助义务。但普通行政复议和行政诉讼案件对证明责任的分配，并未考虑税收核定案件的这一特点。如果要在税收核定程序中适用《行政诉讼法》和《行政复议法》的证明责任分配规则，忽略纳税人违反协助义务对证明责任产生的不利影响，必然会增大税务机关的举证难度，加重其证明负担，从而降低税务行政效率，并导致国家税款的流失。另外，纳税人会因其违反协助义务的行为获得"不纳税或承担较少的税额"等不正当利益，在纳税人之间形成实质上的不公平，滋长违法行为，同时还会挫伤守法者对税法遵从的积极性。

六　税收核定的证明标准问题

因税收特别法未对包含税收核定在内的税务行政行为的证明标准作出界定，致使实践中出现两种情形：

一种情形是沿用《行政复议法》和《行政诉讼法》关于行政行为"证据确凿"的证明标准。通常认为，"证据确凿"是指证据确实、充分，足以证明行政行为依据的全部事实[①]，这是一种较高程度的证明标准。《行政复议法》及其实施条例、《行政诉讼法》及《行诉解释》仅规定"证据确凿"的单一证明标准，没有设置特殊情况下可以对该证明标准进行调整。在税收核定程序中，可能出现不可抗力等非因征纳双方的事由导致的证明困境，对课税事实的认定如果仍沿用这一较高的证明标准，将可能加重证明责任承担者一方的负担，使其难以卸除证明责任，不利于在双方当事人之间实现实质公正。另外，如果归于纳税人违反协助义务的单方原因，导致税务机关职权调查不具备期待可能性时，仍要求税务机关所举证据达到"确凿"的程度，可能会使证明程度难以达到要求而无法完成证明责任，导致国家税款流失。相反，纳税人因违反协助义务的行为而规避纳税义务，获得不正当税收利益，在守法的纳税人与违法的纳税人之间形成不公平，进而降低纳税人对税法的遵从度，阻碍良好税法秩序的形成。

---

① 江必新、邵长茂：《新行政诉讼法修改条文理解与适用》，中国法制出版社 2015 年版，第 258 页。

另一种情形是将税收核定行政程序的证明标准与《行政复议法》和《行政诉讼法》对行政行为的证明标准分割开来，认为后者仅适用于行政复议案件和行政诉讼案件。因税收行政程序无证明标准的明确规定，完全依赖于税务机关的自由裁量权，主要根据税务工作人员内心形成的心证来进行课税事实的认定，有的税务机关工作人员甚至凭借强大的自由裁量权，在课税事实仅存在某种盖然性、还未达到证据优势的前提下，认定课税事实成立，并据以作出税收核定，从而损害纳税人的利益。

七　推定课税的适用条件和选用的核定方法未作严格限制

推定课税是税务机关依据间接证据资料确定课税要件事实的方法。[①]税务机关核定纳税人应纳税额，无法依据直接证据资料确定课税要件事实但又不能放弃对纳税人课税时，运用间接证据的证明方法便成为税务机关的必然选择。从我国关于推定课税的立法看，主要在其适用条件和核定方法的选用上存在明显问题，具体表现为以下两个方面。

（一）税务机关在纳税人违反协助义务时可以直接适用推定课税

推定课税系根据间接证据对纳税人的应纳税额所做的推算，并不能完全反映纳税人的实际纳税情况，距离实额纳税有一定差距，故推定课税的适用通常有一定的条件限制。理论界有学者提出，纳税人违反协助义务，如果税务调查仍有可能，税务机关应依职权调查，认定课税原因事实；只有在调查不可能或花费过巨时，才能依查得的资料推定课税。[②]也即，推定课税应作为认定课税事实的最后手段，只有在税务调查无期待可能性时，才能适用。仅仅因为纳税人违反协助义务，还不能成为推定课税适用的合法根据。因为税务机关作为社会公益的受托人，负有对课税原因事实阐明的最终责任[③]，纳税人的协助义务，仅是税务机关阐明课税事实的一种证据方法，而不是查明课税事实的唯一途径。在纳税人违反协助义务，并导致税务调查无期待可能性时，才可推定课税。在税务机关的调查仍具有期待可能性时，如果直接适用推定课税，将违反职权调查原则而导致

---

① 陈清秀：《税法总论》，元照出版公司 2010 年版，第 542 页。

② 葛克昌：《藉税捐简化以达量能平等负担——核实、实价与推计课税之宪法基础》，载葛克昌、汤贡亮、吴德丰主编《核实课征、实价课税与推计课税暨台湾 2013 最佳税法判决》，台湾财团法人资诚教育基金会 2014 年版，第 209 页。

③ 同上书，第 220 页。

违法。

　　我国立法对推定课税适用条件的规定，未将税务调查无期待可能性作为其中的限制条件。例如，《一般反避税管理办法（试行）》第 12 条规定：企业拒绝提供资料的，主管税务机关可以按照《税收征管法》第 35 条的规定进行核定。《税收征管法实施细则》第 47 条列举了推定课税的间接证明方法，并规定纳税人有《税收征管法》第 35 条情形的，税务机关有权采用本条规定的任何一种方法核定其应纳税额。可见，我国将纳税人违反提供资料的协助义务作为推定课税的一个充分条件，未将税务机关的调查是否具有期待可能性作为判断能否适用推定课税的前提条件，不符合税务机关的职权调查原则的内在要求。

　　（二）推定课税选用的核定方法具有很大的任意性

　　依据"税收债务关系说"，税务机关的税收核定仅是对税收债务进行确认的行为。[①] 税务机关负有依法核定并保证核定的税额接近实额，对核定并无自由裁量的空间。因此，推定课税作为税务机关无法运用直接证据认定课税事实作出的无奈选择，以及确认纳税人应纳税额的重要手段，应尽可能接近纳税人的实额。为最大限度地保障通过推定方法计算的税额接近纳税人的实额，推定课税使用的间接证明方法，理应受到严格的立法限制。税务机关适用推定课税时，应当注重选用的核定方法本身的合理性，并以最能接近纳税人实额的方法作为选择的判断标准，力图采用的核定方法与纳税人应纳税额的客观实际情况最相符合，且在纳税人本身存在显著特殊情形时，应当予以充分考虑。[②] 不能只顾及税收效率原则就赋予税务机关任意选择核定方法的权力，置纳税人的具体情况不顾，更不得因纳税人违反协助义务而使用带有惩罚性质的核定方法，进而从高核定税额。

　　我国立法关于税务机关对核定方法的选用，存在如下问题：第一，大多数情况下，立法未对选用核定方法的判断标准予以明确规定，而是规定税务机关有权采用任何一种方法进行推定课税，使税务机关对核定方法的选用享有较大的自由裁量空间，不考虑纳税人的具体实际情况，从而损害纳税人的权利。第二，在选用方法中以"其他合理方法"作为兜底条款，对于什么是"合理"，没有作出具体规定和说明，为税务机关创设其他核

---

① ［日］北野弘久：《税法学原论》，陈刚等译，中国检察出版社 2001 年版，第 159 页。

② ［日］吉良实：《推计课税之适法要件》（下），李英哲译，《植根杂志》1995 年第 2 期。

定方法提供了合法根据，进一步拓展了税务机关的自由裁量空间。第三，明确纳税人对税务机关采用规定的方法核定应纳税额有异议的，应当提供证据，经税务机关认定后调整应纳税额。① 在税法未对税务机关采用核定方法的合理性作出严格限制的前提下，当征纳双方对推定课税的间接证明方法形成争议时，将方法选用合理性的证明责任分配给纳税人一方，无疑加重了纳税人一方的证明责任。税法本身具有较高的专业性、技术性和复杂性，纳税人如果缺乏相关知识，可能导致无法举证或举证不力，从而不得不接受税务机关使用不合理的核定方法核定的应纳税额。第四，《企业所得税核定征收办法（试行）》第 5 条规定采用两种以上方法测算的应纳税额不一致时，税务机关可按照测算的应纳税额从高核定。"从高"核定的目的不是追求接近实额，而是以惩罚纳税人为目的使其承担更高的税额，违背法律授予税收核定权行使的目的。如果核定本身是由不可抗力或立法允许纳税人可以不设置账簿等非纳税人主观原因导致，对纳税人实施惩罚性质的从高核定，明显缺乏正当性根据。即使是由于纳税人违反协助义务的原因导致税收核定，其违法行为本身应当通过承担行政责任的方式解决，而不应以背离实额的方式从高核定，否则违反税收法定原则和量能课税原则。

第三节　我国税收核定证明责任的立法完善构想

我国税收核定及其证明责任的规定很不健全，立法位阶低且内容零散不成体系，尚未真正形成税收核定证明责任的体系，造成税务执法中不规范、不统一，不利于在国家税收利益和纳税人财产权利之间保持合理的平衡。当前，应当注重提高法治意识和纳税人权利保护意识，加强对税收核定权的监督和制约，合理平衡国家税收利益和纳税人权利，坚持税收核定证明责任的法定原则、公平原则、效率原则、比例原则和正当程序原则，对我国税收核定证明责任的立法进行完善。在法律层面上规定税收核定证明责任，明确纳税人的诚实推定权和税务机关的职权调查原则，正确处理纳税人的协助义务与税收核定证明责任的关系，公平合理对证明责任进行分配，并实现证明标准的多元化，对推定课税的适用条件和核定方法选用

---

① 《税收征管法实施细则》第 47 条第 3 款规定。

的合理性作出明确。

一　提升税收核定证明责任的立法位阶

对税收核定证明责任立法层次的探讨，与税收的性质密切相关。税收是对国民财富的再分配，借助税法的规定将纳税人部分财产的所有权转移给国家，具有侵益性。在税收核定程序中，作为核定基础的税收构成要件等相关待证事实处于真伪不明时，税务机关能否对纳税人作出税收核定的行政决定，取决于税收核定的证明责任分配，即待证事实不明的不利益归属。如果该不利益归属于纳税人，则税务机关可以作出对纳税人不利的事实认定并据此作出税收核定。反之，如果该不利益归属于税务机关，则税务机关不能作出对纳税人不利的事实认定和税收核定（包括不能对纳税人与其关联企业之间的关联交易进行纳税调整等）。因此，税收核定的证明责任与作出核定处分依据的待证事实的认定紧密相关，并决定税收核定能否作出，与纳税人的权利义务事项有重大影响，按照法律保留原则，应当以法律的形式予以规定。① 对于税收核定证明责任的转移，同样与当事人的基本权紧密相关，按照重要性理论，应当属于法律保留事项，未经立法机关的授权的情况下，不宜以行政机关制定行政规则的形式强加给纳税人。②

世界上有许多发达国家对税收核定程序都非常重视，在税收基本法或一般法律中明确规定核定的具体程序，并贯彻了税收核定及其证明责任的法律保留原则。在美国，作为税收基本法的《美国税法典》F 分标题第63 章对核定作出专章规定。在证明责任问题上，除《美国联邦行政程序法》第 556 节（d）款对行政程序的证明责任有一般性的规定外，《美国税法典》在第 7491 节集中规定了在满足一定条件下的税务案件证明责任转移等内容，并在第 534 节、第 7454 节、第 6902 节等条文中对特殊情形税务案件的证明责任作出分散性的规定。在德国，作为税收基本法的《德国租税通则》在第四章"课征租税的实施"第 3 节专门规定了核定程序及认定程序，在第四章第 2 节对协助义务作出专节规定，此外还在其他部分规定税务机关的职权调查原则、纳税人的诚实推定权、推定课税、避

---

① 罗子武：《租税稽征程序举证责任之研究》，硕士学位论文，台湾中兴大学，1998 年。
② 葛克昌：《所得税与宪法》，北京大学出版社 2004 年版，第 121 页。

税等特殊情形下的证明责任分配。在其他国家，对税收核定的证明责任也在税收基本法中予以明确界定，例如《日本国税通则》第116条、《澳大利亚税收管理法》第14ZZK（b）（i）节和第14ZZO（b）（i）节、《法国税收程序法》第L191条和L193条之规定。

我国对税收核定本身的重视程度不够，对核定程序的法律规定仍显不足，至今仍未确立税收核定证明责任的法律保留原则。对税收核定的证明责任模糊不清，较多是在位阶较低的税务机关部门规章和其他规范性文件中作出规定。税务机关既是规则的制定者又是规则的实施者，有自身利益的介入，难免引起人们对其制定规则公正性的合理怀疑，且规则制定缺乏有效的程序制约，实质上也难以深入贯彻纳税人权利保护理念。因此，应当通过提升税收核定证明责任的立法位阶来解决存在的问题，贯彻法律保留原则，由全国人大及其常委会在法律层面上作出明确具体的规定。我国《税收征管法》的修改纳入了全国人大常委会2018年立法工作计划规划。[①] 税收基本法的制定也在酝酿过程中，但是还需较长一段时间才能出台。税收核定的证明责任应当在税收基本法中予以明确，在税收基本法正式出台以前，比较实际的做法是，由担任税收基本程序法的《税收征管法》对税收核定程序及证明责任进行完善。借助本次《税收征管法》的修订机会，突出税收核定的地位和作用，并在其中明确规定税收核定的证明责任。待将来时机成熟后，将相关内容规定在税收基本法中。除在税收程序法中对税收核定的证明责任加以规定外，还需在增值税法、消费税法、《个人所得税法》《企业所得税法》等单行实体税法中明确规定税收核定的证明责任，使税收实体法和税收程序法、基本法和单行法的内容相互衔接，共同发挥作用。同时需要注意的是，税收核定的证明责任的内容在不同位阶的立法之间应具有一致性。下位法应服从上位法规定，凡是与上位法冲突的行政法规、部门规章及其他规范性文件，应当被废止或作出修改，使其与法律的规定相一致，保持整个法律体系的完整性和统一性。

二　明确纳税人享有诚实推定权

纳税人的诚实推定权是纳税人权利的重要组成部分，是"无罪推定

---

① 《全国人大常委会2018年立法工作计划》，http://www.npc.gov.cn/npc/xinwen/2018 - 04/27/content_ 2053820. htm。

原则"在税法领域的运用和延伸。该权利意味着，纳税人应当被推定为诚实的，其提供的账册和会计记录被推定为真实的，除非税务机关提供反证予以证明。纳税人的诚实推定权在很多国家以不同的方式得以确立。有的国家在《纳税人宪章》或《纳税人权利宣言》中确立该权利，例如澳大利亚、加拿大。有的国家则通过税收基本法或其他立法直接或间接确立此项权利，例如《德国租税通则》第 158 条"账册制作之证明力"关于纳税人制作的账册和会计记录如果没有据以怀疑内容真实性的理由，则应作为课税根据的规定；《法国税收程序法》第 L192 条、第 L195A 条关于税务机关对纳税人不诚信和存在欺诈行为负举证责任的规定；《美国税法典》第 7454 节和《美国联邦税务法院诉讼规则》第 142 节中关于税务欺诈案件由税务机关承担证明责任的规定。

纳税人的诚实推定权对于税收核定证明责任的分配具有十分重要的意义。如果纳税人享有诚实推定权，标志着纳税人提供的账簿、会计凭证等资料被推定为真实的，纳税人无须对其真实性负证明责任，通常情况下这些账簿和会计凭证等证据资料能够直接作为认定课税事实的依据，除非税务机关能够提供相反的证据推翻其真实性的推定。近年来，随着民主法治意识的增强，我国对纳税人权利的呼声越来越高。但在长期权力本位的历史传统影响下，对纳税人权利的保障仍然不够，在征纳双方的利益发生冲突时更为侧重维护国家税收利益，至今仍未在立法上确立纳税人的诚实推定权，也没有纳税人宪章或纳税人权利宣言。建议在《税收征管法》修订时，将纳税人的诚实推定权作为纳税人的一项基本权利在其中予以明确。待将来制定税收基本法时，再将该权利上升到更高的立法层面。

三　明确税务机关的职权调查原则

本书在第三章第一节阐述了职权调查原则的内涵和要求。为保证税务机关在内的行政机关履行职权调查义务，奥地利、葡萄牙、我国台湾地区等国家和地区在各自的行政程序法法典中明确规定了职权调查原则。有的国家除了在行政程序法中明确职权调查原则以外，还在税收基本法中作出进一步的规定，例如《德国行政程序法》第 24 条和《德国租税通则》第 88 条之规定。针对我国立法未明确税务机关职权调查原则的实际情况，为更好地保障课税事实的查明并维护纳税人权利，建议借鉴《德国租税通则》中关于税务机关职权调查原则的立法经验。在当前我国仍未出台税收基本法的情况下，立足于现有的法律框架，可在《税收征管法》中增加税务机关的职权调查原则的内容，为税务机关设定职权调查义务提供立法依据，具体立法内容或考虑设计为："税务机关依职权调查事实，不受纳税人陈述及申请调查证据的限制，对纳税人有利和不利的情形应一并予以考虑。税务机关根据案件的具体情形，决定调查的方法和范围。"税务机关的职权调查，应受到行政法上的比例原则和税法上的税收效率原则的限制，调查应以具有期待的可能性为原则，如果调查不具有期待可能性，或者调查的成本过高，与课征的税额不成比例，则调查应当终止。因此，建议在立法内容中同时增加"税务机关的职权调查应符合比例原则"。待将来我国出台《行政程序法》后，应通过该法对行政机关的职权调查原则作出普遍性和一般性的规定。一旦在我国税收基本法出台后，应当在其中进一步明确税务机关的职权调查原则，强化税务机关的职权调查义务。

四 明确纳税人的协助义务及其对税收核定证明责任的影响

关于纳税人协助义务的立法，应当注意以下两个方面：第一，纳税人的协助义务作为税务机关阐明课税事实的重要手段，是立法基于提高税收效率并更好地查明课税事实的需要，强加给纳税人的负担，它更多地表现为责任或义务，一旦违反将导致证据法和行政法上的不利后果。为避免税务机关随意创设纳税人的协助义务，保障纳税人权利，应当在法律层面对纳税人的协助义务予以明确的规定。第二，应当在立法中明确规定违反协助义务在证据法上产生的不利后果，避免实践操作中执法不一。理论界对违反协助义务是否导致证明责任倒置存在分歧，主要存在两种观点：一种观点认为违反协助义务会导致证明责任倒置；另一种观点认为协助义务的违反，不影响证明责任的分配，但会导致证明标准的降低。对此，有必要在立法中予以回应。本书认为，税收核定证明责任的倒置将对纳税人权利义务产生重大影响，应属法律保留事项，在立法未明确规定证明责任倒置的情况下，应遵循通常的证明责任分配规则，不发生证明责任倒置的后果。如果纳税人违反协助义务，导致税务机关的职权调查不具有期待可能性，可以限缩职权调查的范围，适用推定课税，降低证明标准。德国关于纳税人协助义务的立法经验，尤其值得我国借鉴。《德国租税通则》第四章"课征租税的实施"第二节"协助义务"中，共有 16 个条文对纳税人的协助义务作出专门的集中规定，并在该法其他相关部分对协助义务作出进一步的规定，例如，第四章第四节"实地调查"第一项"通则"中的第 200 条，规定了纳税人的协助义务。该法还对纳税人违反协助义务对证明责任产生的法律后果作出规定，在其第 162 条第 2 项中规定，纳税人违反协助义务致使课税事实无法阐明时，适用推定课税，即在不改变证明责任分配的基础上，降低证明程度。

从保护纳税人的立场出发，我国在纳税人协助义务的立法上，应尽量在法律层面上作出统一规定。为避免将纳税人的协助义务与证明责任混淆，可考虑在《税收征管法》中以专节形式集中规定协助义务的内容。在此前提下，如有必要，也可在该法的其他部分或其他法律中对纳税人的某项协助义务作出进一步的强调和更为具体的规定。为防止税收执法实践中对纳税人违反协助义务的法律后果产生混乱，在《税收征管法》中应当进一步明确，纳税人违反协助义务致税务机关无法查明课税事实的，可依据间接证据资料对纳税人的课税基础进行推定课税。也即，纳税人违反协助义务的，税务机关仍应遵循职权调查原则，对课税事实进行调查。只有在课税事实的调查不具有期待可能性，或需要耗费巨大的调查成本时，可不再作进一步的调查，视为税务机关已尽职权调查义务，降低税务机关在税收核定中的证明标准，适用推定课税。

五　明确税收核定证明责任的组成及分配规则

税收核定的证明责任分配，是指税务机关已尽职权调查义务后，当税收核定据以作出的课税事实等证明对象仍处于真伪不明时，由此产生的不利风险在征纳双方之间的归属。对于税收核定的证明责任分配规则的立法，应注意以下几个方面。

（一）明确税收核定证明责任由形式证明责任和实质证明责任组成

在证据法上，证明责任有形式与实质之分，两种不同形式的证明责任有不同的内涵和功能。[①] 将证明责任运用到税收核定程序中，是否具有上述两种意义的证明责任，在认识上存在分歧，分歧主要在于税务行政职权调查原则之下有无纳税人的形式证明责任之争。对此，本书在第三章第二

---

① ［德］汉斯·普维庭：《现代证明责任问题》，吴越译，法律出版社 2006 年版，第 10—11 页。

节已进行详细的分析，并认为在税收核定程序中，有形式证明责任与实质证明责任之分，即使在职权调查原则之下，仍然存在纳税人的形式证明责任。当税务机关已尽职权调查义务仍无法查清课税事实时，根据证明责任分配规则，纳税人仍有可能承担课税事实真伪不明的不利后果。为避免该不利后果的发生，纳税人在税收核定程序中仍应积极对其主张的事实提供证据证明，因此税收核定的形式证明责任依然存在。

核定的两种证明责任之间，是互相联系又有本质区别的一对范畴。一方当事人为避免承担实质证明责任，总是竭力通过履行形式证明责任，使相关待证事实得以查明。只有在一方当事人怠于履行形式证明责任，或者因提供的证据达不到证明标准，发生举证不力，致使待证事实无法查明，才会适用税收核定的实质证明责任，明确课税事实真伪不明的不利后果。另外，形式证明责任和实质证明责任又有本质上的区别。形式证明责任作为提供证据的义务，可以在征纳双方之间相互转换；而实质证明责任是课税事实真伪不明的最终不利风险归属，自始由一方承担，不发生转移。我国在税收核定程序中，受传统"谁主张，谁举证"思想的影响，未严格区分形式证明责任与实质证明责任，常常将纳税人的形式证明责任与其协助义务相混淆，由此引起对纳税人不利的法律后果。因此，有必要对上述两种意义的证明责任构成及其区别进行明确，避免立法的缺位导致的认识误区和执法尺度不一。

（二）明确税收核定证明责任的一般分配规则

我国税收专门立法对税收核定的证明责任没有十分明确的规定，导致执法实践中对证明责任的分配不统一，存在过分加重税务机关或者纳税人一方证明责任的情形，不能公平合理地兼顾征纳双方的利益。有必要在法律层面对其分配规则进行明确具体的规定，为税收核定实践提供统一的执法依据。证明责任的分配规则，必须服从所属领域之一般立法目的。① 与税法的立法目的相适应，税收核定的证明责任分配规则应当体现纳税人权利保护和国家税收利益之间的合理平衡。同时，考虑到法的安定性和证明责任的适用性，还必须结合本国的历史传统和国情设置相应的分配规则。

在现代法治国家，根据依法行政原则，通常应由税务机关对其作出的

---

① ［德］汉斯·普维庭：《现代证明责任问题》，吴越译，法律出版社 2006 年版，第 361 页。

税收核定所依据的课税事实承担证明责任，才符合"先取证，后裁决"的程序性要求。但是，税务行政具有大量性和证据偏在的特点，从公平与效率原则考虑，不宜照抄照搬普通行政程序的证明责任分配规则。对于税收优惠等减少、免除税收债权的课税要件事实，通常会使纳税人获得利益，纳税人一方更有举证的积极性。对于此类事实，纳税人较税务机关更加知悉具体情况，由其承担证明责任，更加有利于事实的查明。如果将其证明责任分配给纳税人承担，将会取得较好的效果。在此情况下，诸多国家和地区以"规范有利说"为基础，由征纳双方共同承担课税事实证明责任的方式，有助于纳税人参与权的实现，在征纳双方之间形成真正的博弈①，并有助于征纳双方的最优均衡且实现社会利益的最大化。② 此外，"规范有利说"以要件事实的性质而非当事人在程序中的法律地位作为证明责任分配的根据，有利于证明责任分配规则在不同程序中保持一致，避免发生断层，有利于维护法律体系的和谐统一，在实践中取得较好的成效。

我国早在 2002 年开始实施的最高人民法院《关于民事诉讼证据的若干规定》③，就已经引入罗森贝克的"法律规范要件说"，作为合同纠纷案件和代理权争议案件中证明责任的分配依据。至今，该学说仍在我国民事诉讼法领域一直沿用，并获得肯定性的评价。"规范有利说"在我国的适用，已具备一定的理论和实践基础。据此，本书建议将"规范有利说"引入我国税务行政程序中，作为我国税收核定证明责任的分配的一般规则。

（三）明确税收核定证明责任的特殊分配规则

仅仅依靠"规范有利说"的一般规则，解决税收核定中纷繁复杂的课税事实的证明责任分配问题，尚不足以实现税法实质上的公平与正义。由于证明妨碍、特别证据距离等特殊原因，在税收核定中如果仍适用通常的证明责任分配规则，将会导致征纳双方武器不平等，严重影响税收行政效率，税收法定原则和税收公平原则也将受到威胁。因此，特殊情形下，对税收核定的证明责任分配的一般规则进行适当的调整和修正，在一定程度上减轻、免除或倒置证明责任，是十分必要的。本书建议，我国在税收核定程序中，应当根据特殊情况，设置税收核定证明责任的特殊分配规

---

① 陈少英、曹晓如：《税务诉讼举证责任研究》，载刘剑文主编《财税法论丛》（第 10 卷），法律出版社 2009 年版，第 249—250 页。

② 罗豪才、宋功德：《行政法的失衡与平衡》，《中国法学》2001 年第 2 期。

③ 最高人民法院《关于民事诉讼证据的若干规定》（法释〔2001〕33 号）第 5 条之规定。

则，主要采取以下措施。

1. 适当扩大法律拟制的适用范围

法律拟制又称实质类型化，主要是出于税收效率原则的需要，在税法上采用特殊的立法技术，忽略少数纳税人在个案中的特殊情形，以拟制的方式对某项税收构成要件事实的存在或不存在进行认定，不允许当事人提供反证推翻，从而免除税务机关或者纳税人对拟制事实的证明责任。法律拟制在各国税法中已经得到广泛运用，我国也有法律拟制的相关规定。例如，依据我国于 2018 年 8 月 31 日修订的《个人所得税法》第 6 条规定①，居民个人的综合所得，以每一纳税年度的收入额减除费用 6 万元以及专项扣除、专项附加扣除和依法确定的其他扣除后的余额，作为应纳税所得额。即每一纳税年度减除 6 万元费用，无论居民个人在生活方面的基本支出费用（不含居民个人按照国家规定的范围和标准缴纳的基本养老保险、基本医疗保险、失业保险等社会保险费和住房公积金等专项扣除，以及子女教育、继续教育、大病医疗、住房贷款利息或者住房租金、赡养老人支出等专项附加扣除）是否达到 6 万元，均采用定额扣除的办法，一律将居民个人支出的扣除费用拟制为每一纳税年度 6 万元，无须举证证明。本条第 4 项还规定，对于财产租赁所得，每次收入不超过 4000 元的，减除费用 800 元；4000 元以上的，减除 20% 的费用。即财产租赁所得产生的费用，规定结合租赁所得的数额（以 4000 元作为分界线）对费用进行法律拟制，无论每次收入不足 4000 元的费用是否达到 800 元，均视为800 元费用予以减除；无论每次收入 4000 元以上的费用是否为 20%，一律按照 20% 的费用予以减除。这些规定均是对法律拟制的运用，对于相关扣除费用免除证明责任，在节约当事人的举证成本方面取得了较好的成效。我国虽然已经引入法律拟制，但适用范围十分狭窄。建议适当扩大其适用范围，有助于减少税务机关的调查活动，缓解举证困难并降低征税成本，尊重纳税人的私域。②

2. 引入法律推定

法律推定又称形式类型化，是为解决"特别证据距离"导致的推定

---

① 本条对居民个人的综合所得、非居民个人的工资和薪金所得、财产租赁所得、劳务报酬所得、稿酬所得、特许权使用费所得扣除的费用作出规定，明确了扣除的标准。

② 闫海：《税收事实认定的困境及出路》，《税务研究》2010 年第 3 期。

事实证明困境，通过法律的规定，由已知的事实（基础事实）推断出未知的事实（推定事实），并允许承受推定事实不利益的一方当事人以反证推翻。法律推定属形式证明责任的倒置，是有效解决推定事实证明困境、纠正征纳双方举证能力严重失衡的有效途径。在某些特殊情况下，基于纳税人与证据之间的特别距离，如果仍由税务机关履行通常的证明责任会显得过于苛刻，难以完成。此时，可借助经验法则，并通过法律推定，明确税务机关仅需对推定事实的基础事实负证明责任，即可依据法律认定推定事实成立。因推定事实承受不利益的纳税人，如果能够举证推翻推定事实的成立，应当允许。通过法律推定的制度设置，能够在一定程度上实现税收核定证明责任的公平原则和效率原则。此外，可以通过法律推定实现国家的社会政策目标和价值取向，实现社会正义和利益最大化。①

六　明确税收核定的证明标准

在税收核定程序中，证明标准是税务机关认定课税事实的最低心证度，也是判断证明责任是否完成的标尺。然而，包括税收核定在内的税务行政程序的证明标准，在我国税收特别法中处于空白。对于税务纠纷产生的复议或诉讼案件，适用《行政复议法》和《行政诉讼法》规定的"证据确凿"这一较高的单一证明标准②，且未明确特殊情形下证明标准的调整和变通，无疑加重税务机关的证明责任，增大其举证难度，不利于国家税收利益的保障。而在税收核定行政程序中，由于缺乏立法的明确界定，主要由税务工作人员对课税事实证据资料的内心确信来实现事实的认定。不同的税务工作人员在法律知识、道德修养、个人价值取向、社会生活经验等方面存在差异性，对课税事实的"心证"带有较强的主观个人因素，导致认定标准不一。

针对我国税收核定程序证明标准存在的立法缺陷，本书建议，在税收核定证明标准的设置上，借鉴发达国家和地区的立法经验，在我国现有的立法框架内，确立多元化的证明标准。考虑到税收核定行政程序与行政复议程序和行政诉讼程序的前后衔接，在各程序中保持基本一致的证明标

---

① 赵信会：《民事推定及其适用机制研究》，法律出版社 2006 年版，第 50 页。
② 《行政诉讼法》第 69 条和《行政复议法》第 28 条分别规定行政诉讼和行政复议程序中证据确凿的证明标准。

准，有利于法律体系内部的统一性和完整性。而且，"证据确凿"作为一种较高标准，与税收核定决定本身对纳税人权利义务造成的重大影响是相称的，能够有效避免核定错误造成对纳税人权利的侵害。因此，在立法中明确税收核定以"证据确凿"为通常的证明标准，是一种较好的选择。在此基础上，结合核定程序中的特殊情况，当存在不可抗力等非因税务机关和纳税人的原因致使课税事实无法查明的，从公平、效率比例原则出发，降低"证据确凿"的证明标准至"证据优势"标准。如果待证事实无法查明是由于税务机关未尽到职权调查义务或纳税人未依法履行协助义务的原因导致，具有可归责性，则引入德国学者 Seer 的税收构成要件事实证明标准的弹性调整理论①，区分税收构成要件事实的证明责任主体是否对事实无法查明负有责任，决定证明标准是否能够降低。当课税事实无法查清可归责于不承担证明责任的一方当事人时，可降低证明责任承担者一方的证明标准。反之，则维持通常的证明标准，不能降低。尤其应当指出，当纳税人违反协助义务致税务机关的职权调查不具有期待可能性的，降低税务机关对课税事实的证明程度，税务机关可依查得的间接证据资料进行推定课税。此外，应当区分本证和反证，对证明标准作出不同的要求，本证的证明标准通常为"证据确凿"标准。反证的证明标准可以低于本证，只需能够动摇事实裁判者内心对课税事实形成的确信即可，不必达到本证要求的证明程度。通过上述设计，充分考虑征纳双方的举证能力、证明妨碍等因素，建构我国税收核定的多元化证明标准，有利于实现征纳双方在税收核定证明责任中的武器平等原则，合理兼顾征纳双方的利益，实现实质公平。

七　增加推定课税的适用条件及核定方法选用的合理性

税收法定原则本质上要求税务机关进行实额课税。在无法按照直接证明方法对纳税人课税时，采用间接证明方法进行推定课税乃是税收公平原则和量能课税原则的必然要求。然而，推定课税的适用有严格的条件限制，推定方法的选用也必须以接近实额为指导根据。我国税法上关于推定课税的规定有一定缺陷，当纳税人违反协助义务时，税务机关无须作进一步的职权调查即可直接适用推定课税，且税务机关对核定方法的选用具有

---

① 本书第四章第二节对该理论的具体内容已作详细介绍。

很大的任意性，对方法选用的"合理性"无明确的界定。在这样的立法状态下，推定课税的结果很难保障接近纳税人的实额，特别是对具有惩罚性质的"从高"核定税额的核定方法的采用，可能会使纳税人承担过高的税负，损害其财产权利，违反量能课税原则和税收公平原则。针对上述立法缺陷，本书建议在推定课税的内容中增加以下几个方面的内容：

第一，将税务机关已尽职权调查义务作为推定课税的适用条件。税务机关作为公共利益的受托人，对课税原因事实负有最终的阐明义务。① 现代法治国家依法行政原则，在本质上要求税务机关必须在依法查清课税事实的基础上，才能对纳税人作出税收核定的行政决定。因此，职权调查是税务机关作出税收核定之前必须履行的法定义务。同时，赋予纳税人协助义务，由其提出管领范围内的课税事实证据方法，在征纳双方之间形成责任分工的共同体②，有利于查明课税事实，发挥税务机关职权调查的功效，提高税务调查效率。实践中，纳税人为达到规避税收债务的目的，通常采用不依法进行纳税申报、不提供纳税证据资料或提供虚假的证据资料等违反协助义务的方式。对此，是否意味着税务机关可以直接适用推定课税，关键在于纳税人违反协助义务是否导致税务机关的行政调查缺乏期待可能性。如果税务机关的税务调查具有期待可能性，且不会导致耗费巨大的行政成本时，则税务机关仍应作进一步的调查，通过其他途径收集课税事实的证据资料，不得适用推定课税。倘若纳税人违反协助义务，致使税务机关的行政调查不具有期待可能性，或者虽然能够作进一步的调查，但成本过大，违反行政法的比例原则，则可视为税务机关已履行职权调查义务，在此前提下可适用推定课税。

第二，核定方法选用的合理性要求。当推定课税存在两种或两种以上的间接证明方法时，应当选用更能反映接近纳税人实额的合理方法。③ 这是由税收核定属确认行为和羁束行为的性质与特点决定的。对核定方法的选用，原则上税务机关并无自由裁量空间，无权进行任意性选择，税务机关必须依据专业知识判断并进行合理的选择。为避免税务机关任意选择核定方法造成对纳税人权利的侵害，立法应当明确，将最能接近纳税人实额

---

① Tipke, Lang, Seer, Steuerrecht, Köln: Dr. Otto Schmidt, 2010, Rz. 170.

② 黄士洲：《税捐协力义务与推计课税》，载葛克昌主编《纳税人协力义务与行政法院判决》，台湾翰芦图书出版有限公司 2011 年版，第 54 页。

③ ［日］吉良实：《推计课税之适法要件》（下），李英哲译，《植根杂志》1995 年第 2 期。

的方法作为判断合理方法的标准，如果在个案中存在某种显著的特殊情形，必须给予考虑。① 特别应当注意的是，纳税人如果违反协助义务，可依法对其实施行政法上的制裁。但在税额本身的核定上，不应背离税收法定原则作出惩罚性质的从高核定。因为纳税人的纳税义务在满足税收构成要件时已经发生，税收核定作为税额确认的特殊方式，仅在于对已经产生的纳税义务进行确认，而不是为纳税人创设新的纳税义务。

第三，推定课税方法合理性的证明责任。当征纳双方对核定方法选用的合理性发生争议时，由税务机关对选用方法的合理性举证，还是由纳税人对税务机关选用的方法不具有合理性举证？本书认为，在立法已经对推定课税选用方法的合理性标准作出明确的前提下，应当尊重税务机关的专业性判断，推定其选用的方法最具合理性。如果纳税人对核定方法的合理性提出异议，认为存在更能反映接近其实额的合理方法，由纳税人承担证明责任。将推定方法合理性的证明责任分配给纳税人，除了是对税务机关专业性判断的尊重外，主要是出于税收效率原则的考虑。税务机关本身担负着较为繁重的税收征管工作，税务行政资源的有限性已经很难满足税务案件日渐增多的需求，再将证明责任分配给税务机关将加大其工作负荷，最终会使税务机关无暇顾及其他税务案件，从而影响税收公平原则。如果由纳税人承担选用方法合理性的证明责任，可以有效缓解税务资源不足的矛盾。在纳税人提供证据证明税务机关选用方法不具有合理性之后，提出证据的证明责任转移至税务机关，由其对选用方法的合理性举证。此时如果税务机关不能举证的，将由其承担相应不利后果，摒弃原核定方法，采用更加合理的方法进行推定课税。

本章小结

我国立法对税收核定的重视程度不够，与税收核定在税收征管程序中的应有地位不匹配。税收核定的立法位阶低，内容不成体系，立法内容大多着眼于税收核定的适用条件和可以选用的核定方法，在立法上尚未建构起完整的税收核定证明责任体系。目前，我国税收核定证明责任存在的问题主要包括：未贯彻法律保留原则；未赋予纳税人诚实推定权；未明确税

① ［日］金子宏：《日本税法》，战宪斌等译，法律出版社 2004 年版，第 441 页。

务机关的职权调查原则；纳税人的协助义务与税收核定证明责任的关系不明；在税收核定证明责任的分配上，未区分形式证明责任与实质证明责任，证明责任的分配规则不明导致实践中不统一；立法未对税收核定的证明标准作出明确，导致实践中出现两种倾向，一种是沿用行政复议和行政诉讼程序中"证据确凿"的证明标准，另一种则完全依赖税务工作人员的自由裁量权，对课税事实形成的心证进行认定；推定课税的适用条件和选用的间接证明方法未作严格限制，税务机关在纳税人违反协助义务时即可直接适用推定课税，推定方法有很大的随意性。

　　上述税收核定证明责任立法和实践存在的问题，既不利于有效发挥证明责任在税收核定中课税事实认定的功能和作用，也不利于保持征纳双方之间的合理平衡。应当注重提高法治意识和纳税人权利保护，加强税收核定权的监督和制约，坚持税收核定证明责任的基本原则，在立法上完善我国税收核定的证明责任立法，建立系统的税收核定证明责任规则体系。具体内容为：提升其立法位阶，明确纳税人的诚实推定权、税务机关的职权调查原则、纳税人的协助义务及其对税收核定证明责任的影响、税收核定证明责任的组成和分配规则以及税收核定的证明标准，增加推定课税的适用条件及核定方法选用的合理性。

结　　论

关于税收核定的证明责任研究，有助于在核定程序中对于核定依据的课税事实，明确由征纳双方中哪一方承担提供证据的责任，并在课税事实处于真伪不明时将不利后果归属于税务机关还是纳税人。它作为课税事实无法查明时认定该事实的辅助机制，对税务机关在核定程序中正确认定事实并依法作出税收核定行政决定，防止税务行政自由裁量权滥用有着重要意义，并为征纳双方利益的合理平衡以及税法基本原则和目的的贯彻落实提供重要保障。

关于税收核定的界定，国内外理论界存在不同理解，各国的立法对于税收核定的适用也存在差异。在考察国内外理论和立法规范的基础上，本书指出，税收核定是以税务机关行使税收核定权，确定纳税人具体纳税义务为目的和内容的，具有法律效力的行政确认行为。本书将两大法系关于证明责任的双重含义运用到税收核定程序，认为税收核定的证明责任由形式证明责任和实质证明责任构成，前者是在核定程序中征纳双方对其主张的课税事实提供证据予以证明的义务，后者是当课税事实处于真伪不明时不利后果的归属。在肯定税收核定程序中存在证明责任的基础上，本书认为，税收核定证明责任应当坚持法定原则、公平原则、效率原则、比例原则和正当法律程序原则。

税收核定的证明对象是税收核定证明责任研究的初始环节。要成为税收核定程序中的证明对象，必须具备相应的基本条件，即证明对象必须是对纳税人应纳税额的认定具有法律意义的事实，属于征纳双方存在争议的案件事实，处于真伪不明的状态，必须运用证据加以证明的事实。鉴于税收核定的主要目的是对纳税人应纳税额的确定，税收构成要件应当成为所有税收核定案件中不可缺少的证明对象，包括纳税主体、客体及其归属、税基、税率、税收特别措施。但是，不是所有的税收构成要件都同时作为证明对象范围，应视特定案件的具体情形有所差异，多数案件的证明对象只涉及一项或某几项税收构成要件。此外，在税收核定程序中，如果征纳双方对税收核定的适用条件发生争议，交易是否具有合理商业目的和经济实质等问题也将成为证明对象。在核定程序中有多种核定方法可供选用时，如果征纳双方对核定方法选用的合理性产生争议，它也可能成为税收核定的证明对象。

税收核定的证明责任是税收核定证明责任体系中最重要的组成部分。不同法系的国家和地区由于历史传统和法律制度的不同，在税收核定证明责任分配规则上存在较大的差异性，表现出不同的价值取向。大陆法系通常以"规范有利说"为基础，倡导法治原则和对纳税人权利的保护；英美法系遵循"谁主张，谁举证"的普通法判例并以"公定力说"为基础，强调行政效率原则。同时，不同法系国家和地区在证明责任分配规则上也表现出一定的共性特征。现代法治国家的依法行政原则要求税收核定行政程序中，作出税收核定的主体必须履行职权调查原则。为提高税收核定效率，克服税务机关职权调查面临的困境，各国普遍赋予纳税人相应的协助义务，采用职权调查原则下的征纳协同主义。很多国家在立法上贯彻税收核定证明责任分配的法律保留原则，并通过对税收核定证明责任分配的一般规则进行修正，采用法律推定、法律拟制等立法技术，在特定情形下适用特殊分配规则，表现出原则性与灵活性的统一，有效保障征纳双方的利益平衡。这些都是值得我们学习和借鉴的。

税收核定的证明标准，作为税务机关认定课税事实与衡量税收核定证明责任是否完成的标尺，在税收核定证明责任体系中发挥着重要作用。以美国、德国、我国台湾地区为代表的英美法系和大陆法系国家和地区，在税收核定程序中采用多元化的证明标准，表现出共性的一面。同时受各自法律制度的影响，在税收核定证明标准的具体设置上又表现出较大的不同。美国以证据优势为基本标准，特殊情况下采用清楚而令人信服的较高标准。德国以真实确信的证明标准为基础，特殊情况下可降低至优势盖然性标准。我国台湾地区通常对课税事实要求高度盖然性的证明标准，并在特殊情形下可以减轻该标准，但对税收罚锾案件不能降低证明标准，即裁罚案件不适用于推定。面临不同的证明标准，如何选择适用于税收核定程序才更为合理，本书结合行政成本和课税事实准确性、公正与效率、本证与反证的区别等方面对税收核定证明标准的确定依据进行分析，认为应在高度盖然性的较高标准基础上，实现证明标准的多元化。

在对相关国家和地区关于税收核定证明责任分配规则与证明标准具体设置进行考察分析的基础上，本书将研究的目的立足于我国的具体实际情况，对我国税收核定证明责任的立法现状进行分析，并对税收核定程序证明责任在立法和实践存在的诸多不足之处进行反思，形成有针对性的立法完善建议。本书认为，我国税收核定证明责任体系尚未形成，应当遵循税收核定证明责任的基本原则，提升立法位阶，明确税收核定证明责任分配规则、证明标准以及与核定证明责任紧密相关的协助义务等内容，通过完善立法，建构完整的税收核定的证明责任规则体系。

参考文献

一　著作

（一）中文著作

包冰锋：《民事诉讼证明妨碍制度研究》，厦门大学出版社 2011 年版。

毕玉谦主编：《证据法要义》，法律出版社 2003 年版。

卞耀武：《税收征收管理法概论》，人民法院出版社 2002 年版。

柴发邦主编：《民事诉讼法学新编》，法律出版社 1992 年版。

陈刚：《证明责任法研究》，中国人民大学出版社 2000 年版。

陈敏：《德国租税通则》，台湾"司法院"2013 年版。

陈清秀：《税法总论》，元照出版公司 2010 年版。

陈清秀：《税法总论》，元照出版公司 2014 年版。

陈荣宗：《举证责任分配与民事程序法》（第二册），台湾大学法学丛书编
辑委员会 1979 年版。

陈少英：《税法学教程》，北京大学出版社 2011 年版。

陈少英：《税收债法制度专题研究》，北京大学出版社 2013 年版。

陈一云：《证据学》，中国人民大学出版社 2000 年版。

樊崇义：《证据法学》，法律出版社 2001 年版。

樊丽明、张斌：《税收法治研究》，经济科学出版社 2004 年版。

范信葵：《预约定价在我国的运用研究》，天津大学出版社 2014 年版。

葛克昌：《税法基本问题（财政宪法篇)》，北京大学出版社 2004 年版。

葛克昌：《所得税与宪法》，北京大学出版社 2004 年版。

葛克昌：《行政程序与纳税人基本权》，北京大学出版社 2005 年版。

国家税务总局国际税务司编：《国际税收业务手册》，中国税务出版社 2013 年版。

胡建淼：《行政法学》，法律出版社 2003 年版。

黄茂荣：《法学方法与现代税法》，北京大学出版社 2011 年版。

黄茂荣：《税法总论（法学方法与现代税法）》（第二册），台湾植根法学丛书编辑室 2005 年版。

黄茂荣：《税法总论（税捐法律关系）》（第三册），台湾植根法学丛书编辑室 2008 年版。

黄茂荣：《税法总论（法学方法与现代税法）》（第一册），台湾植根法学丛书编辑室 2005 年版。

黄士洲：《税务诉讼的举证责任》，北京大学出版社 2004 年版。

江必新、邵长茂：《新行政诉讼法修改条文理解与适用》，中国法制出版社 2015 年版。

江伟：《证据法学》，法律出版社 1999 年版。

江伟主编：《民事诉讼法》，高等教育出版社 2007 年版。

姜明安主编：《行政法与行政诉讼法》，北京大学出版社、高等教育出版社 2011 年版。

姜世明主编：《举证责任与证明度》，台湾新学林出版股份有限公司 2008 年版。

焦鹏：《诉讼证明中的推定研究》，法律出版社 2012 年版。

李刚：《税法与私法关系总论——兼论中国现代税法学基本理论》，法律出版社 2014 年版。

李刚：《现代税法学要论》，厦门大学出版社 2014 年版。

李浩：《民事证明责任研究》，法律出版社 2003 年版。

李平雄：《租税争讼与举证责任》，台湾五南图书出版有限公司 1981 年版。

李学灯：《证据法比较研究》，台湾五南图书出版有限公司 1992 年版。

李玉华等：《诉讼证明标准研究》，中国政法大学出版社 2010 年版。

廖益新主编：《国际税法学》，高等教育出版社 2008 年版。

林纪东：《行政法》，三民书局 1988 年版。

林石猛、邱基峻：《行政程序法在税务争讼之运用》，元照出版公司 2011

年版。

刘兵:《税收程序法概论》,兰州大学出版社 2011 年版。

刘建军:《行政调查正当程序研究》,山东大学出版社 2010 年版。

刘剑文、熊伟、翟继光、汤洁茵:《财税法成案研究》,北京大学出版社 2012 年版。

刘剑文、熊伟:《税法基础理论》,北京大学出版社 2004 年版。

刘剑文:《重塑半壁财产法:财税法的新思维》,法律出版社 2009 年版。

刘剑文主编:《财税法学》,高等教育出版社 2012 年版。

刘剑文主编:《财税法学研究述评(2005—2014)》,法律出版社 2015 年版。

刘剑文主编:《财税法学研究述评》,高等教育出版社 2004 年版。

刘剑文主编:《纳税主体法理研究》,经济管理出版社 2006 年版。

骆永家:《民事举证责任论》,台湾商务印书馆 1981 年版。

麦嘉轩、黎嘉德:《香港税务:法例与实施说明》,香港中文大学出版社 2010 年版。

施正文:《税收程序法论——监控征税权运行的法理与立法研究》,北京 大学出版社 2003 年版。

施正文:《税收债法论》,中国政法大学出版社 2008 年版。

宋英辉、汤维建主编:《证据法学研究述评》,中国人民公安大学出版社 2006 年版。

孙洪坤:《程序与法治》,中国检察出版社 2008 年版。

田平安:《民事诉讼证据初论》,中国检察出版社 2002 年版。

涂龙力主编:《税收基本法研究》,东北财经大学出版社 1998 年版。

王进喜:《美国〈联邦证据规则〉(2011 年重塑版)条解》,中国法制出 版社 2012 年版。

王名扬:《美国行政法》(上),中国法制出版社 2005 年版。

王名扬:《美国行政法》(下),中国法制出版社 2005 年版。

王学辉:《行政程序法精要》,群众出版社 2001 年版。

王学棉:《诉讼证明原理研究》,中国电力出版社 2013 年版。

翁岳生:《行政法与现代法治国家》,台湾大学法学丛书编辑委员会 1982 年版。

翁岳生编:《行政法》,元照出版公司 2006 年版。

吴宏耀、魏晓娜：《诉讼证明原理》，法律出版社 2002 年版。

肖萍、程样国主编：《行政法与行政诉讼法》，群众出版社 2006 年版。

谢地、杜莉、吕岩峰主编：《法经济学》，科学出版社 2009 年版。

熊伟：《美国联邦税收程序》，北京大学出版社 2006 年版。

徐继敏：《行政程序证据规则研究》，中国政法大学出版社 2010 年版。

徐孟洲主编：《税法学》，中国人民大学出版社 2005 年版。

徐亚文：《程序正义论》，山东大学出版社 2004 年版。

闫海：《税收征收管理的法理与制度》，法律出版社 2011 年版。

杨锦炎：《武器平等原则在民事证据法的展开》，中国政法大学出版社
2013 年版。

杨小强、叶金育：《合同的税法考量》，山东人民出版社 2007 年版。

杨小强：《税法总论》，湖南人民出版社 2002 年版。

叶必丰：《行政法学》，武汉大学出版社 2003 年版。

曾金渊：《税务行政法学》，安徽大学出版社 2006 年版。

占善刚：《证据协力义务之比较法研究》，中国社会科学出版社 2009 年版。

张建伟：《证据法要义》，北京大学出版社 2009 年版。

张守文：《税法原理》，北京大学出版社 2009 年版。

张树义：《行政法与行政诉讼法》，高等教育出版社 2007 年版。

张卫平主编：《民事证据制度研究》，清华大学出版社 2004 年版。

张怡主编：《税法学》，法律出版社 2010 年版。

赵信会：《民事推定及其适用机制研究》，法律出版社 2006 年版。

（二）中文译著

［德］奥托·迈耶：《德国行政法》，刘飞译，商务印书馆 2013 年版。

［德］汉斯·普维庭：《现代证明责任问题》，吴越译，法律出版社 2006
年版。

［德］莱奥·罗森贝克：《证明责任论——以德国民法典和民事诉讼法典
为基础撰写》（第四版），庄敬华译，中国法制出版社 2002 年版。

［法］卢梭：《社会契约论》，何兆武译，商务印书馆 1996 年版。

［美］V. 图若尼主编：《税法的起草与设计》（第一卷），国际货币基金组
织、国家税务总局政策法规司译，中国税务出版社 2004 年版。

［美］阿诺德、麦金太尔：《国际税收基础》，国家税务总局张志勇等译，

中国税务出版社 2005 年版。

［美］理查德·A. 波斯纳:《证据法的经济分析》,徐昕、徐昀译,中国法制出版社 2001、2004 年版。

［美］马丁·P. 戈尔丁:《法律哲学》,齐海滨译,生活·读书·新知三联书店 1987 年版。

［美］迈克尔·D. 贝勒斯:《法律的原则:一个规范的分析》,张文显等译,中国大百科全书出版社 1996 年版。

［美］摩根:《证据法之基本问题》,李学灯译,台湾世界书局 1960 年版。

［美］维克多·瑟仁伊:《比较税法》,丁一译,北京大学出版社 2006 年版。

［美］约翰·W. 斯特龙主编:《麦考密克论证据》,汤维建等译,中国政法大学出版社 2004 年版。

［日］北野弘久:《税法学原论》,陈刚等译,中国检察出版社 2001 年版。

［日］金子宏:《日本税法》,战宪斌等译,法律出版社 2004 年版。

［日］金子宏:《日本税法原理》,刘多田等译,中国财政经济出版社 1989 年版。

［日］金子宏:《租税法》,蔡宗羲译,台湾"财政部"财税人员训练所 1985 年版。

［英］威廉·韦德:《行政法》,徐炳译,中国大百科全书出版社 1997 年版。

经济合作与发展组织:《OECD 税收协定范本及注释》,国家税务总局国际税务司组织翻译,中国税务出版社 2012 年版。

经济合作与发展组织:《跨国企业与税务机关转让定价指南》,苏晓鲁、姜跃生等编译,中国税务出版社 2006 年版。

（三）外文著作

Huebschmann, Hepp, Spitaler, Kommentar zur Abgabenordnung-Finanzgerichtsordnung (LFG 206), Köln: Dr. Otto Schmidt, 2010.

Huebschmann, Hepp, Spitaler, Kommentar zur Abgabenordnung- Finanzgerichtsordnung (LFG 197), Köln: Dr. Otto Schmidt, 2008.

James B. Thayer, *A Preliminary Treatise on Evidence in Common law*, New York: Little, Brown and Company, 1898.

Julius Glaser, Beitraege zur Lehre vom Beweis im Strafprozess, Leipzig: Duncker & Humblot, 1883.

Julius Glaser, Handbuch des Starafprozessess I, Leipzing: Duncker & Hum-
blot, 1883.

Klaus Tipke, Die Steuerrechtsordnung III, Köln: E. Schmidt, 1993.

Klaus Tipke, Joachim Lang, Steuerrecht, Köln: Dr. Otto Schmidt, 1989.

Peter Gillies, *Law of Evidence in Australia*, Sydney: Legal Books International
Business Communication Pty Ltd., 1999.

Peter Murphy, *Murphy on Evidence*, Oxford: Blackstone Press Limited, 2000.

Richard A. Posner, *Economics Analysis of Law*, New York: Aspen Publishe-
rs, 1998.

Richard A. Posner, *The Economics of Justice*, Boston: Harvard University
Press, 1981.

Robert E. Meldman, Richard J. Sideman, *Federal Taxation Practice and Proce-
dure*, Chicago: Christopher Zwirek, 2008.

Roman Seer, Verständigungen in Steuerverfahren, Köln: Dr. Otto Schmidt, 1996.

Seerliger, Beweislast, Bewisverfahren, Beweisarten und Beweiswürdigung im
Steuerprozeβ, Berlin: Erich Schmidt Verlag, 1980.

Tipke, Kruse, Kommentar zur AO und FGO (LFG 137), Köln: Dr. Otto
Schmidt, 2010.

Tipke, Kruse, Kommentar zur AO und FGO (LFN 117), Köln: Dr. Otto
Schmidt, 2007.

Tipke, Lang, Seer, Steuerrecht, Köln: Dr. Otto Schmidt, 2010.

Victor Thuronyi, *Comparative Tax Law*, Hague: Kluwer law international, 2003.

Victor Thuronyi ed., *Tax Law Design and Drafting*, Washington: International
Monetary Fund, 1996.

Wolfgang Jakob, Abgabenordnung, Muenchen: Beck, 2010.

二 论文

（一）中文论文

[德] Moris Lehner, Stefanie Nasdal:《德国课税程序中之协力义务与举证
责任》，谢如兰译，载葛克昌、刘剑文、吴德丰主编《税捐证据法制探
讨暨台湾 2012 最佳税法判决》，台湾财团法人资诚教育基金会 2013

年版。

［德］ Reinhard Muβgnug：《税捐稽征程序中事实阐明及举证责任》，张娴安译，《辅仁法学》1994 年第 13 期。

［荷兰］ 史蒂夫·哈里逊：《推定税在中东欧的实践》，《经济社会体制比较》1998 年第 5 期。

［日］ 吉良实：《实质课税主义》（上），郑俊仁译，《财税研究》1987 年第 5 期。

［日］ 吉良实：《推计课税之适法要件》（上），李英哲译，《植根杂志》1995 年第 1 期。

［日］ 吉良实：《推计课税之适法要件》（下），李英哲译，《植根杂志》1995 年第 2 期。

敖玉芳：《美德税收核定程序证明责任的比较与借鉴》，《税务与经济》2015 年第 5 期。

鲍灵光：《反避税过程中举证责任问题探析》，《税收经济研究》2012 年第 4 期。

蔡军、崔浩：《构建和谐征纳关系的利益基础与税制路径》，《税务研究》2008 年第 2 期。

蔡庆辉：《反国际避税案件中的举证规则问题探析》，载葛克昌、刘剑文、吴德丰主编《税捐证据法制探讨暨台湾 2012 最佳税法判决》，台湾财团法人资诚教育基金会 2013 年版。

陈春、张成：《税务和解的法律价值与社会功能分析》，《特区经济》2010 年第 9 期。

陈刚：《证明责任概念辨析》，《现代法学》1997 年第 2 期。

陈光宇：《税务和解制度浅议》，《税务研究》2007 年第 9 期。

陈敏：《租税稽征程序之协力义务》，《政大法学评论》1988 年第 37 期。

陈清秀：《税法上之正当法律程序》，中国财税法学研究会 2014 年年会暨第 21 届海峡两岸财税法学术研讨会论文，武汉，2014 举 10 月。

陈荣宗：《举证责任之分配》（二），《台大法学论丛》1978 年第 2 期。

陈少英、曹晓如：《税务诉讼举证责任研究》，载刘剑文主编《财税法论丛》（第 10 卷），法律出版社 2009 年版。

陈少英、杨剑：《试论税法的类型化》，《税务研究》2013 年第 11 期。

丛中笑：《我国税收核定制度的梳理与重构》，《金融法与财税法》2009

年第 1 期。

丁一：《主客观举证责任关系辨析——兼论职权调查主义原则下有无主观举证责任之存在》，载葛克昌、刘剑文、吴德丰主编《税捐证据法制探讨暨台湾 2012 最佳税法判决》，台湾财团法人资诚教育基金会 2013 年版。

段后省：《证明责任、证明标准和证明评价的实践互动与制度协调》，《南京师大学报》（社会科学版）2007 年第 3 期。

方友熙：《举证责任与国际避税的研析》，《四川理工学院学报》（社会科学版）2010 年第 5 期。

葛克昌：《核课（行政）处分之法律性质》，《月旦法学教室》2012 年第 2 期。

葛克昌：《稽征程序之证据评价与证明程度》，载葛克昌、刘剑文、吴德丰主编《税捐证据法制探讨暨台湾 2012 最佳税法判决》，台湾财团法人资诚教育基金会 2013 年版。

葛克昌：《藉税捐简化以达量能平等负担——核实、实价与推计课税之宪法基础》，载葛克昌、汤贡亮、吴德丰主编《核实课征、实价课税与推计课税暨台湾 2013 最佳税法判决》，台湾财税法人资诚教育基金会 2014 年版。

葛克昌：《藉税捐简化以达量能平等负担》，《交大法学》2014 年第 1 期。

葛克昌：《税捐稽征之法治国要求——国家课税权之基础规范》，《台湾中正大学法学集刊》2012 年第 36 期。

葛克昌：《税捐稽征之正当法律程序之违反及其效力》，中国财税法学会研究会 2014 年年会暨第 21 届海峡两岸财税法学术研讨会论文，武汉，2014 年 10 月。

葛克昌：《协力义务与纳税人基本权》，载葛克昌主编《纳税人协力义务与行政法院判决》，台湾翰芦图书出版有限公司 2011 年版。

葛牧：《转让定价税务案件之证明责任研究》，硕士学位论文，厦门大学，2014 年。

韩喜平、刘立新：《纳税评估：概念与意义》，《税务与经济》2005 年第 6 期。

郝洧、任卫强：《规范税收核定征收工作的思考》，《科技信息》2007 年第 14 期。

何海波：《举证责任分配：一个价值衡量的方法》，《中外法学》2003 年第 2 期。

洪家殷：《论行政调查中职权调查之概念及范围——以行政程序相关规定为中心》，《东吴法律学报》2010 年第 3 期。

黄凤娇：《租税法上之协力义务与举证责任》，硕士学位论文，台湾中正大学，2009 年。

黄茂荣：《实质课税原则》，《植根杂志》2002 年第 8 期。

黄茂荣：《税捐法定主义》（上），《植根杂志》2004 年第 4 期。

黄茂荣：《税务诉讼上的举证责任》，《植根杂志》2007 年第 12 期。

黄茂荣：《职权调查原则及合作原则与税务证据方法之提出时限》，载葛克昌、刘剑文、吴德丰主编《税捐证据法制探讨暨台湾 2012 最佳税法判决》，台湾财团法人资诚教育基金会 2013 年版。

黄士洲：《税捐举证责任与协力义务的规范关系——以最高行政法院 101 年度判字第 155 号判决为例》，载葛克昌、刘剑文、吴德丰主编《税捐证据法制探讨暨台湾 2012 最佳税法判决》，台湾财团法人资诚教育基金会 2013 年版。

黄士洲：《税捐协力义务与推计课税》，载葛克昌主编《纳税人协力义务与行政法院判决》，台湾翰芦图书出版有限公司 2011 年版。

黄士洲：《征纳协同主义下税捐调查与协力义务的交互影响关系——兼论制造费用超耗剔除的规定与实务》，《月旦法学杂志》2005 年第 2 期。

黄源浩：《税法上的类型化方法——以合宪性为中心》，硕士学位论文，台湾大学，1999 年。

霍海红：《证明责任：一个功能的视角》，《北大法律评论》2005 年第 1 期。

纪淑美：《税务诉讼举证责任之探讨——以营业税与营利事业所得税为中心》，硕士学位论文，台湾中原大学，2010 年。

简均俐：《论税捐法定主义下协力义务之研究》，硕士学位论文，台湾中正大学，2007 年。

柯格钟：《税捐稽征协力义务与推计课税》，硕士学位论文，台湾大学，1998 年。

李刚、王晋：《实质课税原则在税收规避治理中的运用》，《时代法学》2006 年第 4 期。

李浩：《我国民事诉讼中举证责任含义新探》，《西北政治学院学报》1986
  年第 3 期。

李青：《美国收入法典关于税务诉讼举证责任新规定比较》，《涉外税务》
  2002 年第 8 期。

李文松：《行政程序证明标准研究》，硕士学位论文，南昌大学，2014 年。

廖益新：《国际税收协定中的受益所有人概念与认定问题》，《现代法学》
  2014 年第 6 期。

廖益新：《应对数字经济对国际税收法律秩序的挑战》，《国际税收》2015
  年第 3 期。

刘继虎：《论推定课税的法律规制》，《中国法学》2008 年第 1 期。

刘继虎：《论信托所得税法的基本原则》，载施正文主编《中国税法评论》
  （第 2 卷），中国税务出版社 2014 年版。

刘天永：《转让定价调查与调整中的举证规则》，《税务研究》2011 年第
  1 期。

刘晓云：《论我国税务和解制度的构建》，硕士学位论文，西南政法大学，
  2010 年。

鲁篱：《论纳税人的正当程序权——兼评我国现行征管法之不足》，《税务
  与经济》1994 年第 5 期。

吕新建：《行政法视域下的正当程序原则探析》，《河北法学》2011 年第
  11 期。

罗豪才、宋功德：《行政法的失衡与平衡》，《中国法学》2001 年第 2 期。

罗礼林：《关于税收核定制度的探析》，《财会学习》2007 年第 10 期。

罗子武：《租税稽征程序举证责任之研究》，硕士学位论文，台湾中兴大
  学，1998 年。

聂淼、熊伟：《重塑税收核定：我国税收行政确定的建构路径》，《税务研
  究》2015 年第 12 期。

钱俊文、韦国庆：《纳税评估的法律地位争议及其解决——兼议〈税收征
  管法〉与〈纳税评估管理办法〉的修订》，《税务研究》2013 年第
  1 期。

邵明：《诉讼中的免证事实》，《中国人民大学学报》2003 年第 4 期。

盛子龙：《租税法上举证责任、证明度与类型化方法之研究——以赠与税
  课征要件上赠与合意之证明为中心》，《东吴法律学报》2012 年第 1 期。

施正文：《论〈税收征管法〉修订需要重点解决的立法问题》，《税务研究》2012 年第 10 期。

施正文：《论税法的比例原则》，《涉外税务》2004 年第 2 期。

施正文：《我国纳税评定制度的法律构建》，《中国税务》2012 年第 9 期。

苏敏：《论税务和解》，硕士学位论文，吉林大学，2012 年。

汤贡亮、李淑湘：《核定征税在大陆税制中的应用及对策研究》，载葛克昌、汤贡亮、吴德丰主编《核实课征、实价课税与推计课税暨台湾 2013 最佳税法判决》，台湾财团法人资诚教育基金会 2014 年版。

汤贡亮：《纳税人权利保护与〈税收征管法〉的修订》，载葛克昌、汤贡亮、吴德丰主编《两岸纳税人权利保护之立法潮流》，台湾财团法人资诚教育基金会 2011 年版。

汤洁茵、肖明禹：《反避税调查程序中的税收核定：质疑与反思——以企业所得税为核心的探讨》，《当代法学》2018 年第 4 期。

汤洁茵：《〈企业所得税法〉一般反避税条款适用要件的审思与确立——基于国外的经验与借鉴》，《现代法学》2012 年第 5 期。

汤洁茵：《反避税案件的举证责任分析——基于纳税人权利的考量》，载葛克昌、刘剑文、吴德丰主编《税捐证据法制探讨暨台湾 2012 最佳税法判决》，台湾财团法人资诚教育基金会 2013 年版。

汤洁茵：《转让定价税制中的举证责任分析》，《涉外税务》2007 年第 2 期。

唐婉：《我国税收核定制度若干法律问题研究》，硕士学位论文，厦门大学，2008 年。

滕祥志：《试论商事交易之纳税主体》，载施正文主编《中国税法评论》（第 1 辑），中国税务出版社 2012 年版。

滕祥志：《税法的交易定性理论》，《法学家》2012 年第 1 期。

王庆成：《美国税收案件举证责任初探》，《税务研究》2004 年第 4 期。

王学谦：《纳税评估的国际比较与借鉴》，《税务与经济》2005 年第 3 期。

王宇婷：《税收征收管理法律制度研究》，硕士学位论文，哈尔滨工程大学，2006 年。

王宗涛、陈涛：《试析我国避税认定标准与方法》，《国际税收》2014 年第 6 期。

翁武耀：《论税收诉讼中举证责任分配》，《中南财经政法大学研究生学报》2006 年第 4 期。

吴自训：《税收核定自由裁量权的法律控制》，硕士学位论文，中南大学，2011 年。

肖萍：《论行政程序中证明责任的分配规则》，《法学论坛》2010 年第 2 期。

谢玲：《论比例原则在税法中的适用》，硕士学位论文，中南大学，2008 年。

熊伟、王华：《我国定期定额征税制度检讨》，《涉外税务》2004 年第 9 期。

熊伟、王宗涛：《反避税的权力限度：以一般反避税条款为例》，载熊伟主编《税法解释与判例评注》（第 4 卷），元照出版公司 2014 年版。

熊伟：《申报确认 VS 税收核定：并非只是概念之争》，《中国税务报》2014 年 12 月 24 日 B01 版。

徐战成：《税务行政诉讼中推计课税的举证责任分配研究》，硕士学位论文，厦门大学，2012 年。

闫海：《税收事实认定的困境及出路》，《税务研究》2010 年第 3 期。

杨保安：《所得税法推计课税法律问题之研究》，硕士学位论文，台湾东海大学，2006 年。

杨小强：《税收债务关系及其变动研究》，载刘剑文主编《财税法论丛》（第 1 卷），法律出版社 2002 年版。

杨玉玲、吕平：《税收核定的界定分析》，《广西财经学院学报》2012 年第 1 期。

杨玉玲、吕平：《我国税收核定制度的构成分析》，《宁德师范学院学报》（哲学社会科学版）2013 年第 2 期。

叶必丰：《行政和解和调解：基于公众参与和诚实信用》，《政治与法律》2008 年第 5 期。

叶姗：《论预约定价安排程序中的强制性》，《当代法学》2010 年第 3 期。

叶自强：《罗森伯格的举证责任分配理论》，《外国法译评》1995 年第 2 期。

应松年、薛刚凌：《论行政权》，《政法论坛》2001 年第 4 期。

曾科：《税收核定规则适用的法律问题与完善》，硕士学位论文，首都经济贸易大学，2013 年。

翟继光：《泛美卫星公司卫星租赁费在华纳税案分析》，载熊伟主编《税法解释与判例评注》（第 2 卷），法律出版社 2011 年版。

占善刚、刘显鹏：《试论我国民事诉讼中免证事实之应有范围及其适用》，《法学评论》2004 年第 4 期。

占善刚：《证明妨害论——以德国法为中心的考察》，《中国法学》2010 年第 3 期。

张成：《税务和解的法律界定》，《特区经济》2010 年第 6 期。

张靛卿、刘景玉：《涉外税收行政纠纷法律适用研究——泛美卫星国际系统责任有限公司诉北京市国家税务局对外分局第二税务所代扣代缴预提所得税决定案法律问题研究》，载北京市高级人民法院编《审判前沿：新类型案件审判业务》（7），法律出版社 2004 年版。

张富强：《论税权二元结构及其价值逻辑》，《法学》2011 年第 2 期。

张卿：《证明标准的经济学分析》，《比较法研究》2013 年第 4 期。

张为民：《德国税务诉讼举证责任分配的规则及借鉴》，《涉外税务》2005 年第 3 期。

张卫平：《证明责任概念解析》，《郑州大学学报》（社会科学版）2000 年第 6 期。

张文郁：《论行政程序上之事实调查》（上），《月旦法学杂志》2014 年第 4 期。

张文郁：《论行政程序上之事实调查》（下），《月旦法学杂志》2014 年第 5 期。

周佑勇：《行政法的正当程序原则》，《中国社会科学》2004 年第 4 期。

朱大旗：《中国大陆税收核定权的理论基础与制度完善》，载葛克昌、汤贡亮、吴德丰主编《核实课征、实价课税与推计课税暨台湾 2013 最佳税法判决》，台湾财团法人资诚教育基金会 2014 年版。

朱学风：《论税收核定的法律规制》，硕士学位论文，吉林大学，2008 年。

（二）外文论文

Adriana Wos-Mysliwiec, "The Internal Revenue Restructuring and Reform Act of 1998: Does It Really Shift the Burden of Proof to the IRS?" *St. John's Journal of Legal Commentary*, 1999, 14 (2).

Christopher M. Pietruszkiewicz, "Ecomic Substance and the Standard of Review", *Alabama Law Review*, 2009, 60 (2).

Daniel Arnephy Ca. , *Australia*: *Tax Assessments — the Burden of Proof is on You*, http: //www. mondaq. com/australia/x/237462/Income + Tax/Tax + assessments + the + burden + of + proof + is + on + you.

David P. Hariton, "When and How Should the Economic Substance Doctrine Be Applied?" *Tax Law Review*, 2006, 60 (1) .

Garry Stone, *International Transfer Pricing 2012*, http: //download. pwc. com/ie/pubs/2012_ international_ transfer_ pricing. pdf.

George S. Jackson, *The Burden of Proof in Tax Controversies*, http: //www. hysscpa. org/cpajournal/1999/1099/Features/F221099. HTM.

Henry Ordower, *The Burden of Proof in Tax Matters*, http: //www. eatlp. org/uploads/public/Burden%20of%20proof%20 - %20USA. pdf.

James Bradley. Thayer, "The Burden of Proof", *Harvard Law Review*, 1890, 4 (2) .

Janene R. Finley, Allan Karnes, "An Empirical Study of the Change in the Burden of Proof in the United States Tax Court", *Pittsburgh Tax Review*, 2008, 6 (1) .

Janene R. Finley, *An Empirical Study of the Effect of the Change in the Burden of Proof in the Internal Revenue Service Restructuring and Reform Act of 1998 on the United States Tax Court* (Ph. D.), Carbondale: School of Accountancy in the Graduate School Southern Illionois University, 2007.

Jeff Rector, "A Review of the Economic Substance Doctrine", *Stanford Journal of Law*, 2004, 10 (1) .

John A. Lynch, "Burden of Proof in Tax Litigation Under I. R. C. § 7491 — Chicken Little was Wrong", *Pittsburgh Tax Review*, 2007, 5 (1) .

Joni Larson, "Burden of Proof in the Tax Court After the IRS Restructuring and Reform Act of 1998 and Shea v. Commissioner", *Gonzaga Law Review*, 2000, 36 (1) .

Josef Isensee, Steuerstaat als Staasform, Stodeter and Rolf, Hamburg, Deutschland, Europa—Beitraege zum Deutschen und Europaeischen Verfassungs-, Verwltungs-, und Wirtschaftsrecht, Tuebingen: Mohr, 1977.

Karen Wheel Wright, "Taxpayers' Rights in Australia", *Revenue Law Journal*, 1997, 7 (1) .

Lawrence M. Hill, "The New Burden of Proof in the Federal Tax Courts", *Journal of Tax Practice & Procedure*, 1999, 1 (1).

L. Stephen Cash, Thomas L. Dickens, Virginia Ward-Vaughn, "Burden of Proof and the Impact of Code sec. 7491 in Civil Tax Disputes", *Taxes*, 2002, 80 (1).

Magan L. Brackney, "The Impact of Code Sec. 7491 Burden-Shifting in Tax Controversy Litigation", *Journal of Tax Practice and Procedure*, 2007, 9 (4).

Maria Italia, "Taxpayer's in Australia Bear the Burden of Persuasion and Burden of Production", *International Review of Business Research Papers*, 2011, 7 (1).

Martens, Die eigenartige Beweislast im Steuerrecht, StuW, 1981, (1).

Matthew C. Stephenson, "Evidentiary Standards and Information Acquisition in Public Law", *American Law and Economics Review*, 2008, 10 (2).

Milissa Ellen Segal, "Who Bears the Burden of Proof in Taxpayer Suits Against the IRS?" *Pittsburge Tax Review*, 2007, 4 (2).

Paul J. Lee, *Don't Let Burden of Proof Shift to the Taxpayer*, http://ijbss-net.com/journals/Vol_ 3_ No_ 23_ December_ 2012/24. pdf.

Paul Kirchhof, Steueranspruch und Informationseingriff, Lang, Die Steuerrechtsordnung in der Diskussion, Festschrift fuer Klaus Tipke zum 70. Geburtstag, Köln: Dr. Otto Schmidt, 1995.

Pushor Mitchell Lip, *Tax Disputes with the Canada Revenue Agency (CRA) — the Burden of Proof is on You*, http://www. pushormitchell. com/ 2011/02/ tax-disputes-canada-revenue-agency-cra-burden-proof/.

Richard A. Posner, "An Ecomomic Approach to the Law of Evidence", *Stanford Law Review*, 1999, 51 (6).

Vern Krishna, *Reverse Onus of Proof in Tax Litigaiton*, http://www. google. com. hk/url? url = http://commonlaw. uottawa. ca/15/index. php% 3Foption % 3Dcom _ docman% 26task% 3Ddoc _ download% 26gid% 3D1544&rct = j&frm =1&q = &esrc = s&sa = U&ved =0ahUKEwiC9sODyP7JAhUMz2MKHcm 9DJIQFggeMAI&usg = AFQjCNEp155EIDpyVRIjBEhMwHCk1iLfHg.

Yoram Keinan, "The Many Faces of the Economic Substance's Two—Prong

Test：Time for Reconciliation?" *New York University Journal of Law & Business*, 2005, 1 (2).

三 其他资料

(一) 判例

光发镀金股份有限公司诉台湾北区国税局营利事业所得税纠纷税务行政诉
　　讼案（我国台湾地区"最高行政法院"102 年度判字第 816 号）。

广州德发房产建设有限公司与广州市地方税务局第一稽查局税务处理决定
　　行政纠纷案［最高人民法院（2015）行提字第 13 号］。

美国泛美卫星国际系统责任有限公司诉北京市国家税务局对外分局第二税
　　务所代扣代缴预提所得税决定纠纷行政诉讼案［北京市第一中级人民
　　法院（2001）一中行初字第 168 号；北京市高级人民法院（2002）高
　　行终字第 24 号］。

智英科技股份有限公司诉台湾北区国税局营利事业所得税核定纠纷行政诉
　　讼案（台北高等行政法院 97 年度诉字第 3231 号）。

Charles Edward Senter v. Commissioner of Internal Revenue, 70 T. C. M. 54
　　(1995).

Charles W. Steadman v. Securities and Exchange Commission, 450 U. S. 91
　　(1981).

Collins Securities Corporation and Timothy Collins v. Securities and Exchange
　　Commission, 526 F. 2d 820 (1977).

Consolidated Edison Co. of New Nork v. National Labor Relations Board, 305
　　U. S. 197 (1938).

Delaney v. Commissioner of Internal Revenue, 99 F. 3d 20 (1st Cir. 1996).

Dr. Kenneth P. Brown & Mrs. Mary Lou Brown v. United States of America,
　　1973 WL 641.

Erickson v. Commissioner of Internal Revenue, 937 F. 2d 1548 (10th
　　Cir. 1991).

Geftman v. Commissioner of Internal Revenue, 154 F. 3d 61 (3d Cir. 1998).

Manuel Cebollero v. Commissioner of Internal Revenue, 967 F. 2d. 986 (4th
　　Cir. 1992).

Ramsay Ltd. v. Commissioners of Internal Revenue, [1982] A. C/300 (1981).

Rockwell v. Commissioner of Internal Revenue, 512 F. 2d 882 (9th Cir. 1975).

Thomas H. Welch v. Helvering, Commissioner of Internal Revenue, 290 U. S. 111 (1933).

Universal Camera Corp. v. National Labor Relations Board, 340 U. S. 474 (1951).

Williams v. Commissioner of Internal Revenue, 999 F. 2d 760 (4th Cir. 1993).

（二）法律法规及其他规范性文件、文本

OECD Model Tax Convention on Income and on Capital 2010/2017

OECD Transfer Pricing Guidelines for Multinational Enterprises and Tax Administrations

Rules of Practice and Procedure of the United States Tax Courts 2012

United Nations Model Double Taxation Convention between Developed and Developing Countries 2011

U. S. Federal Rules of Evidence 2014

U. S. Internal Revenue Service Restructuring and Reform Act of 1998

《奥地利普通行政程序法》

《澳大利亚税收管理法》

《澳大利亚税收核定法》

《德国财务法院法》

《德国行政程序法》

《法国税收程序法》

《加拿大所得税法》

《葡萄牙行政程序法》

《日本地方税法》

《日本国税通则》

北京市地方税务局《关于印发〈北京市地方税务局稽查调查取证实施办法〉的通知》

财政部、国家税务总局《增值税暂行条例实施细则》

财政部、国家税务总局《资源税暂行条例实施细则》

福建省地方税务局《关于印发〈税务案件证据问题暂行规定〉的通知》

国家税务总局、财政部《税收征管法修订草案（征求意见稿）》

国家税务总局《个体工商户税收定期定额征收管理办法》

国家税务总局《股权转让所得个人所得税管理办法（试行）》

国家税务总局《关于印发〈纳税评估管理办法（试行）〉的通知》

国家税务总局《关于印发〈企业所得税核定征收办法〉（试行）的通知》

国家税务总局《关于印发〈特别纳税调整实施办法（试行）〉的通知》

国家税务总局《企业所得税核定征收办法（试行）》

国家税务总局《税务行政复议规则》（国家税务总局令第 21 号）

国家税务总局《一般反避税管理办法（试行）》

国务院《个人所得税法实施条例》

国务院《进出口关税条例》

国务院《企业所得税法实施条例》

国务院《契税暂行条例》

国务院《税收征收管理法实施细则》

国务院《土地增值税暂行条例》

国务院《消费税暂行条例》

国务院《行政复议法实施条例》

国务院《增值税暂行条例》

江苏省地方税务局《关于印发〈江苏省地方税务局税务行政执法证据采
  集规范〉的通知》（苏地税发〔2009〕101 号）

我国台湾地区"财政部赋税署"1997 年台税稽发第 8600292 号函

我国台湾地区"税捐稽征法"

我国台湾地区"所得税法"

我国台湾地区"行政程序法"

我国台湾地区"遗产及赠与税法"

我国台湾地区"营业税法"

《车辆购置税法》

《个人所得税法》

《企业所得税法》

《税收征收管理法》

《行政复议法》

《行政诉讼法》

最高人民法院《关于民事诉讼证据的若干规定》（法释〔2001〕33 号）

最高人民法院《关于适用〈行政诉讼法〉若干问题的解释》（法释〔2018〕1 号）

（三）其他资料

《外国税收征管法律译本》组译：《外国税收征管法律译本》，中国税务出版社 2012 年版。

国家法官学院、中国人民大学法学院编：《中国审判案例要览：2003 年行政审判案例卷》，中国人民大学出版社、人民法院出版社 2004 年版。

国家税务总局办公厅：《国家税务总局发布 OECD/G20 税基侵蚀和利润转移项目 2015 年最终报告中文版》，http：//www. chinatax. gov. cn/n810219/ n810724/c1836574/content. html。

薛波主编：《元照英美法词典》，法律出版社 2003 年版。

U. S. Senate Committee. Senate Committee Report，S. REP. NO. 105 – 174 ，http：//thomas. loc. gov/cgi-bin/cpquery/? &dbname = cp105&sid = cp1052kI Pg&refer = &r_ n = sr174. 105&item = &sel = TOC_ 68761&.

四　相关网站

澳大利亚税务局：http：//www. ato. gov. au.

法源法律网：http：//www. lawbank. com. tw.

加拿大税务局：http：//www. cra-arc. gc. ca/menu-eng. html.

经济合作与发展组织网站：http：//www. oecd. org.

美国法典数据库网站：http：//uscode. house. gov.

美国联邦税务局：http：//www. irs. gov/irb.

我国台湾地区"司法院"网站：http：//www. judicial. gov. tw.

植根法律网：http：//www. rootlaw. com. tw.

中国财税法网站：http：//www. cftl. cn.

中国裁判文书网站：http：//wenshu. court. gov. cn.

中国国家税务总局：http：//www. chinatax. gov. cn.

索　引

后　记

　　本书是在我的博士学位论文基础上修改而成的。我于 2013—2016 年在厦门大学法学院经济法专业攻读财税法研究方向的博士学位。本书得以顺利完成并出版，与众多关心和帮助我的人密不可分。

　　首先要感谢我的导师廖益新教授，带领我进入财税法学研究殿堂的引路人。读博以前我在财税法学方面的理论知识十分欠缺，廖老师学识渊博、逻辑思维严密、治学态度严谨、为人谦和，耐心细致地向我传授财税法专业知识，帮我奠定财税法专业理论基础知识并构建起财税法学的学科体系，为后面的财税法学研究打下坚实的基础。在博士论文选题乃至具体内容的研究方面，廖老师都倾注了大量的心血，悉心指导。更重要的是，廖老师对待科研孜孜不倦的追求精神、包容谦和的待人风格，成为我终生学习的典范。博士毕业后，廖老师一直关心我在财税法学教学科研方面的工作进展情况和职称评定等事宜，不断鼓励和督促我在工作和学习中取得新的进步。同时感谢师母一直以来的关心，特别是读博期间，每逢佳节，师母都会邀请我和同门师兄弟姐妹去家中作客，不辞辛劳为我们准备丰盛的晚餐，让身在异乡的我们倍感家庭的温暖，安心学习和写作。

　　我还要深深地感谢经济法导师组的组长刘志云教授，他热忱地对待教学事业，把我视同自己的博士生对待，在论文写作思路、分析事物的方法论等方面，给予我极大的启发。在厦门大学读博期间，多次组织大家游学，丰富了我们的博士生活并拓展了视野。无论是对博士论文的指导，还是在我毕业后的工作和学习中，刘老师都给予很多关心与帮助。在对待学生方面，我将以刘老师为榜样，在今后的教育事业中把对学生无私的关爱传承下去。

　　在厦门大学读博期间，财税法教研室李刚副教授作为国家税务总局政策法规司"十三五"税法立法规划研究项目的课题负责人，带领我和其他课题组成员一起，从事相关研究活动，并给予耐心细致的指导，使我在课题研究方面积累了宝贵的经验。感谢林秀芹教授、朱炎生教授、蔡庆辉副教授、邱冬梅副教授、李晓辉助理教授等老师，为我们讲授税法和经济法相关课程，丰富了我的专业知识。感谢宗涛师兄、春娇师姐、赵凌师姐、王斌师兄、文献师兄、俊芳师姐对我的帮助和指引，感谢好友胡婧和同学仙慧、一青、林烺、帮俊、武松、赵玲、谭砚一路的相伴和关心帮助，伴我一起度过美好而难忘的校园时光，这段记忆我将永远珍藏于心。

还要感谢中国人民大学朱大旗教授，他参与我的博士学位论文答辩，并对论文修改提出宝贵的意见和建议，对本书出版具有重要作用。我还有幸在台湾东吴大学陈清秀教授来厦门大学举办讲座期间，与陈教授面对面讨论税法举证责任问题，并得到陈教授的指教，对本书相关内容撰写具有重要意义，在此表示感谢。感谢同事赵圆，她在德国明斯特大学攻读法律语言学博士学位期间，帮我收集并翻译大量的德文文献资料，为我的写作提供了极大的帮助。

本书有幸入选中国社会科学博士论文文库，特别感谢中国社会科学出版社及王衡编辑、梁剑琴编辑及其同仁的辛勤劳动，让本书得以面世。本书出版得益于2019年度贵州财经大学引进人才科研启动项目资助，在此表示感谢。

最后，我要感谢我的家人。在我撰写博士论文那段最艰难的日子里，是家人的默默关怀、无私奉献和不断鼓励，让我坚定地完成论文的写作，顺利取得博士学位。

这是我的第一本专著。今后的人生又将面临一个新的起点，我将秉承母校"自强不息、止于至善"的校训，一步一个脚印，在财税法学研究的道路上不断努力前行，争取取得更多更好的研究成果。

敖玉芳
2019年10月22日